한 권으로 끝내는 코인 투자의 정석

국내 최대 거래소 '빗썸'이 알려주는 코인 투자 원포인트 레슨

한 권으로 끝내는
코인 투자의
정석

빗썸코리아 씨랩(C-Lab) 지음

비즈니스북스

일러두기

1. 이 책에 나오는 코인 시장 관련 용어 혹은 투자 시장 관련 용어는 가급적 한국어로 번역해 소개하지만, 원어가 광범위하게 사용되고 있거나 원어를 사용하는 것이 더 의미 전달에 도움이 되는 경우 원어를 발음대로 표기했다.

2. 외래어 표기는 국립국어연구원의 '외래어표기법 및 표기 용례'를 따랐으나 일부 용어의 경우 시장에서 통용되거나 대중적으로 널리 쓰이는 표기를 따랐다(예: 프라이비트 → 프라이빗, 에어드롭 → 에어드랍, 스냅숏 → 스냅샷).

3. 괄호 안에 영문을 병기하는 경우 가급적 최초 1회에 한해 명시했으나, 내용이 경과된 후에 단어가 다시 나올 때에는 이해가 쉽지 않은 경우가 있어 반복해 병기한 경우도 있다.

4. 코인 이름의 경우 독자가 향후 투자 활동을 할 때 참고하기 편하게 하기 위해 여러 차례 영문 티커를 반복해 병기했다.

5. 책에서 인용하는 수치는 별도의 표현이 없는 한 집필 당시인 2021년 5월 기준이며, 출간일까지의 현황을 최대한 반영하려고 했다.

6. 디지털 화폐는 일반적으로 통용되는 용어인 '코인'으로 명기하되, 국내에서 지칭하는 정식 용어는 '가상자산'이기에 법규 등과 관련된 부분에서는 해당 용어로 대체하여 표기했다.

7. 코인을 발행하고 운영하는 주체는 각 코인에 따라 재단, 법인, 프로젝트가 될 수 있다. 책에서는 일괄적으로 '재단' 혹은 '프로젝트'라고 표기했다.

한 권으로 끝내는 코인 투자의 정석

1판 1쇄 발행 2021년 7월 20일
1판 12쇄 발행 2024년 11월 21일

지은이 | 빗썸코리아 씨랩(C-Lab)
발행인 | 홍영태
편집인 | 김미란
발행처 | (주)비즈니스북스
등 록 | 제2000-000225호(2000년 2월 28일)
주 소 | 03991 서울시 마포구 월드컵북로6길 3 이노베이스빌딩 7층
전 화 | (02)338-9449
팩 스 | (02)338-6543
대표메일 | bb@businessbooks.co.kr
홈페이지 | http://www.businessbooks.co.kr
블로그 | http://blog.naver.com/biz_books
페이스북 | thebizbooks
ISBN 979-11-6254-222-4 03320

> 비즈니스북스는 독자 여러분의 소중한 아이디어와 원고 투고를 기다리고 있습니다.
> 원고가 있으신 분은 ms1@businessbooks.co.kr로 간단한 개요와 취지, 연락처 등을 보내 주세요.

코인 시장, 과연 어디로 가고 있는가?

세계와 한국을 뒤흔든 코인 열풍, 그리고…

2017년에 이어 2021년 대한민국은 다시 한 번 코인에 열광했다. 지하철을 타면 오르내리는 코인 시세를 확인하는 사람들을 쉽게 볼 수 있었고, 거래소 고객센터 전화통에 불이 날 정도로 문의전화가 쇄도했다. 카페를 가도 음식점을 가도 술집엘 가도 어디서나 코인 종목과 수익률 얘기가 들려 왔다. 부동산과 주식에 이어 코인으로 단기간에 벼락부자와 벼락거지가 탄생했다.

한국은 그 어느 나라보다 코인에 대한 관심이 뜨겁다. '김치 프리미엄'이라는 말까지 생겨날 정도다. 외국 시장보다 국내에서 가상자산이 더 비싸게 거래되는 현상을 일컫는 신조어다. 이렇듯 코인 시장에 자금이 몰리고 투자자가 급증하는 원인은 3가지 정도로 추정해 볼 수 있다.

첫째, 상한가와 하한가가 없는 무한한 가격 등락이 가져다주는 기회다. 국내 주식 시장의 경우 가격 등락이 위아래 최대 30퍼센트로 제한되지만, 코인 시장에는 가격 제한폭이 없다. 비트코인이나 이더리움 등 메이저코인을 제외하고는 호가가 1원 단위로 형성되어 있는 경우도 많은데, 가격이 가벼운 이런 코인들이 단기간에 수백에서 수천 퍼센트까지 오르기도 한다. 그런 이유로 투자자들은 벼락부자가 될지 모른다는 희망을 품고 24시간 개장된 롤러코스터에 올라탄다.

둘째, 트렌드에 민감한 국민성도 한몫 했다고 본다. 국가 경제가 성장하고 자본주의가 성숙해지면서 투자에 대한 인식이 바뀌었다. 경제적 자유를 달성하고자 많은 이들이 자본 시장의 특성을 활용해 일부 레버리지까지 이용하면서 부동산·주식·코인 등에 투자한다. 유튜브나 SNS는 누구라도 쉽게 투자 관련 정보에 접근할 수 있게 해주었고, 다양한 투자 활동이 대중적 흐름으로 자리 잡도록 불을 지폈다. 친구 따라 강남 가는, 아니 코인 투자를 하는 일이 더 많아졌다. 돈을 벌고 싶다는 욕망 외에도 대화의 주제에서 소외되거나 유행에 뒤쳐지기 싫은 심리적 이유도 크게 작용한 듯하다.

셋째, 코로나19 팬데믹으로 인한 유동성 공급 영향도 무시할 수 없다. 세계적 질병의 대유행으로 국내외 증시 및 코인 가격이 일제히 급락했다. 하지만 그도 잠시, 경기 회복에 대한 기대감으로 많은 투자자들이 시장으로 모여들었다. 팬데믹으로 인한 경제 침체를 만회하기 위해 전 세계가 양적 완화에 나섰고 많은 돈이 시중에 풀렸다. 오래 지속된 저금리 기조, 부동산을 위시로 급등한 자산 가치 등이 투자자의 잠재수요를 자극한 것도 코인 시장의 붐에 일조했다. 일련의 상황이 톱니바퀴처럼 맞물려 개인 투자자 신규 유입과 거래 대금 둘 다 유례없는 수준을 기록했다. 2021년 4월, 국내 4대 코인 거래소 1일 거래액은 코스피 시장의 규모를 넘는 16조 6,947억 원을 기록하는 기염을 토했다.

빗썸은 왜 대중들을 위한 코인 투자 안내서를 집필했나?

비트코인이나 가상자산 같은 개념조차 생소하던 2014년 1월, 가능성 하나만 보고 거래소 서비스를 시작한 회사, 그리고 아무도 가지 않은 길에 합류한 다양한 업계 출신의 전문가들이 있었다. 국내 굴지의 대표 가상자산 거래소 '빗썸'과 그곳에 근무하는 직원들이다. 우리는 지난 8년 동안 코인 시장의 탄생과 급격한 성장이라는 변화의 파도 한가운데 있었다.

시장에서 직접 경험한 것을 바탕으로, 무엇에 주목해야 하고 어떤 변화를 직시해야 하는지 몸소 느낀 바가 많았지만 이를 정리할 기회가 없었다. 워낙 빠르고 급격히 바뀌고 성장하는 시장 상황에 즉각 대처해야 했기 때문이다.

그런데 시장이 성장하는 속도나 정보의 수준을 따라잡지 못한 채 일부 블록체인 기술 전문가 등이 말하는 국한된 정보 혹은 단편적이고 선동적인 주장에 휩싸여 묻지 마 투자를 하는 모습을 보며 한편으로 안타까움을 느꼈다. 친구 따라 별 공부 없이 투자하거나 깊이 알아보지도 않고 전세금이나 퇴직금 같은 소중한 자금을 투입해 피해를 본 사례가 속출할 때 업계 종사자로서 책임감도 들었다. 자본시장연구원에 따르면 개인 투자자 대다수가 무정보Uninformed, 잡음거래Noise, 비합리적Irrational 거래자나 투자자로 분류된다고 한다. 안타까운 일이다.

빗썸은 각 부서, 각 전문분야에 몸담은 11명의 직원을 선별해 우리가 알고 있는 올바른 정보를 책으로 출간하고자 마음을 모았다. 이 책은 빗썸 직원들이 거래소에 재직하면서 각자의 분야에서 터득한 지식을 모아서, 투자자들이 꼭 알아야 하는 '코인 투자 가이드'로 집필한 것이다. 최대한 많은 내용을 소개하면서도 쉽게 설명하려 고심했다. 투자자가 어렵게 느끼기 쉬운 블록체인 기술 자체에 대한 설명보다 실제 코인 투자를 할 때 확인해야 하는 핵심사항, 조심해야 할 코인 종목, 거시적 시장 흐름을 파악하는 법, 코인 매매의 타이밍 잡는 법 등 실질적으로 도움이 될 내용을 담는 데 심혈을 기울였다.

지금의 코인 시장을 어떻게 바라봐야 할까?

그렇다면 거래소 직원들이 바라보는 앞으로의 코인 시장은 어떨까? 과연 2017년에 그랬듯, 2021년 코인 시장 역시 반짝하고 거품이 꺼지고 말까? 앞으로 하락장이 올지 상승장이 올지에 대해서는 직원들 사이에서도 의견이 분분하다. 그러나 하나 분명한 것은 업계가 바라보는 2017년과 2021년은 확실히 다르다는 점이다.

　우선, 규제나 관련 법제화가 전무하던 가상자산 시장이 조만간 양지로 나온다는 사실은 매우 긍정적이다. 정부 당국은 '특정 금융 거래정보의 보고 및 이용 등에 관한 법률(특금법)' 개정안을 입법 예고했다. 우리는 이 법이 시장이 성숙되고 투명해지는 계기가 될 것이라 생각한다. 다단계 코인, 먹튀 거래소 등에 의한 피해가 많이 줄어들 것으로 보인다.

　또 하나, 시장이 매우 안정화되고 있다는 점에서 2017년과 크게 다르다. 북미를 중심으로 비트코인 투자 수요가 꾸준히 증가했고 기관투자자들의 시장 참여도 늘었다. 글로벌 1위 비트코인 신탁펀드인 그레이스케일의 운용자산은 440억 달러(약 50조) 규모로 성장했고, 코인의 대장 격인 비트코인의 시가총액은 0.7조 달러(약 800조)를 달성하면서 테슬라 등 주요 기업 시가총액을 추월하기도 했다.

무엇보다 코인 시장에 기대를 거는 근거는 '새로운 조류'의 등장이다. 코인·가상자산 산업으로 인해 산업 간 경계가 무너지고 있다. 2020년 페이팔, 스퀘어 등 글로벌 핀테크 기업이 비트코인 결제 솔루션을 도입하며, 투자 자산이던 비트코인이 결제 자산으로 변모했다. 제조업과 코인 산업의 경계도 무너지고 있다. 삼성전자는 일찍이 블록체인 월렛을 스마트폰에 내장시켰고, 애플은 비트코인 매매와 보관·결제가 가능한 비트페이BitPay 서비스를 지원한다고 발표했다. 비록 무산되기는 했지만 페이스북 역시 자체 가상화폐 리브라Libra를 발행하겠다는 원대한 계획을 내세웠다. 국내에서는 카카오가 자회사 그라운드X를 통해 가상자산 플랫폼 생태계를 구축해 가고 있다.

새로운 기술과 산업의 태동기에는 늘 어려움이 상존한다. 하지만 그런 어려움 속에서 비로소 경계가 무너지고 새로운 가능성이 등장한다. 모든 경계에는 꽃이 핀다.

철저히 준비하고 공부하는 현명한 투자자

개인 투자자는 이런 변화의 소용돌이에서 무엇을 해야 할까? 철저한 준비만이 시장에서 승리하기 위한 요건이다. 버블이냐 아니냐 하는 논란은 언제나 있었다. 1980년대 코스피 시장이 그랬고 1990년대 닷컴 버블 때도 그랬다.

논란에 휘둘리거나 팔짱 끼고 관망하는 대신, 옥석을 가려가며 기회를 포착한 이들만이 그 열매를 만끽했다. 하락장에서 준비해야 상승장에서 기회를 잡을 수 있다. 기회는 언제나 있지만, 나에게 찾아온 기회를 잡느냐 못 잡느냐는 시장에 얼마나 관심을 갖고 공부하며 어떻게 대비하느냐에 달려 있다. 쉽게 돈을 벌어 보겠다는 요행을 바라지 말고 나의 소중한 돈이 제대로 일할 수 있도록 철저하게 준비해야 한다. 다시 말해 스스로 판단할 수 있는 현명한 투자자가 되어야 한다.

건전한 코인 시장을 만들어가기 위해 코인 시장 전반과 투자 정보를 정제해서 알리고 싶다며 프로젝트를 시작한 허백영 대표, 이 프로젝트가 순조롭게 진행될 수 있게 물심양면으로 지원한 전준성 실장, 정확한 정보 전달을 위해 꼼꼼히 내용을 감수해준 상장지원팀, 법무팀, 준법감시팀, 마케팅팀, 운영팀 등에 감사의 말을 전한다. 책이 나올 수 있게 바쁜 업무 와중에도 밤낮으로 원고를 작성해 준 저자들과 빠듯한 일정에도 출판 과정을 함께한 비즈니스북스에 무한한 감사를 표한다. 이 책이 코인 투자에 앞서 가장 먼저 참고하는 책이 되기를 희망하고 기대하는 마음이다.

CONTENTS

CHAPTER 1

코인 투자를 위해서
꼭 알아야 할 기초 정보

CHAPTER 2

거시적 관점으로
코인 장세 파악하기

CHAPTER 7

안전하고 지속가능한
코인 투자법

CHAPTER 8

코인으로 이자를 받는다?
디파이 투자법

코인 투자를 위해서
꼭 알아야 할 기초 정보

2017년과 2021년 두 차례에 걸쳐 '코인 붐'이 크게 일었다. 이 시기에 기사와 뉴스를 통해 엄청난 수익을 얻은 이들의 경험담이나 월급으로 수십억을 번 무용담을 쉽사리 접할 수 있었다. 이로 인해 2021년 초부터 많은 이들이 너도나도 할 것 없이 코인에 투자하는 상황이 펼쳐지기 시작했다. 그런데 과연 코인은 누구라도 손쉽게 높은 수익률을 얻을 수 있는 투자 상품일까? 누구나 월급 정도를 투자해 수십억을 벌어들일 수 있을까? 당연한 말이지만 답은 '아니다'이다. 물론 높은 수익률을 기록하며 수십억을 번 사람들도 꽤 존재한다. 하지만 기초지식 없이는 수익은커녕 투자조차 제대로 할 수 없는 게 현실이다.

높은 수익을 얻은 사람들 대다수는 코인의 가치를 따지기 위해 블록체인에 대해 공부하고, 각각의 가상자산이 어떤 중요한 특성을 가지는지 파악하며 투자한다. 그들이 자신의 투자에 확신을 갖는 이유는 코인이 미래가치가 충분한 투자처이자 화폐라고 믿기 때문이다. 그런데 실제 투자를 해 보면 거래소를 이용하는 기본적인 방법조차 쉽지 않다. 자칫하면 잘못된 자산 이동으로 소중한 자산을 잃는 경우도 발생하기 때문에 코인에 투자하기 위해서는 기초지식이 반드시 필요하다.

이 장은 높은 수익률을 얻게 해 주거나 투자법에 대한 노하우를 전달해 주지는 않지만, 누구나 코인에 투자하기 위해 알아야 할 가장 기본적이고 기초적인 내용들과 지식을 쉽게 전달해 주고자 구성되었다.

암호화폐, 가상자산, 디지털 화폐, 비트코인, 블록체인…
코인 용어와 역사

코인의 탄생과 시작, 비트코인

우리에게 지금 가상자산의 대표 주자로 알려져 있는 비트코인Bitcoin, BTC은 어떻게 세상에 등장하게 되었을까? 많은 사람들이 비트코인이 최초의 암호화폐(현재는 가상자산이라는 용어로 보편화)라고 알고 있으나, 세상에 처음으로 선보인 암호화폐는 1983년 암호학자 데이비드 차움David Chaum이 내놓은 디지캐시Digicash였다. 하지만 이 화폐는 시대를 너무 앞서간 탓에 빛도 보지 못한 채 역사 속으로 사라지고 말았다.

이후 2007년 발생한 글로벌 금융위기를 겪으면서 지금 우리가 잘 알고 있는 비트코인이 등장하게 된다. 비트코인의 창시자 사토시 나카모토Satoshi Nakamoto(신원미상)는 중앙집권화 금융시스템의 문제점을 인지하고, 기득권층

분산원장기술
DLT, Distributed Ledger Technology

거래와 관련된 정보가 기록된 원장을 중앙집중식 저장 시스템 혹은 서버 같은 저장 공간에 집중시키지 않고 참가자 네트워크에 P2P 방식으로 분산해 공동으로 기록하고 관리하도록 한 기술을 말한다. 기존 금융 시스템의 중앙집중식 운영 방식에 반발하여 만들어진 블록체인 기술의 특성상 탈중앙·분권화를 지향하는 장부 기록 방식인 셈이다.

에게만 유리하고 불공정한 기존 금융시스템을 바꾸고자, 탈중앙화를 지향하며 모두가 신뢰할 수 있는 분산원장기술을 고안해 냈다. 그(혹은 그들)는 '비트코인 백서'라 불리는 9페이지 분량의 비트코인 P2P 전자화폐 논문Bitcoin P2P E-cash Paper을 세상에 공개했고, 2009년 블록체인이라는 개념의 기술을 처음 적용한 비트코인을 개발했다.

비트코인의 탄생 스토리를 알고 나면, 무엇 때문에 '탈중앙화'라는 개념에 의거한 기술이 탄생했을까 궁금해질 것이다. 우리는 이제껏 기득권층이 구축해 놓은 금융시스템 및 사회 구조 안에서 조금이라도 더 나은 삶을 살고자 발버둥 쳐왔다. 그러나 사회적으로 중요한 의제에 대한 의사결정이나 그에 대한 정보는 기득권층에 의해 독점되기 때문에, 이로 인해 생겨나는 정보의 불균형으로 빈부격차는 더욱 심화되었다. 일례로 사회·경제적으로 중앙통제화가 되어 있어 기업이 회계장부를 조작하는 일명 '분식회계'를 통해 탈법적인 방법으로 부를 축적하거나, 정보에서 소외된 일반 투자자들에게는 잘못된 재무제표를 제공해 큰 손실을 입히기도 했다. 이와 같은 불공정함을 해소하고자 다수의 금융·사법기관이 만들어졌지만, 모든 것을 관리감독하고 투명하게 밝히기에는 무리가 있었다. 이러한 구조적 한계에 대한 불만은 2000년대 후반 글로벌 금융위기를 계기로 강력히 터져 나오게 된다. 그런 이유로 근본적인 원인을 해결하기 위해 모두에게 장부를 공개하고 검증받는 탈중앙화 기술인 '블록체인'이 등장하게 된 것이다. 누구에게나 투명하고 공정한 기회를 부여할 수 있다는 것, 이 자체만으로도 미래가 어떻게 변할지 궁금하지 않은가? 세상이 어떻게 변화할지 기대해 보아도 좋을 것 같다.

책을 읽다 보면 또 하나 궁금증이 생겨날 것이다. 왜 가상자산을 발행하는 주체를 기업이라 부르지 않고 '재단'Foundation이라 지칭하며 그들이 추진하는 사업 역시 '프로젝트'Project라고 부르는지 하는 점 말이다. 먼저 간단하게 기업과 재단의 차이점을 살펴보자. 기업은 이익을 얻기 위한 조직으로 출자 지분에 따라 개인의 소유가 가능하다. 반면에 재단은 특정한 사업 목적을 위해서만 설립되며, 개인 소유가 아닌 독립된 상태로 운영되는 비영리 단체라는 특징을 지닌다. 즉 완전한 탈중앙화를 이루기 위해서는 코인 발행사가 기업이 아닌 재단이 되어야 하는 것이다. 코인 발행 재단의 역할은 이익 추구가 우선이 아니다. 그들의 존재이유는 최초 설립한 목적을 달성하는 데 있는데, 그 핵심이 바로 토큰 이코노미가 적용될 블록체인 생태계를 활성화시키는 것이다. 또한 코인을 발행해 재단을 중심으로 한 또 다른 중앙화를 꾀하고자 하는 것이 아니라, 코인 생태계 내 토큰 이코노미 시스템이 원활하게 작동할 수 있도록 지원하는 역할만 담당한다.

그렇다면 이익도 생기지 않는 비영리 목적의 재단들이 왜 코인 생태계를 꾸리고자 시간과 정성을 들이는 것일까? 첫째, 생태계가 활성화되면 같은 산업군에 속한 기존 사업에 활기를 불어넣는 시너지 효과가 발생하기 때문이다. 둘째, 목표하는 생태계를 처음으로 일궈 내는 퍼스트 무버First Mover가 되고자 하기 때문이다.

블록체인을 적용하는 생태계는 기존 사업 분야에도 존재할 수 있지만 대

> **토큰 이코노미**
> **Token Economy**
> 블록체인 서비스에 기여하는 경우 보상으로 토큰을 주고 그 토큰을 재판매하거나 교환하는 등의 경제가 순환되는 과정을 일컫는다. 예를 들어 A게임을 하는 사용자들에게 보상으로 A코인을 주고, 사용자들은 A코인으로 게임에서 아이템을 구매할 수 있다고 가정하자. 이러한 A코인의 순환을 토큰 이코노미라고 한다.

개 신기술을 바탕으로 아직 개척되지 않은 분야를 목표로 한다. 일례로 이더리움Ethereum, ETH의 스마트 컨트랙트 기술은 블록체인 산업을 한 단계 성장시켰고, 이는 비트코인을 제외하고 이더리움이 최고의 코인 중 하나로 인정받는 이유가 되었다. 이처럼 새로운 분야와 기술을 개척하고 개발해 낸다면 재단이 추구한 생태계를 일궈낸 창시자로서 역사에 기록되는 영예를 차지할 수 있다.

블록체인 기술이란 전체 거래자 중 과반수가 검증한 거래 기록 데이터를 블록화하고, 이전에 쌓여 있던 다른 블록들과 연결시켜 변경 및 조작을 어렵게 함으로써 안전하게 거래할 수 있도록 한 것이다. 쉽게 말하면 공공 거래 장부를 만들어 거래자(생태계 참여자) 전부에게 공개함으로써, 전체 거래 장부를 누구나 공유하고 대조할 수 있게 만들어 거래를 안전하게 만드는 보안 기술인 것이다.

블록화Blocking
여러 개의 데이터 입출력 레코드를 합쳐 하나의 덩어리로 만든 것이다. 이렇듯 거래 기록을 블록화한 다음 서로 연결하면 데이터를 공개적으로 관리하고 저장하고 해석하는 것이 용이해진다.

블록체인은 개방성에 따라 퍼블릭Public 블록체인과 프라이빗Private 블록체인으로 나뉜다. 퍼블릭 블록체인은 오픈소스로 누구나 참여 가능하며 확장성이 매우 크다는 특징을 가진다. 또한 이러한 확장성으로 인해 생태계 참여자가 많아질수록 큰 힘을 발휘하는 블록체인 기술의 특성상 보안성이 높아지게 된다. 하지만 전송할 때 속도가 느리다는 단점이 있어 이를 해결하기 위해 다양한 하이브리드Hybrid 블록체인들이 등장하고 있다.

네트워크Network
분산되어 있는 개별 컴퓨터를 통신망으로 연결한 것을 말한다. 네트워크에 참여하기 위해서는 기존 참여자들로부터 권한을 부여받아야 한다.

프라이빗 블록체인은 권한을 부여받은 네트워크만 참여가 가능하며 허가받지 않은 네트워크는 참여할 수 없다. 블록체인의 가장 큰 특징인 완전한 탈중앙화를 이루진 못하지만, 한정된 참여자로 인해 전송속도가 빠르고 개발 및 관리가 용이하다는 특징이 있다.

코인계의 주연과 조연,
메이저코인과 알트코인

메이저Major코인이란 코인 중 주류들을 지칭하며 비트코인BTC, 이더리움 ETH, 리플Ripple, XRP, 퀀텀Qtum, QTUM, 이오스EOS 등 초기에 선보인 코인들 혹은 높은 시가총액(시총)을 지닌 코인들을 지칭해 왔다. 그러나 최근 일론 머스크Elon Musk의 직·간접적인 시장개입으로 인해 도지코인Dogecoin, DOGE이 시총 4위까지도 도달했던 것을 보면, 높은 시총을 지닌 코인이 곧 메이저코인이라는 등식이 성립될 수 있을지에 대해서는 다시 한 번 생각해 보아야 할 것이다. 앞으로의 메이저코인은 비트코인을 제외하고

> **시가총액Total Market Cap**
> 마켓캡이라고도 부르며, 하나의 코인이 공급되어 거래되는 총액으로 해당 코인의 경제 생태계 규모를 짐작하게 해 준다. '코인 가격×공급량'으로 산출하는데, 총 공급량과 유통 공급량이 다를 경우에는 유통 공급량을 기준으로 계산한다.

언제든지 바뀔 수 있다. 블록체인 산업은 아직 태동 단계에 불과하며 앞으로 우리 사회의 다양한 분야에서 활용이 가능하기 때문에, 앞으로 등장할 성공적인 프로젝트의 코인이 훗날에는 메이저로 분류될 수 있을 것이다.

반면, 알트코인은 비트코인을 제외한 나머지 코인을 지칭하기 때문에 비트코인 외의 메이저코인들도 여기에 속한다. 그러나 커뮤니티 등 다양한 채널에서 알트코인을 언급할 때에는 비트코인 외의 메이저코인들도 제외된 개념으로 쓰인다. 알트코인은 메이저 알트Major Alt코인과 마이너 알트Minor Alt코인으로

락업Lock-up

본래 주식 시장에서 나온 개념으로 '보호예수 물량'이라고도 한다. 기업이 상장 등을 하게 될 때 대주주 혹은 투자자들이 보유한 지분이 일시에 매물로 나올 경우 주가가 급격히 하락하거나 시장 질서를 교란할 수도 있으므로, 투자자의 피해를 방지하기 위해 이들 대량 물량을 매도할 수 있는 시점을 일정 기간 유예해 둔 것을 말한다. 락업 스케줄이란 이렇듯 매도 시점에 제한을 둔 물량이 시중에 공급되는 일정을 말하는데, 대개 코인 상장 시에 미리 공지한다.

구분할 수 있다. 메이저 알트코인은 메이저코인이라 불리는 코인들 중 비트코인을 제외한 나머지 코인을 지칭하며, 마이너 알트코인은 그 외의 모든 코인을 일컫는다. 또한 마이너 알트코인은 시가총액과 거래량이 적고, 거래 가능한 거래소의 수가 한정되어 있다는 특징이 있다. 추가적으로 시장에 풀리지 않은 물량의 해제 일정을 지정해 놓은 개별의 락업 스케줄이 존재하기 때문에, 해제 일정에 따라 가격에 큰 영향을 끼치기도 한다.

블록체인 기술의 발전에 따라 세대가 구분되기도 하는데, 특정 코인의 등장으로 인해 블록체인 기술이 비약적으로 도약했는지에 따라 정해진다. 즉 코인들 중에서 1세대, 2세대, 3세대 코인이라 지칭되는 가상자산들이 나뉘어 있다. 1세대에는 비트코인(최초의 블록체인), 2세대에는 이더리움(스마트 컨트랙트 기술)이 있으며, 3세대에는 새롭게 주목받으면서 향후 메이저라 불릴 만한 기술력과 시총을 지니게 된 코인들이 거론된다. 여기에는 폴카닷Polkadot, DOT, 코스모스Cosmos, ATOM, 테조스Tezos, XTZ, 루나 LUNA, LUNA, 클레이튼Klaytn, KLAY 등이 포함된다. 세대 구분은 코인의 우열을 가리기 위함이 아니라, 블록체인 기술의 발전이 세상을 변화시킬 수 있는 발판이 되었다는 시기적 상징성을 기억하기 위함이 아닐까 생각된다.

비트코인이 쏘아올린 작은 공, CBDC

CBDC란 중앙은행 디지털 화폐Central Bank Digital Currency를 가리키는 약자다. 비트코인을 위시로 한 가상자산의 등장으로 전통적 화폐에만 의존해 왔던 중앙은행들도 디지털 화폐 발행의 필요성을 절감하기 시작했다. CBDC는 기존 화폐와 달리 전자적으로 발행되고 관리되는 화폐로, 기존 화폐와 가치가 연동되지만 자체적 전송기능을 통해 이체 및 결제가 가능한 통화다.

2009년 비트코인이 탄생하면서 블록체인 기술이 처음 세상에 선을 보였고, 비트코인 가격이 가파르게 상승함으로써 짧은 시간 내에 전 세계의 주목

▶ 주요국들의 CBDC 목표 및 연구개발 현황(2021년 기준)

바하마	2020년 10월 세계 최초로 CBDC '샌드달러' 공식 발행
캄보디아	2020년 CBDC '바콘' 상용화
브라질	2022년 '디지털 헤알화' 상용화 목표
캐나다	디지털 화폐에 필요한 인프라 개발 중이나 발행 계획은 아직 없음
중국	주요 도시에서 '디지털 위안화' 시범 운영 2022년 베이징 올림픽서 외국인에게도 사용 허용
EU	유럽중앙은행(ECB)이 '디지털 유로화' 관련 연구 중
일본	2021년 4월 '디지털 엔화' 실증실험 착수
러시아	2021년 디지털 화폐 테스트 계획
스웨덴	2021년 'e크로나' 시험 2022년으로 연장
영국	2021년 4월 19일 '브리트코인' 검토 태스크포스(TF) 출범
베네수엘라	2018년 '디지털 페트로' 발행했으나 설계 결함 있어 실패로 평가
미국	관련 연구와 실험 진행 중이나 도입 시점 등 결정된 것 없음
한국	2021년 파일럿 테스트 착수 계획, 이를 위한 시스템 구축 중

출처: https://www.etoday.co.kr/news/view/2018433

을 받기 시작했다. 기존에 통용되던 중앙집중식 화폐 시스템을 대체할 디지털 화폐로 사용될 수 있을 것이라는 기대에 수많은 코인들이 등장하기 시작했고, 현금 없는 사회로 한 발짝 다가섰다. 그런데 전 세계적으로 우후죽순 생겨난 코인의 가격이 급등락을 보이면서, 디지털 화폐라는 애초의 취지는 오히려 무색해지고 어느 순간부터 자산을 불리기 위한 투자 혹은 투기 수단이라는 부정적인 인식이 생겨나기도 했다.

하지만 다양한 코인들의 부상은 지금까지 화폐를 정의하던 방식이나 사회 전반이 화폐를 사용하는 행태를 변화시켜 왔고, 이에 각국 중앙은행은 블록체인의 분산원장기술을 적용한 중앙 발행 디지털 화폐인 CBDC를 본격적으로 정의하고 연구하기 시작하기에 이른 것이다.

디지털 법정화폐를 도입하게 되면 화폐 폐기 및 재발행에 들어가는 비용을 줄일 수 있고 자금세탁, 탈세 등의 범죄를 추적할 수 있어, 각국에서 많은 연구들이 이루어지는 상태다. 우리나라의 경우만 해도 2019년 한 해에만 손상된 화폐를 폐기하고 재발행하는 데 약 900억 원이 소요됐다. CBDC는 블록체인 상에 거래 이력이 기록되기 때문에 투명하게 관리될 수 있고, 현재의 기술로는 위변조가 불가능해 안전과 보안을 유지하기 위한 비용 또한 절감되는 등 장점이 많다. 하지만 기술이 빠르게 발전하면서 발생할 수 있는 해킹 등에는 철저히 대비할 필요가 있다. CBDC가 사회 전반에 적용되어 실제로 사용된 다음 해커의 공격이 발생해서 장부가 위·변조된다면 사회 전반적으로 큰 혼란을 초래할 것이다. 또한 CBDC의 화폐가치가 폭등하는 디지털 판 하이퍼인플레이션이 발생할 우려도 있다.

하이퍼인플레이션
Hyperinflation
물가 상승, 즉 인플레이션이 연간 수백 퍼센트 이상으로 단기간에 급격하게 일어나서 통제 불가능해진 상황을 말한다. 통상적인 물가 상승의 수준을 벗어나게 되어 화폐 가치가 급격히 하락하기 때문에 경제에 대혼란이 발생하게 된다.

코인 투자를 위해 반드시 거쳐야 할 관문 가상자산 거래소

거래소마다 가상자산 시세가 다른 이유

가상자산 거래소에서는 원화, 달러, 유로, 위안, 엔 등 각국의 법정화폐로 코인을 구매할 수 있으며, 반대로 코인을 법정화폐로 교환할 수 있다. 가상자산 거래소는 기업의 유가증권을 거래하는 증권 거래소와 비슷하다고 볼 수 있지만 다른 점이 많다.

물론 가상자산 거래소에서 매매 대상은 가상자산이다. 또한 전 세계에서 거래된다는 특성에 따라 365일, 24시간 쉬지 않고 거래와 입출금이 가능하다는 것도 큰 차이다. 증권 거래소와 달리 가상자산 거래소는 국가별로 대표적인 중앙 거래소가 존재하지 않기 때문에 각각의 거래소가 독립적으로 운영되며, 거래소별로 각기 상장되어 있는 가상자산의 개수와 종류도 다르다. 가상자산은 본래 재화의 교환 매체 또는 지급 수단으로 개발·발행된 것이다. 하지만 투자의 목적으로 가상자산 거래소를 통해 시장 내 수급에 따라 형성되는 가격으로 거래되기 때문에 이익이나 손실이 발생한다.

주식의 경우 중앙 관리감독기관에서 각각의 주식 가격을 통합해 관리하고 동일한 오더북 하에 매매가 이루어지기 때문에, 증권사별 가격 편차가 존재하지 않는다. 그러나 가상자산 거래소는 각기 독립적으로 운영되기 때문에, 가상자산은 거래소의 정책과 기준에 따라 상장 가격 및 거래 가격이 상이하게 결정될 수 있다. 또한 각 거래소별로 사용자 규모, 실제 매매자 규모가 다르고 수요도 차이가 나기 때문에, 거래소마다 가상자산의 시세 차이가 발생한다. 빗썸처럼 사용자가 많은 거래소의 경우 가상자산 호가창이 매수와 매도 호가로 가득 차 있는 것을 볼 수 있다. 하지만 사용자가 없는 거래소의 경우 가상자산의 매수·매도가 간격이 크고 거래량도 적기 때문에 일부 거래만으로도 가상자산의 시세가 크게 변동되기도 한다.

오더북Order Book
거래소에 존재하는 구매자와 판매자의 모든 매도 및 매수 주문을 기록한 전자 목록 혹은 주문 기록 장부

호가
매매할 때 사용되는 1단위를 뜻하며, 호가창은 가상자산이 장중에 실시간으로 거래되면서 매수Buy와 매도Sell, 그리고 그 수량이 가격별로 표시되어 있는 창을 의미한다.

따라서 이러한 거래소 간의 시세 차이를 이용한 차익거래 행위도 종종 발생한다. 하지만 거래소 간 시세 차익을 노린 매매를 한다 해도 실제 거래에서는 송금이나 거래에 따른 수수료가 발생하기 때문에 실질적인 이득을 취하기 어렵다. 또한 입출금하는 데 소요되는 시간에도 시세가 얼마든지 변동될 수 있기 때문에 위험하다. 외국환 거래법 등의 관련 법규에 위반될 소지도 있으므로, 하지 않는 것이 바람직하다.

특히 국내 거래소와 해외 거래소 간의 시세 차이 때문에 '김치 프리미엄'이나 '역 프리미엄' 같은 신조어도 탄생했다. '김치 프리미엄'이란 해외 거래소와 국내 거래소 간에 발생하는 시세 차이를 말하는데, 국내 거래소에서의 가상자산 가격이 더 높을 때를 의미한다. 반대로 해외 가상자산 거래소의 가상자산 가격이 더 높을 경우 '역 프리미엄'이라 부른다.

이러한 격차가 발생하는 이유는 해외와 국내 간의 시차에도 영향을 받을 뿐만 아니라, 해외보다 한국 내에서 개인 투자자 중심의 수요가 더 많기 때문이기도 하다. 또한 투자 수익금에 대한 과세 여부, 거래 절차의 차이점, 지정학적 리스크, 기관 투자자들의 참여 등 여러 요인이 영향을 미친다.

또한 가상자산 시장에서는 해당 국가 금융기관을 이용하지 않는 외국인들이 거래하기 어렵고, 거래소가 외화 유동성을 공급하는 것 또한 불법으로 간주되기 때문에 국외 거래가 쉽지 않다. 또한 우리나라에서는 외화를 이용해 해외 거래소에서 가상자산을 구매하는 것 자체가 불법 외환 거래로 처벌받을 수 있기 때문에 사실상 거래가 막혀 있다. 그렇기 때문에 시세 차이가 생겨날 여지가 많은 것이다.

〈블룸버그〉에 따르면 미국 최대 가상자산 거래소 코인베이스Coinbase의 나스닥 상장에 힘입어 한국의 가상자산 거래소들도 연이어 상장될 것이라는 기대감이 크기 때문에, 앞으로도 김치 프리미엄이 쉽게 사그라지지 않을 것이라고 한다.

가상자산 거래소 내 마켓의 의미

가상자산 거래소 내에서는 법정통화 또는 메이저코인을 기준통화로 해서 거래가 이루어진다. 국내 거래소는 대개 KRW(원화) 마켓과 BTC(비트코인) 마켓 등을 운영하고 있으며, 해외 거래소의 경우는 해당 국가 법정화폐를 포함해 USDT(테더), BTC, ETH(이더리움) 마켓 등을 운영하는 경우가 많다. 특히 USDT는 스테이블 코인으로서 가치변동이 매우 적고 달러를 1:1 비율로 교환해 주기에 해외 거래소에서 대부분 지원하는 마켓이다. 법정화폐 외 메이저코인을 기본 통화로 하는 마켓에서 거래하기 위해서는 거래할 마켓의 기준통화를 보유하거나 매수해야 한다. 예를 들면, 회원 A가 BTC 마켓에서 리플XRP을 매수하려면 먼저 원화 마켓에서 비트코인을 구매해야 한다. 수수료 또한 거래하는 마켓의 기준통화로 지불된다.

스테이블 코인Stable Coin
가격 변동성이 심한 코인의 특성상 거래의 기준이 되면서 변동성이 최소화되도록 설계된 가상자산의 기준통화를 말한다. 통상 1코인이 1달러의 가치를 갖도록 설계되어 있다. 테더Tether, USDT 코인이 대표적이며, PAX, HUSD, USDC, GUSD 등 여러 종류의 스테이블 코인들이 발행되어 있다.

코인 문맹이 되지 않기 위한 필수 지식
주요 블록체인 용어

채굴(마이닝)

가상자산을 얻을 수 있는 방법에는 우리가 흔히 알고 있는 거래소를 통한 '거래'뿐만 아니라 '채굴'도 존재한다. 채굴은 사전적 의미로는 광산에서 광석을 캐내는 행위를 의미하지만, 비트코인을 얻는 방법이 이와 유사하다는 이유로 '비트코인을 채굴한다'는 말이 개인 투자자들 사이에서부터 통용되기 시작했다.

가상자산을 채굴하는 것을 마이닝Mining이라고도 한다. 블록체인 네트워크에서 거래가 이루어지려면 거래내역을 블록에 기록해야 한다. 또한 이 블록을 기존 블록과 연결해야 한다. 이때 참여자들은 연산 작업을 통해 거래내역을 검증하는 데 참여하게 되는데, 그 참여의 보상으로 관련 가상자산을 지급받게 된다. 이 모든 과정을 '채굴' 또는 '마이닝'이라고 하는 것이다.

에어드랍

개인 투자자가 보유한 특정 가상자산에 대해 투자 비율에 따라 무상으로 가상자산을 지급하는 것을 의미한다. 주식 시장에서의 무상증자 또는 배당과 같은 개념이라고 보면 된다.

회원이 쉽게 접할 수 있는 에어드랍Airdrop은 하드포크Hardfork가 생성되는 시점에 맞춰 지급되는 경우다. 에어드랍을 진행한 가상자산은 다양한 마케팅 효과를 얻을 수 있어 많은 재단 혹은 프로젝트가 이를 진행하는 경우가 많다. 개인 투자자 입장에서는 단순히 해당 가상자산을 거래하거나 보유하는 것만으로 추가로 가상자산을 지급 받을 수 있기에, 이러한 사실을 커뮤니티나 소셜 미디어 등을 통해 알릴 가능성이 크다. 따라서 효과적으로 홍보에 활용될 수 있다. 소유 효과에 따라 개인들은 자신이 보유하고 있는 가상자산과 연관된 프로젝트에 대해 더 높게 평가하고 관심을 가질 가능성이 커진다. 이를 기반으로 투자자들이 커뮤니티 내에서 보유하고 있는 가상자산 및 프로젝트에 대한 의견을 공유함으로써, 재단은 자신들이 발행한 가상자산 및 진행 중인 프로젝트에 대한 인지도를 높일 수 있다. 동시에 커뮤니티(네트워크) 구축 전략의 일환으로 활용할 수 있다. 더 나아가 가상자산 보유자들이 증가하면 추후 가상자산 거래소에 상장될 때 가격 조정 및 방어가 가능해지는 장점도 있다.

스냅샷

가상자산 거래소 또는 재단이나 프로젝트에서 에어드랍을 할 때에는 스냅샷 Snapshot 기준으로 진행하는 경우가 있다. 스냅샷이란 에어드랍 시 지급될 수량을 계산하기 위해 특정 시점에 보유하고 있던 가상자산의 잔고를 기록하는 것을 말한다. 블록체인 데이터의 경우 특정 블록을 기준으로 데이터를 복사해 저장한다. 스냅샷을 기반으로 에어드랍이 진행되는 경우 가상자산 거래소 또는 재단에서 참여 조건, 스냅샷 시점, 블록 높이, 지급 비율 및 일자 등을 미리 공지한다. 참고로 거래소에 따라 공지된 스냅샷 시점 이전부터 가상자산의 입출금은 중단되기도 한다.

> **블록Block**
> 다수의 트랜잭션을 모아서 하나로 관리하기 위한 묶음을 의미한다. 블록 높이란 특정 블록체인 네트워크 전체의 기록에서 확인된 블록의 수를 말한다.

토큰스왑

토큰스왑Token Swap, Migration이란 새로운 블록체인 네트워크로 이전하기 위해, 회원이 보유한 수량에 대한 특정 비율 또는 동일한 수량만큼의 가상자산을 다른 블록체인 네트워크에서 사용할 수 있도록 전환하는 것을 말한다.

소프트포크와 하드포크

포크Fork란 새로운 소프트웨어를 개발하기 위해 기존의 소스코드를 복사해서 독립적이고 새로운 소프트웨어를 개발하는 것을 의미한다. 신규 소프트웨어가 기존 소프트웨어와 호환되는지 여부에 따라서 소프트포크와 하드포크로 나뉘며, 해당 업데이트 또는 개발 과정을 포킹Forking이라 한다.

소프트포크Soft Fork란 전체적인 사용자들의 동의를 바탕으로 이루어지는 기존 소프트웨어의 성능 개선을 위한 시스템 업데이트를 의미한다. 이에 기존 소프트웨어 또는 블록과 호환이 가능하며, 기존 규칙을 따르기에 블록체인 업데이트는 필수가 아닌 개발자의 선택사항이다. 더 나아가 기존 노드와 추가된 노드 사이의 합의가 이루어진다면 해당 블록체인은 하나로 합쳐질 수 있다.

노드Node
블록체인 특성상 중앙 서버가 없기 때문에 네트워크를 연결해 주는 수많은 서버가 있으며 이 서버들을 노드라고 부른다. 누구나 노드가 될 수 있으며 노드는 블록체인 네트워크에 연결된 모든 블록 정보를 가지고 있다.

반면 하드포크Hard Fork란 기능 추가 또는 보안 취약성 등의 이슈 개선을 위한 업데이트 목적으로 기존 소프트웨어와 호환되지 않는 신규 블록체인을 개발하는 것이다. 이에 기존 노드와 신규 노드 간에 합의가 전혀 이루어지지 않으며, 서로 분리된 채로 블록이 쌓여 새로운 코인이 생겨나기도 한다. 단, 사용자는 리플레이 어택에 의해 가상자산이 이중 송금이 될 수 있기 때문에 하드포크가 완료된 이후에 가상자산 송금을 해야

리플레이 어택Replay Attack
개인 지갑에 저장된 가상자산이 중복 출금되는 현상

한다. 하드포크를 통해 새로운 코인이 에어드랍되는 경우가 있으며 대표적인 예시로 비트코인BTC 하드포크를 통해 생성된 비트코인 캐시Bitcoin Cash, BCH, 비트코인 골드Bitcoin Gold, BTG가 있다.

가상자산 거래소에서 거래하는 법
빗썸 거래 프로세스

안전한 거래를 위한 다양한 장치

빗썸은 회원들이 가상자산 거래를 편리하고 안전하게 할 수 있도록 거래 정책을 기준으로 운영된다. 빗썸에서 가상자산을 매수할 때 가격은 매도 1호가의 +300퍼센트에서 −90퍼센트 이내, 매도할 때 가격은 매수 1호가의 +300퍼센트에서 −90퍼센트 이내로 입력 가능하도록 주문 호가가 제한되어 있다. 더 나아가 호가 자동화 정책을 사용하고 있는데, 입력 가격 구간별로 호가 단위를 지정해 두어서 자동으로 변경될 수 있도록 반영되어 있다. 호가와 관련해서는 거래소별로 기준 및 정책이 다르니 거래 전에 잘 확인해 둘 필요가 있다.

또한 빗썸은 최소 주문수량 자동화 정책을 통해 입력 가격 구간별로 최소 주문수량이 아래 그림과 같은 기준으로 자동 적용되며, 자산은 소수점 8자리 미만의 가상자산을 포함해 일괄 8자리로 관리하고 있다. 단, 입출금을 할 때에는 각 자상자산에서 지원하는 소수점 자리까지만 가능하다. 호가 자동화 및 최소 주문수량 자동화 기준에 대해서는 그림을 참고하면 된다.

▶ **호가 자동화 기준(왼쪽)과 최소 주문수량 자동화 기준(오른쪽)**

가격 구간	호가 단위	가격 구간	호가 단위
1원 미만	0.0001원	100원 미만	10
1원 이상 10원 미만	0.001원		
10원 이상 100원 미만	0.01원	100원 이상 1,000원 미만	1
100원 이상 1,000원 미만	0.1원		
1,000원 이상 5,000원 미만	1원	1,000원 이상 10,000원 미만	0.1
5,000원 이상 10,000원 미만	5원		
10,000원 이상 50,000원 미만	10원	10,000원 이상 100,000원 미만	0.01
50,000원 이상 100,000원 미만	50원		
100,000원 이상 500,000원 미만	100원	100,000원 이상 1,000,000원 미만	0.001
500,000원 이상 1,000,000원 미만	500원		
1,000,000원 이상	1,000원	1,000,000원 이상	0.0001

사용자는 지정가 주문(일반거래)을 통해 거래하고자 하는 가상자산 가격을 별도로 지정해 매수나 매도 주문을 할 수 있다. 사용자가 지정한 가격 주문에 체결이 즉시 이뤄지지 않았을 경우 페이지 하단에 있는 '미체결 주문'에 등록되고, 주문이 완료된 건은 '체결 주문'에서 확인할 수 있다. 단, 해당 가상자산의 시세보다 높은 금액으로 매수하거나 낮은 금액으로 매도할 경우 시장가로 즉시 체결된다. 지정가는 기본적으로 최소 500원 이상에서 최

대 50억 원 이하로 주문 가능하다. 해당 지정가는 최대 10개 항목까지 설정 가능하다. 시장가 주문(간편거래)으로도 개인은 거래하고자 하는 가상자산의 매수 매도 원화 기준금액이나 수량을 지정해 즉시 주문을 체결할 수 있다.

▶ 지정가 매매(위), 시장가 매매(아래) 예시 화면

이때 시장가는 기본적으로 최소 1,000원 이상부터 최대 10억 원 이하까지 주문이 가능하다.

자동매매 주문Stop-Limit도 가능하다. Stop 주문은 설정한 가격에 도달했을 때 시장가로 매매하는 방법으로, Stop으로 설정한 가격보다 높거나 낮은 가격으로 수량의 100퍼센트가 체결될 가능성이 있다. Limit 주문은 주식 거래소의 지정가 매매와 동일한 방식으로, 개인이 설정한 가격에 도달하면 해당 지정가로 매매하는 방법이다. Stop—Limit 주문은 설정한 감시가격에 도달했을 경우 원하는 가격과 수령으로 접수되는 주문 방식이며, 설정한 수량의 일부분이 거래되지 않을 가능성이 있다. 이때 감시가격이란 현재가에 도달했을 경우 매수·매도를 하고자 하는 가격까지 주문이 실행되는 가격을 의미한다. 주문가격이란 감시가격에 도달했을 경우 매수·매도 접수가 실행되는 가격을 의미한다.

▶ **자동매매 주문(Stop—Limit) 체결의 메커니즘**

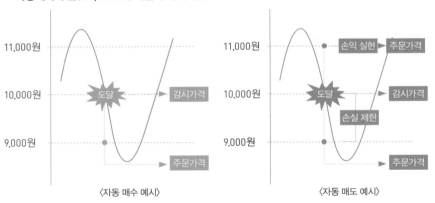

〈자동 매수 예시〉　　　　　　〈자동 매도 예시〉

자신의 거래정보와 현황 확인하기

거래와 관련해 자세한 내역은 [지갑관리〉거래내역] 메뉴에서 거래일시, 자산, 거래구분 및 수량, 체결가격, 거래금액, 수수료, 정산금액, 상태를 확인할 수 있다. 또한 주문 내역은 [지갑관리〉거래내역〉주문내역] 메뉴에서 신청한 주문일시, 자산, 거래구분, 주문수량, 체결수량, 주문가격 및 금액, 상태 등을 확인할 수 있다. 미체결 내역 역시 [지갑관리〉거래내역〉미체결] 메뉴에서 주문일시, 자산, 거래구분, 주문수량, 미체결수량, 주문가격, 현재가격, 상태를 확인할 수 있다. 단, 최대 6개월 단위로 조회가 가능하다. 입출금 대기, 빗썸 캐시(결제 및 송금), 상승장·하락장 렌딩, 상품권 입금 등도 확인할 수 있다.

개인이 보유한 자산은 [지갑관리〉자산현황] 메뉴에서 확인이 가능하다. 나의 자산이란 현재 개인의 평균 매수가, 매수금액, 평가금액, 평가손익, 수익률을 KRW(원화)로 환산한 수익 평가용 참고 자료다. BTC 마켓에서 거래한 경우에도 KRW 환산 기준으로 확인할 수 있다. 평균 매수가는 수수료가 반영된 정산금액을 기준으로 계산되며, 수수료 쿠폰 적용 시에는 적용 거래금액에서 제외 후 계산된다. 또한, 가상자산이 입금된 경우 해당 시점의 KRW 마켓 내 가상자산 시세를 반영해 계산된다. 개인이 평균 매수가를 정정할 경우 매수 및 평가금액, 평가손익, 수익률 등이 자동으로 변경된다. 해당 페이지와 관련된 계산식은 다음과 같다.

총 보유자산 = Σ 자산별 평가금액(수수료 감안)

총 매수금액 = Σ 자산별 매수금액

총 평가손익 = Σ 자산별 평가손익

총 수익률＝(총 평가손익/총 매수금액)×100

평균 매수가＝[(직전 잔고×직전 평균 매수가)+최근 체결금액]/누적잔고

매수금액＝보유잔고×평균 매수가

평가금액＝보유잔고×현재시세

평가손익＝평가금액−매수금액

수익률＝(평가손익/매수금액)×100

　거래 가능 자산 페이지에서는 보유한 가상자산별 거래 진행상태를 확인할 수 있다. 단, 미체결 주문 금액은 매수주문 증거금의 합으로 매수주문 금액의 합과 다를 수 있다. 이때 매수 증거금은 주문금액과 수수료를 합한 것이다.

거래소가 제공하는 수수료 정액 쿠폰 100퍼센트 활용법

빗썸의 기본 거래 수수료는 0.04퍼센트~0.25퍼센트이며 개인별로 사용하는 수수료 쿠폰에 따라 적용 요율의 차이가 발생할 수 있다. 빗썸 수수료 쿠폰은 원화로만 최대 100매까지 구매가 가능하며 발급일로부터 60일간 유효하다. 쿠폰을 구매할 경우 발급일로부터 빗썸 원화 및 BTC 마켓에 즉시 적용되며, BTC 마켓의 경우 체결 금액의 원화 환산가로 적용된다. 단, 이미 구매한 쿠폰 중 유효기간이 1년인 것이 있을 경우 후순위로 사용되며, 쿠폰을 1개 이상 구매하면 먼저 구매한 쿠폰부터 적용되므로 유의해야 한다. 구매한 쿠폰을 환불할 경우 {쿠폰 구매금액−(사용한 거래 금액×정상 수수료(0.25퍼센트))} 기준으로 환불이 되며, 환불 가능 금액이 없을 경우 환불이

불가할 수 있다. 구매 외에도 빗썸에서 진행하는 다양한 이벤트 참여를 통해 수수료 무료 쿠폰을 지급받을 수도 있다. 효과적으로 쿠폰을 이용하려면 아래 그림을 참고해 구매할 것을 추천한다.

▶ **회원 거래 성향별 수수료 쿠폰 추천**

거래소 입출금 계좌를 통한 거래

가상자산 거래소와 제휴된 은행(빗썸에서는 NH농협은행을 이용한다)의 입출금 계좌가 준비되면 [빗썸 입출금 페이지] 메뉴 내에서 회원정보를 입력한 후 개인정보 수집 및 이용에 동의하면 '빗썸 실명확인 입출금 번호'가 15초 이내에 발급된다. 해당 번호가 발급이 된 회원은 즉시 입출금 계좌가 연동되어 개인별 한도에 따라 원화를 입출금할 수 있다. 실명확인 입출금 번호는 회원 1인당 1개만 발급된다. 입출금 번호 발급에 실패한 경우에는 보유한 계좌가 비정상 계좌(휴면계좌 등)는 아닌지 레벨 인증이 정상적으로 진행되었는지 확인한 후에 재등록을 해야 한다.

▶ **비대면 입출금 계좌 개설 및 연동 프로세스**

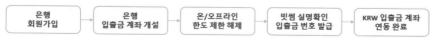

제휴은행 입출금 계좌를 개설한 다음 PC나 모바일로 공인인증서와 OTP를 등록하면 이체한도를 소액 늘릴 수 있다. 이체한도를 100만 원~1,000만원 이상으로 변경하려면 은행 영업점을 방문해서 이체한도 증액을 신청해야한다. 이체한도 증액을 신청할 때에는 신분증뿐 아니라 금융 거래 목적 확인증빙서류를 지참해야 한다. 은행이 이들 서류를 심사한 후 이체한도 금액을변경해 주기 때문이다. 이체한도 증액이 반려되었다면 영업점을 다시 방문하거나 빗썸 고객센터로 추가서류를 제출해야 한다. 일부 은행의 경우 이체한도 증액 서비스를 미리 신청하지 않은 고객에 한해 이체한도 하향만 가능하도록 하고 있으므로, 미리 확인하고 방문해야 한다.

▶ **금융 거래 목적 확인 증빙서류**

급여 용도	급여명세서, 재직증명서, 근로소득원천징수영수증, 건강보험자격득실 확인서 등(계약직의 경우: 근로계약서, 고용주의 사업자등록증)
공과금 용도	본인 명의 공과금 고지서(3개월 이상 납부 이력 필참)
카드대금 결제 용도	카드 이용대금명세서(최근 3개월 간 월 30만 원 이상 결제 이력 필요)
기타	부동산 등기부 등본, 재산세 고지서, 종합소득세 고지서 등

▶ **은행 입출금 계좌 한도 제한 변경 프로세스**

원화를 입금하고 싶으면 [입금페이지〉빗썸 원화 입출금 계좌] 메뉴에서 발급된 빗썸 실명확인 입출금 번호를 확인한 다음, 연동한 제휴은행의 입출금계좌에서 해당 금액을 이체한다. 인터넷, 모바일 뱅킹, ATM 등을 통해 입금처리할 수 있다. 금융사고 예방을 위해 마지막 원화 입금 시점부터 24시간 동안 가상자산 출금 및 송금이 불가능하다.

원화를 출금하고 싶을 때에도 마찬가지로 실명확인 입출금 번호를 발급한 회원만 등록한 제휴은행의 계좌로 출금할 수 있다. [출금페이지〉원화] 메뉴에서 출금 금액을 기입한 다음 SMS와 보안 비밀번호 인증을 통해 간단히 출금을 진행할 수 있다. 출금 최소 금액은 5,000원, 수수료는 1,000원이다. 금융사고 예방을 위해 출금 신청을 하면 심사가 진행되며, 심사 결과에 따라 본인확인 절차 등이 동반되어 최대 72시간까지 지연될 수 있다. 또한 부정거래가 의심되거나 가상자산 거래소 출금 시스템이나 은행 점검시간에는 출금이 제한된다. 출금 시스템 점검시간은 매일 22:50부터 02:00까지, 매월 셋째 월요일 22:50(전일)부터 05:00까지다.

▶ **빗썸 원화 입출금 프로세스**

가상자산을 입출금하는 방법

가상자산을 입금하려면 입금 페이지 내에서 '가상자산'을 선택한 다음 입금주소와 데스티네이션 태그 또는 메모를 발급받아야 한다. 이때 데스티네이션 태그(메모)는 리플XRP, 이오스EOS, 스팀Steem, STEEM 등 일부 가상자산에 한해 생성되며 필요 없는 경우도 있다. 발급받은 주소와 데스티네이션 태그

데스티네이션 태그
Destination Tag
특정 가상자산에 국한해 지갑을 식별하기 위한 2차 주소를 기록한 태그(메모)를 의미하는데, 소유주를 구분하기 위한 보조적인 표식이므로 반드시 숙지해야 한다.

를 복사해 다른 거래소 출금 페이지 내에 기입한 다음 출금 신청을 하면 된다.

각 거래소별로 가상자산 입금 컨펌 수를 제한하는 정책이 각기 다르기 때문에 입금에 어느 정도 시간이 소요될 수 있으며, 빗썸의 가상자산별 입금 컨펌 수는 [빗썸 입출금 현황] 페이지에서 확인 가능하다. 또한 거래소별로 지원하는 가상자산 계열(메인넷, ERC-20, TRC-20 등)이 무엇이냐에 따라 지갑 주소가 다르다. 이는 처음

가상자산을 거래하는 이들이 반드시 알아야 할 사항이다. 잘못된 주소나 지원하지 않는 환경으로 착오 입금하는 경우에는 기술적으로 입금 처리가 불가능하기 때문에 반드시 입출금 전에 정확히 확인해야 한다. 다른 가상자산으로 오입금 했거나 미상장이나 거래지원이 중지된 가상자산 입금 건에 대해서는 반환이 가능한 경우에는 소정의 처리 수수료를 부과한 다음 익월에 일괄 반환처리가 가능하므로, [고객지원〉1:1문의하기〉'입출금' 가상자산 오입금] 메뉴를 통해 접수해야 한다.

가상자산을 출금하려면 출금 페이지 내에서 가상자산을 선택한 다음 출금 주소, 출금 수량을 입력한다. 리플XRP이나 스텔라루멘Stellar Lumens, XLM 같은 코인의 경우 출금 주소와 더불어 데스티네이션 태그(메모) 같은 정보도 추가로 입력해야 한다. 이때 입력한 주소나 데스티네이션 태그(메모)가 정상적인지 확실히 체크해야 하며, 이더리움ETH 컨트랙트 주소 혹은 FDS 심사 및 기타 사유로 인해 확인이 필요한 주소인 경우 출금이 불가능하다. 출금 수수료는 회원이 보유하고

있는 수량에서 자동 차감되며, 보안 비밀번호와 ARS 인증을 통해 출금 신청

을 완료할 수 있다. 모든 가상자산의 출금은 FDS 심사 후에 진행되며, 금융 사고 패턴으로 감지되는 경우 최대 72시간 동안 출금이 제한될 수 있다. 출금 서비스 중에 '비트코인BTC 빠른 출금' 서비스도 있는데, 블록체인 출금이 많아 지연이 되는 경우 수수료를 더 높여서 출금이 빨리 처리되도록 지원하는 서비스다. 이때 과금되는 수수료는 거래소가 수령하는 것이 아니라 빠른 트랜잭션Transaction을 위해 네트워크 가스비Gas Fee로 지불하는 것이다.

▶ **빗썸 가상자산 입출금 프로세스**

빗썸 내부에서 원화와 가상자산 입출금 수수료는 무료지만, 외부에 입출금할 경우에는 수수료가 발생한다. 일반적으로 빗썸 외의 타 거래소, 개인 지갑 등 외부 입금에는 별도의 수수료가 발생하지 않지만, 예외적으로 소액 입금 가상자산에 대해 수수료를 부과하기도 한다. 이는 소액 입금으로 인한 가상자산 미승인 거래 급증 현상이나 가상자산 지갑 과부하로 인한 속도 저하를 방지함으로써 유동성과 보안을 유지하기 위한 수단으로, 기준 이하의 소액을 입금할 때 수수료를 부과한다. 단, 소액 입금의 기준은 시세 변화라든가 가상자산 지갑 안정화 여하에 따라 변경될 수 있으므로 입금하기 전에 확인해 둘 필요가 있다.

CHAPTER 2

거시적 관점으로
코인 장세 파악하기

코인에 투자하기 전에는 시장의 장세를 파악하는 것이 중요하다. 코인 시장도 주식 시장과 마찬가지로 수많은 종목이 존재하고 종목별로 가격 등락의 패턴이 다르다. 하지만 주식 시장에 주가지수가 존재하는 것처럼, 거시적인 관점에서 장세가 좋지 않을 경우 대다수 코인들이 그 추세에 의해 하락 반전할 가능성이 높다. 반대로 장세가 좋으면 코인들이 동반 상승하는 경우가 많다. 그러므로 자신이 투자하고 싶은 코인이 있더라도, 전반적인 장세를 파악하고 매매를 해야 수익이 발생할 가능성이 높아진다.

가상자산 시장의 장세를 파악하기 위해 다양한 정보와 지표를 활용할 수 있으며, 오랜 기간에 걸쳐 시장을 분석하고 공부해 가다 보면 저마다 시장 흐름을 판단할 수 있는 기준이 만들어질 것이다. 그러나 시장에는 매우 다양한 변수가 존재하기 때문에 이를 정확히 예측하기란 쉽지 않다. 다만 여기서는 대표적인 활용가치가 높은 지표들을 소개할 뿐이다. 어떤 지표든 절대적인 법칙이 될 수는 없고 선택은 투자자 본인이 하는 것임을 유의해서 현명하게 활용하기 바란다.

주식 시장의 코스피, 코스닥, 다우, S&P500지수와 같은 가상자산 인덱스 지수

흔들리는 시장 속에서 지표로 삼을 정보들

주식 시장에는 한국의 경우 코스피KOSPI, 코스닥 KOSDAQ 지수, 미국의 다우Dow나 S&P500 지수 등 등 현재 시장의 상태를 가늠해 볼 수 있는 지수가 존재한다. 그래서인지 가상자산 시장에도 시장의 기준이 되는 인덱스 지수가 있는지를 궁금해 하는 이들이 많다.

> **인덱스 지수Market Index**
> 시장에 따라 주가 지수Stock Market Index라고도 불리며, 주식 시장의 상황을 표시하기 위해 개별 주가를 정해진 수식으로 계산해서 얻은 값이다. 주가의 변동을 나타내기 위한 지표로 일정한 시기의 주가를 기준으로 하여 그 후의 변동을 100분비로 나타낸다.

　안타깝지만 가상자산 시장에도 전체 시장을 파악할 수 있는 지수들이 존재하기는 하지만 주식 시장처럼 공식화된 지수는 없다. 주식 시장은 상대적으로 오랜 역사를 자랑하는 만큼 여러 공식 인덱스 지수가 존재하고 ETF 등 지수와 연동되는 다양한 금융상품들이 시장에서 거래된다. 하지만 가상자산 시장은 이제 막 걸음마를 뗀 단계이기 때문에 그런 지표들이 정착하지 못한 상황이다. 이는 앞으로 시장이 더 확대될 전망이라는 점을 볼 때, 시장 분석의 방법론 역시 고도화가 필요한 잠재력이 충분한 시장이라는 반증이 되기도 한다.

그러므로 코인 투자자들은 전체적인 장세를 파악하기 위해서는 공식화된 인덱스 지수가 아닌 다양한 보조 정보들을 다양하게 활용할 필요가 있다. 여기서는 거시적인 관점에서 시장의 인덱스 지수를 대체할 수 있는 몇 가지 대표적인 정보들을 살펴보고자 한다.

'공포에 사서 환희에 팔아라!', 공포-탐욕 지수

주식 등 자본 투자 시장에는 오래된 몇 가지 격언들이 있는데, 그 중 하나가 바로 '공포에 사서 환희에 팔아라!'라는 것이다. 다른 시장 참여자들이 공포에 휩싸여 서둘러 매도할 때 낮은 가격에 사고, 가격 상승이 연일 이어져 참여자들이 환희에 차서 매수할 때 높은 가격에 판다. 시장 참여자들 다수의 선택과 반대로 함으로써 돈을 벌 수 있다는 말이다. 그런데 많은 초기 투자자들이 이와 정반대로 매매한다. 즉 가격이 떨어질 때에는 패닉 상태가 되어 팔아치우고, 많은 이들이 주목해서 가격이 올라갈 때 같이 흥분해서 고가에 사들인다. 주식 시장에서는 이런 경우 '고점에 물렸다'고 표현하는데, 이후 가격이 하락하면 손실을 떠안게 된다.

가상자산 시장에서도 이러한 시장의 심리상태를 알려주는 대표적인 지수가 하나 있다. 바로 가상자산 공포-탐욕 지수Crypto Fear & Greed Index다. 물론 공포-탐욕 지수의 원조는 주식 시장에서 시작됐다. 미국 주식 시장의 투자 심리상태를 보여 주기 위해 미국 공영방송인 CNN이 이 지수를 설정해 방송 하면서 대중화되었는데, 블룸버그 등 여러 금융 미디어에 들어가 보면 손쉽 게 찾아볼 수 있다. 주식 시장의 공포-탐욕 지수는 주가 모멘텀, 주가의 강 도, 주가의 폭, 풋Put 및 콜Call 옵션 거래량, 투기등급 채권에 대한 수요, 가 격 변동성 등을 토대로 지수를 산출한다. 이것을 가상자산 시장에 맞게 변형 한 것이 바로 가상자산 공포-탐욕 지수다.

▶ **가상자산 공포-탐욕 지수(Crypto Fear & Greed Index)**

출처: https://alternative.me/crypto/fear-and-greed-index/

가상자산 공포-탐욕 지수는 비트코인의 가격 변동성, 시장 모멘텀, 소 셜 미디어 키워드 분석, 비트코인 도미넌스Dominance(시장지배력), 구글 검색 어 트렌드 데이터 등을 토대로 지수화해 제공된다. 이 지수를 제공하는 얼터 너티브닷미(alternative.me) 측은 가상자산 투자자들의 경우 전통적인 자산 시장 투자자들보다 때때로 더 감정적인 투자를 하는 성향이 강하기 때문에,

FOMOFear Of Missing Out나 FUDFear, Uncertainty and Doubt에 의한 매매를 방지하기 위해 이 정보를 적절히 활용할 것을 조언한다.

코인 시장은 하루 24시간, 주말이나 휴일도 없이 한시도 쉬지 않고 돌아가며, 변동성이 다른 자산 시장보다 크기 때문에 무엇보다 투자자의 심리가 매우 강한 영향을 미친다. 다시 말해 주식 시장이나 채권 시장에서 참여자들이 느끼는 압박감이나 감정적 동요보다 훨씬 강한 심적 동요를 이겨내야 한다는

▶ 3개월간의 비트코인 가격 추이(위)와 공포-탐욕 지수 추이(아래)

출처: https://alternative.me/crypto/fear-and-greed-index/
https://coinmarketcap.com/ko/currencies/bitcoin/

말이다. 거꾸로 말하면 흔들리기 쉬운 투자자들의 심리를 역으로 활용한다면 수익을 높이는 데 도움이 된다.

특히 극단적인 두려움Fear 상태는 투자자들이 지나치게 시장에 대해 비관하거나 걱정하고 있다는 신호로서 구매의 기회가 될 수 있다. 반대로 투자자들이 극단적인 탐욕Greed 상태를 보인다면, 시장이 지나치게 과열되어 있으며 곧 조정이 올 수도 있다는 것을 의미한다.

이 지수는 우리나라 시간으로 매일 09시에 갱신되므로 그날의 시장 심리상태를 파악하는 데 도움이 될 수 있다.

가상자산의 기축통화, 비트코인 도미넌스 지수

비트코인BTC은 메이저코인이자 가상자산 시장에서의 기축통화 역할을 하기 때문에, 그 자체로 시장 상황을 파악할 수 있는 지표가 되기도 한다. 대부분의 알트코인들이 비트코인의 가격 추세를 추종하는 모습을 보이기 때문인데, 국내와 달리 대부분의 해외 거래소에서는 비트코인을 거래소의 기축통화

기축통화Key Currency
국제 간 결제나 금융 거래의 기본이 되는 화폐. 예전에는 영국의 파운드가 사용되었으나 현재는 미국의 달러와 일본의 엔 등이 사용되고 있다. 본문에서는 가상자산을 거래하기 위한 결제 수단의 의미로 사용했다.

로 사용한다. 국내 거래소 와 달리 비트코인으로 다른 알트코인들을 매매하는 BTC 마켓이 매우 활성화되어 있고, 그만큼 비트코인과 알트코인의 가격은 높은 관련성을 갖는 구조로 시장이 형성되어 있다.

최근 해외 거래소 중 가장 대표적인 곳으로 손꼽히는 바이낸스(binance. com/kr), 후오비(huobi.com/ko-kr) 등이 자체 거래소 코인을 발행해서 이를

거래소 내 기축통화로 사용하는 움직임이 나타나고 있지만, 여전히 비트코인의 시장지배력은 막강하다. 따라서 비트코인 가격에서 조금만 변동성이 나타나도 그보다 낮은 시가총액을 구성하는 알트코인들의 경우 더 많은 변동성을 보여 주기도 한다. 이러한 현상 때문에 비트코인 도미넌스 지표는 시장의 생리를 이해하는 데 도움이 될 수 있다.

▶ **주요 코인들의 도미넌스 차트**　(전체 마켓 시가총액 Dominance, %)

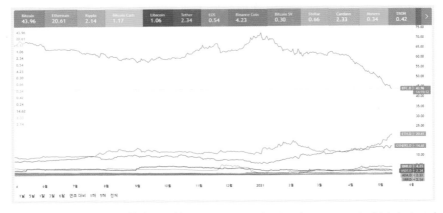

출처: https://kr.tradingview.com/markets/cryptocurrencies/global-charts/

　가격의 변동이라는 측면에서 보면, 가상자산 시장의 한 사이클은 '비트코인→메이저 알트코인 그룹→기타 알트코인 그룹' 순으로 변동성이 발생할 가능성이 크다. 쉽게 말해 비트코인이 기침을 하면 메이저 알트코인 그룹과 기타 알트코인 그룹 순으로 영향을 미친다는 말이다. 그러나 변동률의 경우는 그의 역순인 '기타 알트코인 그룹→메이저 알트코인 그룹→비트코인' 순으로 커질 가능성이 높다. 즉 비트코인이 마치 진원지처럼 소폭의 등락을 그린다면, 진원지로부터 멀어질수록 등락폭은 더 넓어진다는 말이다.

물론 시장에는 다양한 변수가 있기 때문에 이러한 기본 사이클을 벗어나는 경우들은 얼마든지 나온다. 특히 가격이 하락하는 시점에는 시가총액 규모에 관계없이 거의 동시다발적으로 하락이 발생하기도 하므로, 실제 투자를 할 때에는 주의를 기울일 필요가 있다.

코인 시장에서 도미넌스Dominance는 전체 코인 시장 대비 특정 코인이 가지는 시가총액 점유율을 나타낸다. 예를 들어 '비트코인 도미넌스가 50퍼센트다'라고 하면, 전체 코인 시장에서 비트코인 시가총액이 차지하는 비중이 50퍼센트에 달한다는 의미다. 코인별 도미넌스 추세는 현재 코인 시장에서 어떤 코인으로 자금이 몰리고 있는지 파악하는 데 중요한 지표가 되는 것이다.

도미넌스 차트에서는 비트코인뿐만 아니라 이더리움, 리플, 비트코인 캐시 등 메이저코인들과 기타Others로 분류되는 알트코인들의 도미넌스도 확인할 수 있다. 도미넌스는 코인 전체 시가총액의 증감에 관계없이 해당 코인에 얼마나 많은 자금이 몰리고 있는가를 판단하는 정보다. 그러므로 이 도미넌스 지표를 단편적으로 판단할 것이 아니라 코인별 도미넌스의 추세와 코인 시장 전체의 시가총액 정보를 결합해서 판단할 필요가 있다. 도미넌스 차트는 트레이딩뷰Tradingview 사이트를 통해 확인할 수 있다.

코인 시장 전체 시가총액 및 거래량 지표

코인 시장의 전체 시가총액은 비트코인, 이더리움, 리플 등 코인 시장에서 거래되는 모든 종류의 코인들의 시가총액을 전부 합한 수치를 의미한다. 다음 페이지의 차트를 보면 전체 시가총액 추이를 통해 현재 코인 시장에 얼마나 많은 자금이 투자되고 있는지를 파악할 수 있다. 또한 거래량 지표를 통해 어느 시점에 많은 거래가 발생했는지도 알 수 있다.

이들 지표가 상승한다는 것은 주식 시장, 채권 시장, 부동산 시장 등 전체 실물경제 투자 시장 대비 코인 시장의 투자 매력도가 점점 높아진다는 것을 의미한다.

2021년 5월 현재, 기간별로 증감은 존재하지만 지표가 꾸준히 우상향하는 모습을 보이는 것을 알 수 있다. 과거보다 점점 더 많은 자금이 가상자산 시장에 투자되고 있다는 것을 확인할 수 있다. 또한 다음에 소개할 '비트코인을 제외한 알트코인 시장 전체 시가총액'과 비교함으로써, 장세를 파악하는 도구로 활용할 수도 있다. 코인 시장의 전체 시가총액 차트도 도미넌스 차트와 마찬가지로 트레이딩뷰에서 확인할 수 있다.

▶ 가상자산 시장의 전체 시가총액 차트　　(크립토 마켓 전체 시가총액 및 거래량, $)

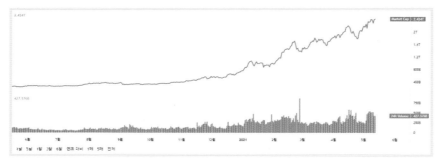

출처: https://kr.tradingview.com/markets/cryptocurrencies/global-charts/

비트코인을 제외한 알트코인 시장의 전체 시가총액

이 지표는 앞서 살펴본 코인 시장의 전체 시가총액에서 비트코인의 시가총액을 제외하고 구성한 정보 지표다. 이 지표를 통해 비트코인 외의 전체 알트코인 시장에 투자된 자금 규모와 추세에 대해 파악할 수 있다. 이 지표 역시 코인 시장 전체의 시가총액 지표, 도미넌스 지표 등과 결합해 시장 상황을 파악하는 데 활용할 수 있다.

▶ **비트코인 시가총액을 제외한 코인 시장의 전체 시가총액 차트**

(마켓 전체 시가총액(BTC 빼고) 및 거래량, $)

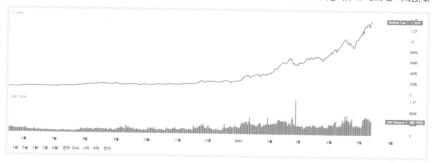

출처: 트레이딩뷰, https://kr.tradingview.com/markets/cryptocurrencies/global-charts/

코인 도미넌스와 시가총액 지표를 통한 장세 분석법

투자에 대한 전략을 세울 때, '추세를 추종하는 투자를 할 것인가?' 아니면 '시장의 추세 반전을 꾀하는 투자를 할 것인가' 잘 생각해 볼 필요가 있다. 이 기준에 따라 시장을 바라보는 관점이 달라지고, 세부적인 매매 전략 또한 달라질 수 있기 때문이다.

코인들을 시가총액에 따라 그룹별로 나누어 보면 비트코인과 메이저 알트코인, 기타 알트코인 등으로 나눌 수 있다. 자금이 어디로 이동하는지를 이들 코인의 가격과 연관 지어 살펴볼 수 있는데, 이때 주의 깊게 보아야 할 것이 코인 전체 시가총액의 흐름이다.

모든 투자 시장이 그렇듯 시장의 규모가 계속 성장하고 있는가는 중요한 투자 지표 중 하나다. 우선 전체 코인 시장 규모가 지속적으로 증가하고 있는지 파악해야 한다. 그중에서도 비트코인은 상당 비중을 차지하기 때문에, 이를 제외한 코인 시장의 시가총액 규모 추이와 비교해 파악하는 것도 필요하다. 즉 어느 쪽 시장이 현재 상승 혹은 하락 추세인지를 알아야 어떤 코인에 투자할지를 결정할 수 있다. 비트코인에 투자할지 알트코인에 투자할지를 선택하는 데 참고할 만한 지표가 되기도 한다.

만약 알트코인 시장에 투자하기로 했다면, 전체 시장의 도미넌스 지표에서 개별 코인들 중 어떤 코인에 자금이 몰리고 있는지 추세를 파악하고 자신이 세운 전략에 입각해 매매를 진행하는 기준으로 삼을 수 있다.

또한 코인 시장의 전체 시가총액 증감, 비트코인 도미넌스의 증감, 특정 코인 도미넌스의 증감 등을 서로 연관 지어 살펴야, 현재 어떤 그룹에 투자하는 것이 유리한지 판단할 수 있다. 비트코인 도미넌스의 경우 가격과 별개로 시장에서 얼마나 큰 비중을 차지하는지를 나타내기 때문에, 때때로 이 지표가 몇 퍼센트이냐에 따라 적절한 투자 전략이 도출될 수 있다.

시장의 과거 데이터들은 때때로 향후 장세를 예측하는 데 좋은 참고 자료가 된다. 오른쪽 그림을 참고하면, 비트코인 외에 다양한 알트코인이 탄생하고 시장이 형성되었던 2017년 4분기 이래 비트코인 도미넌스의 고점(A)과 저점(B)이 어떻게 형성되었는지를 파악할 수 있다. 이를 알트코인 시가총액 지표와 비교해 살펴보면, 비트코인 도미넌스가 고점을 형성했다가 하락하는 시점부터 반대로 알트코인들의 시가총액이 증가하는 것을 확인할 수 있다.

▶ **2018년 이후 주요 코인들의 도미넌스(위)와 전체 알트코인 시가총액(아래)**

(전체 마켓 시가총액 Dominance, %)

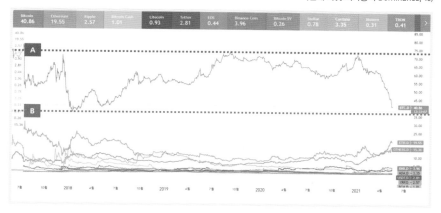

(마켓 전체 시가총액 (BTC 빼고) 및 거래량, $)

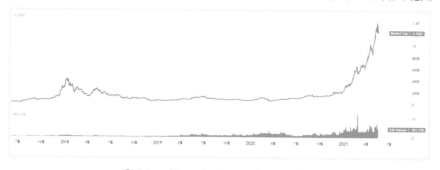

출처: https://kr.tradingview.com/markets/cryptocurrencies/global-charts/

반대로 2018년 1월경 비트코인 도미넌스가 저점 근처에서 반등하자 반대로 알트코인들의 시가총액이 감소하기 시작했다. 이처럼 과거 데이터를 토대로 한다면, 현재 시점에서 비트코인 도미넌스가 어느 정도 저점을 형성하고 반등을 할지, 만약 반등한다면 알트코인들의 시가총액은 과거처럼 하락세를 보일지 측정해 볼 필요가 있다. 이러한 데이터는 투자를 할 때 하나의 참고사항으로 고려해 볼 만한 요소라고 할 수 있다.

시장에는 다양한 변수가 존재하기 때문에 수학공식처럼 절대적인 법칙이 존재하지는 않지만, 코인 시장의 도미넌스와 시가총액 증감을 통해 다음의 몇 가지 사항을 추론해 볼 수 있다.

비트코인 도미넌스가 높은 수준을 유지하고 있는데 전체 코인 시장의 시가총액이 증가했다면, 중장기적으로 알트코인들이 상승할 수 있는 토대가 만들어질 수 있다는 것을 의미한다.

반대로 비트코인 도미넌스가 낮은 수준을 유지하고 있는데 전체 코인 시장의 시가총액이 증가했다면, 알트코인들로 자본이 분산되면서 가격 상승이 진행되었음을 의미한다.

그러나 비트코인 도미넌스가 낮은 수준을 유지하다가 어느 정도 상승하더라도 비트코인 가격이나 알트코인의 전반적인 하락세가 나올 수 있기 때문에, 몇 가지 단편적인 지표만으로 전체 시장 장세를 판단하는 것에는 상당히 리스크가 있을 수 있다.

비트코인을 제대로 알아야 코인 시장이 보인다!
비트코인 반감기

비트코인 반감기란 무엇인가?

비트코인은 블록체인 기술을 기반으로 만들어진 코인으로, 2009년 1월 사토시 나카모토라는 가명을 쓰는 프로그래머가 개발하고 배포한 기술이다. 비트코인은 최초 발행 당시 설정한 총 발행량이 2,100만 비트코인으로 그 이상 발행할 수 없게 설계되어 있다. 총 수량이 정해져 있는 한정적 자산인 것이다. 비트코인은 컴퓨팅 파워를 이용해 채굴Mining이 가능하다. 시간이 흐름에 따라 채굴된 비트코인이 증가하게 되면 시장에 공급량이 너무 많아져서 비트코인의 가치를 낮출 수 있기 때문에, 이를 방지하고자 '반감기'라는 개념을 도입했다.

비트코인의 반감기를 설명하려면 비트코인의 채굴방식인 작업증명, 그리

작업증명PoW, Proof of Work
새로운 블록을 블록체인에 추가
하는 작업에 참여했음을 증명하
는 방식의 합의 알고리즘으로 채
굴을 통해 한다. 비트코인, 이더리
움, 라이트코인 비트코인 캐시 등
이 작업증명 방식을 채택하고 있
다. 작업증명 방식의 합의 알고리
즘은 특정 트랜잭션이 발생했을
때 해당 트랜잭션이 유효한 것인
지에 대한 합의 방법이기도 하며,
새로운 블록의 진위 검증을 수행
하는 방편이기도 하다.

고 채굴 난이도 등에 대한 이론적인 부분을 먼저
설명해야 한다. 하지만 이 책의 목적이 비트코인 네
트워크 등 블록체인의 원리를 설명하는 것이 아니
기 때문에 자세한 설명 대신 이해하기 쉽도록 간략
한 몇 가지 정보로 대체한다.

비트코인 등 작업증명 방식을 사용하는 블록체인
은 컴퓨팅 파워를 이용해 코인을 채굴해 획득할 수
있는데, 반감기는 채굴을 통해 획득할 수 있는 비트
코인의 수량을 절반으로 줄이는 시기를 의미한다.

첫 번째 비트코인 반감기는 2012년 11월이었는데, 채굴 보상이 1블록 당
50개에서 25개로 줄었다. 두 번째 반감기는 2016년 7월로 채굴 보상이 1블
록 당 25개에서 12.5개로 줄었다. 가장 최근의 세 번째 반감기는 2020년 5월
로 채굴 보상이 1블록 당 12.5개에서 6.25개로 줄었다. 비트코인 반감기는

▶ 총 비트코인 공급량 추이(예상)

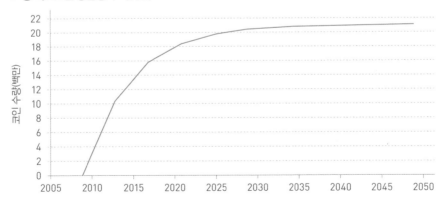

출처: https://ko.wikipedia.org/wiki/%EB%B9%84%ED%8A%B8%EC%BD%94%EC%9D%B8

4년마다 한 번씩 발생하며, 2050년 이후 즈음이 되면 대부분의 비트코인이 발행될 것이다. 2140년 즈음이면 모든 비트코인이 채굴되어 채굴이 중지될 것이라고 한다.

비트코인 반감기와 비트코인 가격의 상관관계

비트코인은 세 번의 반감기를 거치면서 지속적으로 가격 상승을 이뤄냈는데, 기간으로나 상승 비율로 보나 다음과 같은 특징을 지닌다.

첫 번째 비트코인 반감기인 2012년 12월 당시, 비트코인 1개의 가격은 약 13달러에 불과했다. 반감기 후 약 11개월이 지난 시점인 2013년 11월에 이르면 가격은 약 90배에 달하는 1,161달러를 달성하게 되며, 그 이후에는 가격이 하락했다.

두 번째 비트코인 반감기인 2016년 7월, 마찬가지로 비트코인 1개의 가격은 648달러 정도로 형성되었는데, 반감기 이후 약 18개월이 지난 시점에는 최대 약 30배에 달하는 19,600달러까지 상승한 다음 다시 큰 폭의 하락이 있었다.

가장 최근이었던 세 번째 비트코인 반감기 역시 비슷한 패턴을 보이는데, 반감기였던 2020년 5월 비트코인 1개의 가격은 9,667달러 정도로 형성되었다. 하지만 반감기로부터 약 11개월 후인 2021년 4월에 이르면 최고 64,700달러까지 약 7배가량 상승했다. 세 번째 반감기의 경우 이 글을 쓰는 2021년 5월 시점까지도 현재진행형이기 때문에 추가적인 상승이 이어질지는 알 수 없다. 그러나 적어도 앞선 3회의 반감기 후에는 가격이 지속적으로 상승해 왔다. 기간으로 보면 통상 12~18개월간 지속적으로 상승한 다음 큰 폭의 하락이 있었음을 확인할 수 있다.

즉 비트코인 반감기는 4년마다 반복되며 앞선 3회 반감기에는 이 4년을 사이클로 하는 가격의 상승과 하락 패턴이 뚜렷이 존재했다. 그러므로 반감기를 이용해 장기적인 투자 전략을 세우는 것도 하나의 방법이 될 수 있다.

▶ **비트코인의 첫 번째 반감기와 가격 추이**

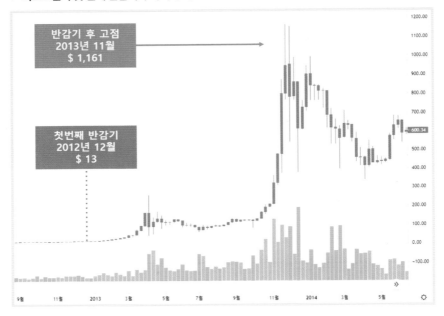

▶ 비트코인의 두 번째 반감기와 가격 추이

▶ 비트코인의 세 번째 반감기와 가격 추이

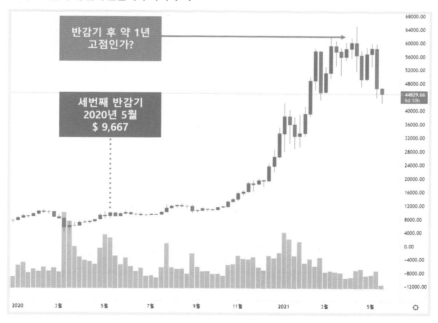

가상자산 시장을 구성하는 주요 세력들
코인 시장의 기관투자자?

가상자산 시장을 움직이는 큰손들

자본 시장에서 기관투자자란 통상적으로 '고객 등 타인으로부터 모은 자금을 대규모로 운용하는 법인 형태의 투자자' 혹은 '자기자본이나 연기금 등을 운용하는 법인 형태의 투자자'로 정의된다. 다수로부터 자금을 모아 운용하기 때문에 투자 규모 면에서 '개미'로 표현되는 개인 투자자보다 훨씬 큰 규모의 금액을 일관적인 투자 전략에 의해 실행한다. 그러나 개인 투자자에 비해서는 보수적인 투자성향을 보이기 때문에 가상자산 시장뿐 아니라 주식 시장에서도 기관투자자들의 움직임은 개미 투자자들에게 하나의 투자 정보로 활용되기도 한다.

　가상자산 시장에서도 최근 국제적 기관투자자들의 시장 참여가 증가하고 있고, 이들이 시장에 영향을 미치기 때문에 기관투자자들의 투자 정보를 확인하고 활용하는 몇 가지 방법에 대해 알아 보고자 한다.

가상자산계의 대표적 기관투자자, 그레이스케일 펀드

그레이스케일Grayscale은 2013년에 설립된 미국의 가상자산 신탁 펀드 투자 회사로 설립 이래 9종의 단일 자산 신탁과 1종의 디지털 대형 펀드를 통해 비트코인, 이더리움 등 9가지 유형의 가상자산 투자 서비스를 제공해 왔다.

그동안 헤지펀드나 단일 기업 등에서 가상자산에 투자를 하는 형태의 '기관'은 존재했지만, 그레이스케일은 2020년 10월 미국증권거래위원회SEC에 공시 대상으로 등록해 운영하는 최초의 가상자산 기관투자자가 되었다.

그레이스케일의 등장으로 종전보다 가상자산 시장에 기관들이 참여할 수 있는 투명성과 유동성 확보 면의 확장이 이루어졌다. 또 OTC 마켓을 통해 다른 기관투자자들에까지 수탁 범위를 확대하고 미국 증권거래위원회에 등록된 상품을 선호하는 기관투자자들의 참여를 끌어 내고 있는 상황이다.

특히 그레이스케일의 경우 코인 투자 포트폴리오를 공개하고 있다. 기관투자자들의 그레이스케일을 통한 거래는 OTC 거래로 거래 호가에 바로 반영되지는 않지만, 포트폴리오상 코인별 보유 수량 증감에 따라 거래소 가격이

헤지펀드Hedge Fund
사모펀드 등 개인이 모집하는 투자신탁으로 주로 100명 미만의 투자가들로부터 개별적으로 자금을 모아 '펀드 기금'을 조성한 뒤 자금을 운용하는 투자신탁을 의미한다.

OTCOver The Counter 마켓
장외 거래 시장. 가상자산 시장의 경우 일반인들이 접근할 수 있는 가상자산 거래소가 아닌 대량 거래가 이루어지는 시장으로, 거래가 당장의 거래 호가에는 영향을 주지 않지만 시가총액에는 영향을 준다.

나 코인별 시가총액에 영향을 주기도 한다.

아래 그림은 가상자산 정보를 제공하는 bybt.com에서 그레이스케일 펀드의 포트폴리오 구성과 변동 상황을 매일 업데이트해 보여 주고 있는 현황이다. 이 정보를 통해 그레이스케일이 투자·보유한 코인에 대한 정보, 코인별 GBTC 프리미엄, 최근 증가한 코인별 자산가치 등 투자 포트폴리오 현황에 대한 정보를 얻을 수 있고, 이는 현재 장세를 파악하는 데에도 도움이 될 수 있다.

GBTC 프리미엄

GBTC는 그레이스케일이 구입한 비트코인을 증권의 형태로 판매하는 것을 의미한다. GBTC를 구매한 투자자는 증권법에 따라 6개월간 의무보유기간을 거친 후 판매가 가능한데, 수요 증감에 따라 프리미엄 혹은 마이너스 프리미엄이 붙는다. 상승장에서는 수요 증가에 따른 공급 부족으로 프리미엄이, 하락장에서는 수요 감소에 따른 마이너스 프리미엄 현상이 나타나곤 한다.

▶ **그레이스케일 펀드의 가상자산 보유량 현황**

Symbol	Total Holdings	Total Holdings($)	Holdings (Per Share)	Marker Price (Per Share)	Premium	Close Time	24H Change	7D Change	30D Change	Update Time
BTC GBTC	652.92K BTC	$28.98B	$41.79	$35.48	-15.1%	2021-05-18	-107	-250	-1110	2021-05-18 06:30
ETH ETHE	3.16M ETH	$10.68B	$34.33	$32.78	-4.52%	2021-05-18	-450	-1517	-4725	2021-05-18 06:30
ETC ETCG	12.39M ETC	$1.12B	$78.47	$47.51	-39.45%	2021-05-18	-3055	-7120	-31600	2021-05-18 06:30
LTC LTCN	1.51M LTC	$436.51M	$25.86	$328	1168.37%	2021-05-18	+3594	+4512	+5144	2021-05-18 06:30
BCH BCHG	293.3K BCH	$322.72M	$9.94	$28	181.49%	2021-05-18	-60	-124	-549	2021-05-18 06:30
ZEC	326.95K ZEC	$70.22M	$22.5	-	-	2021-05-18	-47	-84	-36	2021-05-18 06:30
ZEN	605.13K ZEN	$69.78M	$110.07	-	-	2021-05-18	-124	-290	+2144	2021-05-18 06:30
XLM	68.99M XLM	$46.02M	$43.37	-	-	2021-05-18	-14170	+51615	+400390	2021-05-18 06:30
MANA	17.58M MANA	$19.04M	$11.01	-	-	2021-05-18	-3412	-8429	+412264	2021-05-18 06:30
LPT	439.35K LPT	$13.01M	$28.86	-	-	2021-05-18	-90	-211	+24945	2021-05-18 06:31
LINK	187.12K LINK	$7.08M	$3.79	-	-	2021-05-18	+14326	+17761	+71553	2021-05-18 06:30
FIL	51.78K FIL	$5.19M	$100.24	-	-	2021-05-18	-11	-25	+6224	2021-05-18 06:30
BAT	3.69M BAT	$3.99M	$10.74	-	-	2021-05-18	-757	+18133	+486986	2021-05-18 06:30
						Total AUM:$41.78B				

출처: https://www.bybt.com/Grayscale#Premium

▶ 그레이스케일의 비트코인 보유량과 비트코인 가격 추이 비교

출처: https://www.bybt.com/Grayscale#Premium

기관들의 코인 평균 매수 단가와 보유량을 확인하는 법

기관들의 거래는 주로 OTC 마켓에서 이뤄지기 때문에 '기관들이 비트코인을 얼마나 매수했는가'를 정확히 파악하기는 어렵다. 그럼에도 기관투자자들의 비트코인 매수 정보를 추정해 공개하는 서비스가 있는데, 비트코인 트래저리스Bitcoin Treasuries가 그것이다.

현재 기관투자자들이 시장 참여 정도를 확인해 볼 수 있는 방법은 크게 두 가지다. 기관투자자들이 공시한 비트코인 매수량 집계를 확인하거나, OTC 마켓에서 거래된 것으로 추정되는 '지갑'들을 추적하는 방법이다. 후자의 경우는 어디까지나 '추정 데이터'라는 것을 감안하고 활용해야 한다.

다음 페이지 그림을 보면 기관들의 이름과 보유한 총 비트코인 수량#of BTC, 그리고 현재 달러가를 기준으로 한 오늘의 가치Value Today를 확인할 수 있다. 이렇게 주요 기관들의 총 보유물량 변화를 기록하였다가 변화 추이를

확인해 보면 기관 투자자들의 보유물량 변화에 따른 투자 전략을 세울 수
있다.

▶ 주요 기관들의 투자 현황

Category	# of BTC	Value Today	% of 21m
ETFs	816,379	$42,117,150,416	3.888%
Countries	260,636	$13,446,261,621	1.241%
Public Companies	227,374	$11,730,268,611	1.083%
Private Companies	174,068	$8,980,201,767	0.829%
Totals:	1,488,016	$76,767,033,073	7.086%

출처: https://www.buybitcoinworldwide.com/treasuries

▶ Public Companies 투자 현황

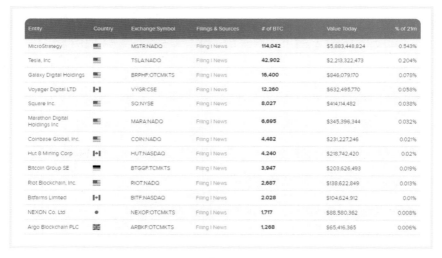

Entity	Country	Exchange:Symbol	Filings & Sources	# of BTC	Value Today	% of 21m
MicroStrategy		MSTR:NADQ	Filing	News	114,042	$5,883,448,824	0.543%
Tesla, Inc		TSLA:NADQ	Filing	News	42,902	$2,213,322,473	0.204%
Galaxy Digital Holdings		BRPHF:OTCMKTS	Filing	News	16,400	$846,079,170	0.078%
Voyager Digital LTD		VYGR:CSE	Filing	News	12,260	$632,495,770	0.058%
Square Inc.		SQ:NYSE	Filing	News	8,027	$414,114,482	0.038%
Marathon Digital Holdings Inc		MARA:NADQ	Filing	News	6,695	$345,396,344	0.032%
Coinbase Global, Inc.		COIN:NADQ	Filing	News	4,482	$231,227,246	0.021%
Hut 8 Mining Corp		HUT:NASDAQ	Filing	News	4,240	$218,742,420	0.02%
Bitcoin Group SE		BTGGF:TCMKTS	Filing	News	3,947	$203,626,493	0.019%
Riot Blockchain, Inc.		RIOT:NADQ	Filing	News	2,687	$138,622,849	0.013%
Bitfarms Limited		BITF:NASDAQ	Filing	News	2,028	$104,624,912	0.01%
NEXON Co. Ltd		NEXOF:OTCMKTS	Filing	News	1,717	$88,580,362	0.008%
Argo Blockchain PLC		ARBKF:OTCMKTS	Filing	News	1,268	$65,416,365	0.006%

출처: https://www.buybitcoinworldwide.com/treasuries

다른 사람들의 거래내역을
낱낱이 볼 수 있다고?
온체인 데이터의 의미와 활용 방법

일명 '고래 지갑'의 보유 현황을 확인하는 방법

가상자산 시장에서 거래되는 코인들은 모두 블록체인 기반으로 발행된다. 블록체인은 탈중앙화, 투명성을 특징으로 하기 때문에 코인들의 모든 보유 및 이동내역은 누구나 확인할 수 있도록 공개되어 있다. 이렇게 블록체인 상에서 이뤄지는 거래내역들의 데이터를 온체인 데이터On-Chain Data라고 한다. 이것을 잘 활용하면 거시적인 관점에서 향후 어떤 장세가 펼쳐질 것인지 예측하는 힌트로 이용할 수 있다. 그 몇 가지 방법을 알아 보자.

주식 등 자본시장에서 큰 물량을 보유·거래하는 투자자를 일컬어 '고래' Whale라고 한다. 일반적인 개인 투자자를 '개미'Ant라고 지칭하는 것처럼 자본 투자 시장에서 오랫동안 사용해 온 용어다.

그런데 이들 고래는 개미와는 비교할 수 없을 정도로 다량의 코인을 보유하고 있거나 거래에 활용하기 때문에 시장에 직접적인 영향을 미치기도 한다. 여타의 시장에서는 공시를 통해서만 이런 고래들의 움직임을 파악할 수 있지만, 가상자산 시장에서는 이들의 일거수일투족을 실시간으로 확인할 수 있다. 고래들은 여러 방법으로 시장에 영향을 미친다. 직접적인 대규모 매수·매도 통해 시장에 대한 압력을 가하는 것 외에도 그들이 보유하고 있는 코인 수량이 증감함에 따라 개미들의 심리에 때로 커다란 영향력을 발휘한다.

아래 그림은 비트코인 고래들의 지갑 리스트다. 시장에서 코인 가격이 하락하는데도 이들의 보유 수량이 오히려 증가한다면, 가격 하락이 있더라도 장기적인 관점에서는 일시적인 조정이라고 해석할 수 있을 것이다. 반대로 가격이 오르고 있더라도 고래들의 보유 수량이 감소한다면, 향후 조정이 올 것을 대비해 일부 수익을 실현하고 있는 것은 아닌지 의심해 볼 수 있다.

▶ 비트코인을 가장 많이 보유한 상위 100개의 지갑 리스트

	Address	Balance △1w/△1m	% of coins	First In	Last In	Number Of Ins	First Out	Last Out	Number Of Outs
1	34xp4vRoCGJym3xR7yCVPFHoCNxv4Twseo wallet: Binance-coldwallet	241,427 BTC ($9,649,737,934 USD) +6000 BTC / +64000 BTC	1.29%	2018-10-18 21:59:18	2021-05-19 20:02:13	570	2018-10-18 22:19:26	2021-04-19 08:37:21	407
2	35hK24tcLEWcgNA4JxpvbkNkoAcDGqQPsP 3-of-7 wallet: Huobi-coldwallet	139,452 BTC ($5,573,822,016 USD)	0.7452%	2019-01-25 18:43:53	2021-05-19 08:39:05	498	2019-01-25 18:58:54	2021-04-20 19:30:43	211
3	bc1qgdjqv0av3q56jvd82tkdjpy7gdp9ut8tlqmgrpmv24sq90ecnvqqjwvw97 wallet: Bitfinex-coldwallet	126,511 BTC ($5,056,890,974 USD) / +28000 BTC	0.6760%	2019-08-16 19:00:29	2021-05-12 19:35:03	65	2020-02-03 02:43:14	2021-03-24 00:06:37	60
4	1P5ZEDWTKTFGxQjZphgWPQUpe554WKDfHQ	102,448 BTC ($4,094,788,356 USD) +3521 BTC / +2931 BTC	0.5474%	2019-02-06 11:18:39	2021-05-19 09:42:26	372	2019-02-11 06:58:57	2021-05-09 14:08:21	42
5	38UmuUqPCrFmQo4khkomQwZ4VbY2nZMJ67 2-of-4 wallet: OKEX-coldwallet	98,561 BTC ($3,939,422,885 USD)	0.5267%	2016-03-15 07:20:01	2021-05-20 06:42:32	249	2016-03-16 02:57:11	2021-04-03 08:15:11	111
6	37XuVSEpWW4trkfmvWzegTHQt7BdktSKUs	94,506 BTC ($3,777,358,411 USD)	0.5050%	2019-09-06 12:30:05	2021-05-10 15:25:55	106			
7	1FeexV6bAHb8ybZjqQMjJrcCrHGW9sb6uF	79,957 BTC ($3,195,855,967 USD)	0.4273%	2011-03-01 19:26:19	2021-05-16 15:27:42	380			
8	3LYJfcfHPXYJreMsASk2jkn69LWEYKzexb	73,601 BTC ($2,941,806,513 USD)	0.3933%	2019-06-17 20:52:41	2021-05-12 07:24:11	34			
9	bc1qvpgyac88vqtslewxu7yu9dqwp8rd83zch55zpm3xgn3mgg72w3kqv0s8qa wallet: 74771965	69,830 BTC ($2,791,075,668 USD) +1200 BTC / +16885 BTC	0.3731%	2021-01-12 18:55:02	2021-05-17 05:34:02	71	2021-03-26 06:28:25	2021-03-26 06:28:25	1
10	bc1qa5wkgaew2dkv56kfvj49j0av5nml45x9ek9hz6	69,370 BTC ($2,772,696,713 USD)	0.3707%	2020-11-04 06:31:39	2021-05-02 16:38:20	29			
11	3LQeSjqS5aXJVCDGSHPR88QvjheTwrhP8N	58,815 BTC ($2,350,809,968 USD)	0.3143%	2021-04-19 08:37:21	2021-05-02 04:12:03	4			
12	1LdRcdxfbSnmCYYNdeYpUnztiYzVfBEQeC	53,880 BTC ($2,153,563,385 USD)	0.2879%	2014-05-28 07:49:42	2021-05-10 16:25:47	123			
13	bc1q5pucatprjrqltdp58f92mhqkfuvwpa43vhsjwpxlryude0plzyhqjkqazp wallet: 74771965	53,559 BTC ($2,140,730,523 USD) +7524 BTC / +16709 BTC	0.2862%	2021-01-13 18:17:16	2021-05-19 22:56:38	53	2021-01-23 03:09:44	2021-03-26 06:28:25	5
14	1AC4fMwgY8j9onSbXEWeH6Zan8QGMSdmtA	51,830 BTC ($2,071,637,684 USD)	0.2770%	2018-01-07 23:45:18	2021-05-05 01:19:21	97			

출처: https://bitinfocharts.com/top-100-richest-bitcoin-addresses.html

코인 시장에 참여하고 있는 고래들 또한 각기 자신이 처한 상황이나 적정 가격에 대한 해석이 상이할 수 있다. 그러므로 몇몇의 고래 지갑에 주목하기 보다는 거시적인 관점에서 전체적인 흐름을 파악한다면 투자에서 하나의 유용한 참고 지표로 활용할 수 있다.

비트코인이 아닌 알트코인들의 경우에도 해당 사업을 진행하는 재단 Foundation이 토큰을 발행하고 사업을 진행하기 위해 사업 초기에 백서White Paper를 발행하는데, 대부분의 알트코인 백서에는 사업 초기 토큰 지분구조가 명시되어 있다. 그러나 사업을 진행하면서 토큰 지분구조가 변화할 수 있는데 이 역시 온체인 데이터를 활용해서 파악할 수 있다.

다음 페이지에 나오는 그림은 클레이튼KLAY의 코인 지분구조다. 현재 코인의 수량이 어떤 지갑에 나뉘어 담겨 있는지를 파악할 수 있다. 주식 시장의 경우 대주주들이나 다량 보유자인 슈퍼개미의 지분 변화가 주가에 영향을 주는 것처럼, 코인의 지분구조 역시 어떠한 형태를 띠고 있느냐에 따라 투자 전략을 달리 세울 수 있다. 각각의 지갑은 거래 속성상 소유자가 누구인지 알 수는 없지만 그 비율을 활용해 대략적으로 추산해 볼 수 있다. 클레이튼 등 알트코인의 경우 가장 큰 수량을 보유한 지갑은 통상 재단이 보유한 물량이라고 해석할 수 있고, 그보다 작은 물량은 고래 혹은 파트너십, 거래소 지갑 등으로 해석할 수 있다. 해당 지갑 주소들의 보유량 증감을 파악함으로써, 실제 사업이 성공적으로 진행되고 있는지 혹은 시장에 물량이 얼마나 더 풀리고 있는지 등에 대한 판단을 내릴 수도 있다.

▶ 클레이튼(KLAY) 코인의 토큰 지분구조

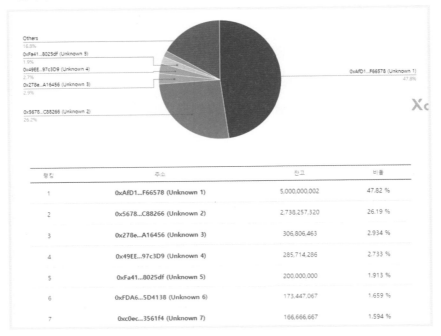

랭킹	주소	잔고	비율
1	0xAfD1...F66578 (Unknown 1)	5,000,000,002	47.82 %
2	0x5678...C88266 (Unknown 2)	2,738,257,320	26.19 %
3	0x278e...A16456 (Unknown 3)	306,806,463	2.934 %
4	0x49EE...97c3D9 (Unknown 4)	285,714,286	2.733 %
5	0xFa41...8025df (Unknown 5)	200,000,000	1.913 %
6	0xFDA6...5D4138 (Unknown 6)	173,447,067	1.659 %
7	0xc0ec...3561f4 (Unknown 7)	166,666,667	1.594 %

출처: https://xangle.io/

거래소에 입출금되는 가상자산 추이 파악하기

가상자산 온체인 데이터 전문 기관 크립토퀀트CryptoQuant(https://crypto-quant.com)는 다양한 온체인 데이터를 제공한다. 그중에는 오른쪽 그림처럼 전체 거래소에 입출금되는 비트코인의 수량 데이터 정보도 있다.

비트코인 등 가상자산은 거래소에서 제공하는 지갑에 보관할 수도 있지만, 거래소 외 여러 형태의 지갑에도 보관이 가능하다. 그렇지만 비트코인을 현금성 자산으로 바꾸려면 OTC 마켓을 제외하고는 반드시 거래소를 거쳐야 한다. 그런 까닭에 거래소에서 입출금되는 비트코인의 수량을 근거로 시장 장세에 대한 추론이 가능하다. 예를 들면 출금된 비트코인 수량, 입금된 비트코인 수량이 급격히 증가할 경우 다음과 같이 해석해 볼 수 있다.

- 거래소로 입금되는 비트코인 수량이 급증: 비트코인 매도 움직임
- 거래소 밖으로 출금되는 비트코인 수량이 급증: 비트코인을 좀 더 보유하기 위한 움직임

그림을 보면 실제로 비트코인의 거래소 입금 수량이 급증한 이후, 강한 매도세와 함께 가격 하락이 일어났음을 확인할 수 있다. 해당 지표를 활용한 아주 단순한 해석이지만, 최근에는 온체인 데이터를 하나의 큰 기준으로 삼아 매매를 진행하는 투자자들도 많아졌다. 따라서 이 정보를 잘 활용한다면 투자를 할 때 하나의 강력한 무기로 작동할 수도 있다.

▶ 전체 거래소에 입출금되는 비트코인 수량 추이

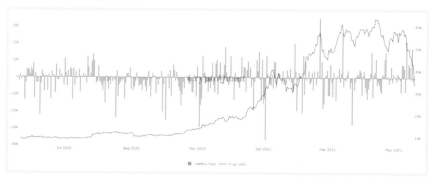

출처: https://cryptoquant.com/overview/btc-exchange-flows

왝더독, 그리고 선물 시장의 롱숏 포지션 비율

미국 속담 중에 '꼬리가 개를 흔든다'는 의미의 왝더독Wag The Dog이라는 표현이 있는데, 이는 주로 주객이 전도된다는 뜻으로 사용된다. 주식 등 자본 투자 시장에서는 선물 시장이 현물 시장을 좌지우지하는 현상이 나타날 때 이 용어를 사용하곤 한다.

보통 일반적인 상황이라면 현물 시장의 가격에 따라 미래의 가치인 선물 가격이 영향을 받게 되는데, 선물에 대한 기대감 등으로 과도하게 선물 시장이 과열되면 선물 시장이 오히려 현물 시장 전체의 가격을 주도하는 현상이 나타난다.

선물 거래는 파생상품의 한 종류로 미래 특정 시점의 자산 가격을 기준으로 금융상품을 매매하는 시장을 의미한다. 일반적으로는 미래 특정 시점인 '만기일'이 존재하며 만기일에 거래가 자동 종료되는 것이 특징이다. 그런데 가상자산 시장에서는 24시간 거래가 발생하는 특징 때문에 만기일이 없는 무기한 선물 거래가 존재한다. 또한 주로 기관

선물 시장Futures Market
금융 파생상품의 한 종류로, 미래 특정 시점의 자산 가격을 기준으로 특정한 양의 자산을 사거나 판매하는 등 거래가 이루어지는 시장을 의미한다. 가상자산 선물 시장의 경우 레버리지를 동반한 공매수 혹은 공매도를 진행할 수 있어 높은 수익률을 기대할 수 있지만, 유지 증거금이 부족할 경우 진행 중이던 거래가 자동 청산되기 때문에 그만큼 아주 높은 리스크가 동반된다. 반의어는 현물 시장이다.

현물 시장Spot Market
거래가 성립되는 시점과 대금 결제 시점이 동일한 시장을 의미한다. 일반적인 국내의 주식 시장 혹은 국내의 가상자산 시장에서 거래되는 대부분의 거래 상품이 여기에 해당한다.

들의 참여로 거래가 이루어지는 기존 선물 거래소와 달리 바이낸스, 비트멕스BitMEX, 바이빗Bybit 등 해외 가상자산 선물 거래소에서는 개인들도 별다른 조건 없이 쉽게 거래에 참여할 수 있다.

오른쪽 그림들은 바이낸스 등 주요 가상자산 거래소와 시카고 상업 거래소CME, Chicago Mercantile Exchange의 비트코인 선물 거래량 추이를 나타낸다.

▶ **주요 가상자산 선물 거래소의 비트코인의 선물 거래량**

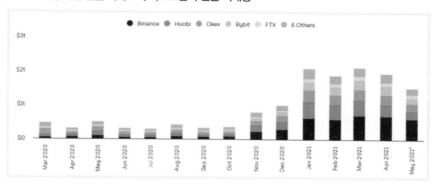

▶ **시카고 상업 거래소의 비트코인 선물 거래량**

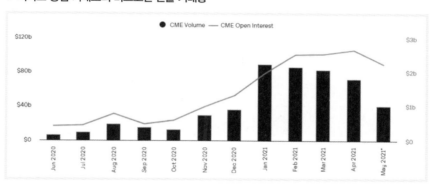

그래프를 보면, 두 경우 모두 2021년 1월부터 약 4개월간 거래량이 큰 폭으로 증가했음을 확인할 수 있다. 특히 가상자산 거래소의 무기한 선물 거래의 경우에는 수십 배 이상의 레버리지 거래가 가능하기 때문에 이들의 거래량이 현물 시장에서도 영향을 줄 수 있다.

이처럼 선물 거래량이 급증하는 시기에는 왝더독 현상이 발생할 수 있다. 같은 기간 현물 거래소의 거래량이 큰 폭으로 증가했다고 하더라도 선물 거래

에는 수십 배 이상의 레버리지가 동반되기 때문에
시장에서 미치는 영향이 실제 투입된 현금의 수십
배에 이르게 될 가능성이 존재한다.

선물 거래소에서는 수십 배 이상의 레버리지를
사용할 수 있기 때문에 일시적이지만 실제 시장에
서 투입된 자금 대비 수십 배 이상의 거래량을 발생
시킬 수 있다. 이는 대량의 매수세 혹은 매도세를
발생시키는 결과로 이어지게 되어 결과적으로 현물
시장에도 높은 가격 변동성 등으로 영향을 줄 수
있다.

오른쪽 그림은 비트코인 선물 거래에서 롱(공매
수) 포지션과 숏(공매도) 포지션이 차지하는 비율
을 보여 준다. 이 지표를 통해 비트코인 선물 시장
에 참여하는 투자자들이 향후 시장을 어떻게 바라
보고 있는지를 확인할 수 있다. 롱 포지션이란 가격
상승을 예측하는 것이고 숏 포지션이란 가격 하락
을 예상하고 있다는 의미이므로, 숏 포지션의 비중
이 현저히 높아진다면 현물 시장에서 가격 하락이
이뤄질 가능성이 크다.

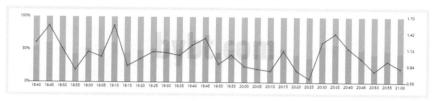

출처: https://www.bybt.com/LongShortRatio

앞서 설명한 것처럼 선물 거래량이 급증하는 시기에는 왝더독 현상이 발생할 수 있고, 선물 투자자들의 롱·숏 포지션이 시장 가격에 영향을 줄 수 있기 때문에 이를 활용한 투자 전략을 세워 볼 수도 있다.

CHAPTER 3

코인 시장과 주식 시장의
공통점과 차이점

주식 시장은 처음 태동한 동인도회사 주식 거래까지 거슬러 올라가면 무려 400여 년 이상의 역사를 자랑한다. 오랜 세월 수많은 변화와 부침을 겪으며, 주식 시장을 구성하는 이해 관계자들도 늘었고 각자의 권익을 보호하기 위한 각종 규제와 법규, 장치들도 늘어났다. 또한 선물, 옵션 등의 다양한 거래 기법뿐 아니라 적정 주가를 평가하는 여러 지표와 분석 툴도 많아졌다. 주식 시장의 본질 자체가 기업의 지분을 거래하는 것이기 때문에 국가별 시장의 특징과 등락의 패턴, 거래되는 주식의 종류도 엄청나게 많다. 각종 지수와 흐름을 추종하는 펀드와 ETF 등 상품의 구색도 다양하다.

그런데 최근 들어 수십 년 주식 시장에 몸담았던 전업 투자자가 코인 시장으로 넘어왔다는 얘기를 들어본 적이 있을 것이다. 그 이유는 단연 주식에는 없는, 코인 마켓에만 존재하는 '특별함', '새로움', '짜릿함' 등 고유의 매력 때문이지 않을까. 코인을 매수·매도하는 방법은 주식 거래와 거의 비슷하지만, 코인 거래를 시작할 때 반드시 숙지해야 할 코인 시장만의 특징도 있다. 지피지기면 백전백승이라고 했으니 코인 시장의 특징을 잘 파악하고 투자에 임하는 것이 어떨까.

연중무휴 24시간,
제한 없는 가격의 상승과 하락
24시간이 모자라~

개장과 폐장, 휴장도 없는 코인 시장

우리가 흔히 알고 있는 대한민국 주식 시장의 일반 매매 시간은 평일 오전 9시부터 오후 3시 30분까지다. 다만 거래량이 많지 않지만 동시호가 매매, 장전·후 시간외 매매, 시간외 단일가 매매를 활용한다면 오전 8시 30분부터 오후 6시까지 주식 거래가 가능하다. 기본적으로 토요일과 일요일은 휴무이 며 각종 국경일 등 휴장일도 많다. 미국 시장이나 중국(상해, 홍콩), 일본, 유 럽 등 모든 국가의 주식 시장은 정해진 개장 시간과 폐장 시간이 있으며, 주 말에는 쉬고 국가별 휴장일도 각기 다르게 존재한다.

하지만 코인 시장은 365일 24시간 한시도 쉬지 않고 돌아간다. 투자자가 원하기만 한다면 언제 어디서든 투자가 가능하고 원하는 지정가로 매수와 매도 거래를 할 수 있다. 그러기에 주식 투자를 하다 보면 주말이나 휴장일에는 거래를 할 수 없어 무료함을 느끼지만, 코인 투자는 한시도 쉬지 않고 시장의 등락을 이용해 수익을 거둘 수 있으므로 더 짜릿하다고 말하는 이들이 많다. 어떤 이들은 하루 종일 잠도 자지 않고 거의 쉬지도 않고 관련 정보를 수집하고 시장을 관찰하면서 거래에 몰두하기도 한다. 그래서 일명 '코인 폐인'이라는 말도 나오고 코인 투자에 빠지면 위험해진다는 인식이 퍼지기도 한다. 하지만 지혜로운 투자자라면 시장이 쉼 없이 열리는 것과 무관하게 자신만의 투자 패턴을 만들어 업무와 일상의 사이클을 잘 유지하면서도 투자를 할 수 있는 루틴을 창조해간다. 그리고 그렇게 하는 것이 길게 투자를 지속할 수 있고 수익도 꾀할 수 있는 길임을 안다.

코인 거래소의 특징을 잘 이용하면 잠자는 시간을 쪼개가며 무리하게 투자하지 않아도 얼마든지 거래를 할 수 있다. 주식 시장에서는 장 운영시간이 종료됨과 동시에 미체결 주문 건이 모두 삭제되지만, 코인 거래소에서는 원했던 거래가 이루어질 때까지 주문을 이어갈 수 있다. 그러므로 매일 지워지는 미체결 건에 대해 일일이 다시 주문을 넣을 필요가 없다.

전문 트레이더가 아닌 이상, 매 시간 쉬지도 않고 거래 현황을 지켜볼 수는 없는 노릇이다. 바쁜 일상을 지내다 보면 내가 투자한 혹은 투자하고 싶은 코인의 가격이 올라가고 내려가는 것을 매 시간 추적하기 힘들다. 바쁜 업무 등에 몰두하다 보면 주문을 넣어둔 거래의 체결 여부조차 미처 확인하지 못할 때도 많다. 하지만 그런 경우라 해도 자신이 원하는 가격에 주문을 해두면 어느새 체결이 되었다는 알람이 울린다. 밤사이 코인 가격 하락을 예상하고 낮은 가격으로 주문해 둔 다음 편안히 잠이 들어도, 잠든 사이에 매수가 체결되는 일명 '수면 매수'에 성공해 아침 출근길에는 다시 오른 가격에 되

팔아 수익을 실현할 수도 있다.

지정한 가격에 거래가 이루어질 때까지 주문은 계속 남아 있으며 언제든 미체결 주문 건을 취소하는 것도 가능하다.

상승도 하락도 끝이 없는 무한 루프의 코인 가격

우리나라 주식 시장에서는 거래일 1일 동안 개별 주식이 최대 오를 수 있는 상승폭을 30퍼센트로 제한하는 상한가 방식을 도입하고 있다. 반대로 하한 가도 최대 30퍼센트로 제한해 주가의 낙폭도 어느 수준을 넘지 못하도록 정해 두었다. 미국 시장의 경우 상한가나 하한가가 존재하지는 않지만, 급박한 가격 변동과 그로 인한 증시 과열을 방지하기 위해 VI 발동이나 서킷 브레이크 제도 같은 장치를 두고 있다.

그러나 코인 투자 시장에는 상한가와 하한가 등 시세 변동 제한이 아직까지 존재하지 않는다. 그런 까닭에 어떤 코인은 상장 당일 무려 약 100배의 시세 상승을 보이기도 한다. 만약 100만 원을 투자했다면 1억 원이 되었다는 말이다.

VIVolatility Interruption
가격 변동성 완화 장치. 주식 시장에서 주식의 체결가격이 일정 범위를 벗어날 경우, 2~10분간 단일가 매매로 전환하는 가격 안정화 장치로서 주가 급변 등을 완화한다.

서킷 브레이크Circuit Break
주식 시장에서 주가가 급등 또는 급락하는 경우 주식 매매를 일정 시간 정지하는 장치.

이런 이유로 코인 투자에 관해 이야기를 나눌 때 사람들의 반응은 극렬하게 갈린다. 이론상으로는 단 며칠 만에도 100배, 1,000배, 아니 그 이상의 상승도 가능하다. 그런 시장의 특징을 접할 때 사람들의 견해는 대개 3가지로 나뉜다.

첫째, 실제로 그런 코인 투자를 통해 상당한 수익을 거둔 투자자라면, 주위의 부러움을 한몸에 받으며 거래와 관련된 온갖 무용담을 주변 사람들에게 전파할 것이다. 때로 엄청난 수익은 투자자를 교만하게 만들며, 또 다시 그런 비약적 시세 차익을 얻기 위한 기회를 찾아다니게 된다.

둘째, 성공한 이들의 무용담을 듣고 땅을 치며 뒤늦게 후회하는 이들도 있다. 내가 그 거래에 참여했더라면 못해도 수십 배는 벌었을 것이라며 아쉬워하거나, 그제야 코인 투자를 본격적으로 시작해 볼까 마음을 먹는다.

셋째, 세상에 그런 말도 안 되는 기회는 존재하지 않는다며, 막대한 투자 수익이 바로 코인 투자가 도박이며 투기인 이유라고 공격하는 이들도 있다. 코인 투자라고 하면 무조건 귀와 눈을 막고 절대 뛰어들어선 안 될 큰일 날 분야라고 지레 장벽을 친다.

단돈 5천 원으로도 비트코인을 살 수 있다?

국내 주식 거래의 최소 단위는 1주다. 반드시 해당 주식 종목을 1주 단위로만 거래해야 하며, 원하는 금액만큼은 살 수 없다. 예를 들면 현대자동차 주식을 사려면 1주 가격인 221,000원(2021년 5월 27일 기준)이 있어야 한다. 최근 코인 시장의 영향으로 개인 투자자들이 적은 금액으로도 주식을 구매할 수 있도록 소수점 주식 거래 시행을 해 달라는 국민청원을 시도했고, 일부 해외 주식에 한해서 소수점 주식 거래 서비스를 제공하는 금융사도 있다. 그러나 기본적으로 주식 시장에서 주식은 1주 단위로 거래된다.

반면 빗썸에서 비트코인의 최소 주문수량은 0.0001BTC다. 우리 돈 약

5천 원으로도 비트코인을 살 수 있으며 팔 수도 있다. 원하기만 한다면 단 10만 원만 갖고도 빗썸 거래소에 상장되어 있는 여러 가지 코인을 각각 원하는 금액만큼 매수할 수 있다.

▶ 비트코인 0.0001BTC 주문하는 법

수수료 빼고는 전부 다 수익

주식 시장의 경우 수익에 각각 세금이 부과된다. 배당금에 매겨지는 배당소득세, 주식을 팔 때 내야 하는 증권거래세 등이 그것이다. 간략히 주식 거래에 부과되는 세금 체계를 설명하자면 배당을 받는 경우 15.4퍼센트에 달하는 배당소득세, 그리고 배당금이 2천만 원을 넘을 경우 종합소득세가 과세된다. 주식을 팔 때에는 0.08~0.43퍼센트의 증권거래세를 납부해야 한다. 아직까지는 소액주주에게 부과되지 않지만 대주주 주식이나 출자 지분 등을 소유권 이전하는 경우 양도차익의 20~25퍼센트를 양도소득세로 내야 한다.

아직까지 코인 거래 시장에는 이러한 세금이 존재하지 않는다. 빗썸에서 코인을 거래한다면, 증권사가 받는 수수료와 같은 거래 수수료 외에 별도로 과세되는 세금이 없다. 빗썸 거래소에서는 금액별 거래 수수료 정액 쿠폰을 구매할 수 있기 때문에 더 저렴하게 거래할 수 있다. 그 외의 모든 수익은 온전히 투자자의 몫이 된다. 하지만 정부가 2022년 1월 1일을 기해 코인 거래도 과세 대상에 포함시키며, 시세 차익이 연간 250만 원 이상일 경우 초과분에 대해 20퍼센트 소득세를 부과한다고 예정해 둔 바 있다.

거래일 경과 없이 바로 현금화가 가능하다

주식 투자를 해 본 사람이라면 잘 알겠지만 주식을 매도한 후 2영업일D+2이 경과해야 거래가 완료된다. 해외 주식을 거래할 경우는 3영업일이 지나야 한다. 그러므로 주식을 매도해서 수익을 얻었다 하더라도 정산이 완료된 이틀 후에나 현금으로 출금할 수 있다. 2일에는 휴장일은 포함되지 않기 때문에, 매매 후에 휴일이 끼어 있다면 더 오래 기다려야 한다.

그러나 코인의 경우는 다르다. 빗썸 거래소에서 매도 거래를 한 다음, 매도 금액 전액을 자신의 코인 계정과 연동된 제휴은행(NH농협은행) 계좌를 통해 즉시 현금으로 출금할 수 있다. 코인 거래가 24시간 가능한 만큼 휴일이나 거래일 경과 없이 언제든지 현금화가 가능한 셈이다.

물론 거래소마다 소정의 금융사고 예방을 위한 장치들이 있기 때문에 출금 신청과 실제 출금 사이에 간극이 발생할 수도 있다. 일례로 빗썸에서는 최종적으로 원화를 입금한 시간으로부터 72시간 동안에는 가상자산을 출금하거나 송금하는 것이 불가능하다. 현금 출금 과정에서 FDSFraud Detection

System 심사 결과에 의해 출금이 차단되는 경우도 생긴다. FDS 심사란 안전한 거래환경 조성을 위한 '이상 금융 거래 감지 시스템'을 말한다. 수많은 거래 데이터를 기반으로 금융사고를 예측하고 예방하는 데 사용된다.

주식 정보인 재무제표, 사업보고서와 같은 코인 정보의 핵심 '백서'

코인의 탄생 목적부터 향후 비전까지 모두 담긴 백서

코인 투자에 관심을 가지게 되면, "망하지 않으려면 최소한 백서를 읽어라!" 라는 말을 듣게 된다. 하지만 코인 백서White Paper 라는 단어는 대부분의 코린이에게는 생소할 것이다. 본래 백서의 사전적 의미는 정부가 정치, 외교, 경제 등 각 분야에서 벌어지는 현상을 분석하고 향후 미래에 펼쳐질 상황을 전망해서, 그 내용을 널리 알리기 위해 작성한 보고서를 뜻하는 것이었다. 백서의 '백'白, White은 영국 정부가 의회에 보고서를 제출할 때 하얀 표지를 사용했던 것에서 유래되었다고 한다.

> **코린이**
> '코인+어린이'의 합성어로 코인 투자를 시작한 초기 투자자를 가리킨다. 주식 시장에서 주식 투자를 처음 시작하는 초기 투자자를 주린이라고 부르는 것과 같다.

2008년 10월 사토시 나카모토는 디지털 자산의 일종으로 발행 및 유통이
탈중앙화되어 P2P Person to Person 네트워크 기술로 이루어지는 비트코인이라
는 디지털 지불 시스템을 설명하는 9페이지 분량의 논문을 발표했다. 이 백서
가 블록체인 기술과 코인 마켓 진화의 시작점이라고 볼 수 있다.

▶ 비트코인 백서 한글 번역본 일부

비트코인: 개인 대 개인 전자 화폐 시스템

Satoshi Nakamoto
satoshin@gmx.com
www.bitcoin.org
Translated into Korean v1.2 from bitcoin.org/bitcoin.pdf
by Mincheol Im ime@live.co.kr | encodent.com/bitcoin

초록. 순수한 개인 대 개인 버전 전자 화폐는 금융기관을 거치지 않고 한 쪽에서 다른 쪽으로 직
접 전달되는 온라인 결제(payments)를 실현한다. 전자 서명은 부분적인 솔루션을 제공하지만, 만
일 이중지불(double-spending)을 막기 위해 여전히 신뢰받는 제3자를 필요로 한다면 그 주된 이
점을 잃게 된다. 우리는 개인 대 개인 네트워크를 사용해 이중지불 문제를 해결하는 솔루션을 제
안한다. 이 네트워크는 거래를 해싱해 타임스탬프를 찍어서 해시 기반 작업증명(proof-of-work)을
연결한 사슬로 만들고, 작업증명을 재수행하지 않고서는 변경할 수 없는 기록을 생성한다. 가장
긴 사슬은 목격된 사건의 순서를 증명할 뿐이니라, 그게 가장 광대한 CPU 파워 풀에서 비롯했음
을 증명하기도 한다. 과반의 CPU 파워가 네트워크 공격에 협력하지 않는 노드에 통제되는 한, 그
들은 가장 긴 사슬을 만들어내며 공격자를 압도한다. 이 네트워크 스스로는 최소한의 구조만을
요구한다. 메시지는 최선의 노력을 다해(on a best effort basis) 퍼트려지고, 노드는 자기가 빠진 사
이에 벌어진 거래의 증명으로 가장 긴 작업증명 사슬을 채택함으로써 뜻대로 네트워크를 떠났다
가 재합류할 수 있다.

1. 서론

인터넷 기반 상거래는 전자 결제를 처리할 신뢰받는 제3자 역할을 거의 전적으로 금융기관에 의존해 왔다. 이
시스템은 대다수 거래에 충분히 잘 동작하지만, 여전히 신뢰 기반 모델의 태생적 약점을 극복하지 못한다. 금융
기관은 분쟁 중재를 피할 수 없기에, 완전한 비가역 거래는 실제로 가능하지 못한다. 중재 비용은 거래 비용을 높
여, 실거래 최소 규모를 제한하고 소액의 일상적 거래 가능성을 가로막으며, 비가역 서비스에 맞는 비가역 결제
기능의 상실로 더 큰 비용이 발생한다. 가역성때문에 신의 결립(the need for trust)이 퍼진다. 상거래자
(Merchants)는 많은 정보를 요구하지 않을 경우보다 더 그를 괴롭히는 고객을 경계해야 한다. 사기의 일정 비용
은 불가피한 것으로 간주된다. 이런 비용과 결제 불확실성은 대면 거래에 물리적 통화(currency)를 사용해 피할
수 있지만, 통신 채널로 신뢰(받는 제3자)가 없이 결제를 수행할 방법은 존재하지 않는다.
　　필요한 것은 신뢰 대신 암호학적 증명(cryptographic proof)에 기반해, 거래 의사가 있는 두 당사자가 신뢰받는
제3자를 필요로 하지 않고 서로 직접 거래하게 해주는 전자 화폐 시스템이다. 철회가 전산학적으로 불가능한
거래는 사기로부터 판매자를 보호하고, 통상적인 제3자 예치(는 제3자 escrow) 방법은 구매자를 보호하기 위해 쉽게 구
현될 수 있다. 이 논문에서 우리는 거래 시간순의 전산적 증명을 생성하는 개인 대 개인간 분산 타임스탬프 서
버를 사용한 이중지불 문제의 솔루션을 제안한다. 이 시스템은 정직한 노드가 공격자 노드의 협력 그룹보다 총
체적으로 더 많은 CPU 파워를 통제하는 한 보안상 안전하다.

출처: 블록체인 스토리(https://blockchainstory.tistory.com/145)

　　그렇다면 혹시 비트코인 백서를 보고 "바로 이거다!" 하고 착안해 바로
가상화폐 산업에 뛰어들어서 약 19조원에 달하는 자산을 벌어들이고 세계
100대 부자 반열에 오른 CEO에 관한 뉴스를 들어본 적이 있는가? 그가 바

로 코인베이스의 창업자인 브라이언 암스트롱Brian Armstrong이다. 그는 비트코인 창시자 사토시 나카모토가 썼다고 알려진 비트코인 백서를 읽고 나서 가상자산 비즈니스를 본격적으로 시작했다고 말했다. 2021년 4월 미국 최대 가상자산 거래소인 코인베이스는 나스닥에 상장되었고, 첫날 시가총액만 100조 원을 기록하는 기염을 토했다.

코인 백서는 우리가 흔히 아는 기업의 사업계획서와 유사하다. 코인 프로젝트의 계획과 방향, 기술적인 배경과 용도, 발행량, 세부사항 설명 등이 포함되어 있다. 코인 개발과 유통, 거래에 참여하는 모든 이들이 알고 싶어 하는 상세한 내용이 모두 망라된 일종의 사업 보고서라 할 수 있다. 블록체인 기업은 ICO를 통해 프로젝트를 홍보하고 사업 방향성에 대한 로드맵Roadmap을 제시함으로써 투자자를 모집하게 되는데, 이것을 진행하는 데 백서가 가장 중요한 역할을 담당하게 된다.

ICOInitial Coin Offering
신규 코인을 공개 및 발행하여 투자자들로부터 자금을 모집하기 위해 판매하는 것. ICO에 대해서는 98페이지에서 더 자세히 살펴본다.

그러므로 애초에 백서가 없다면 그 코인은 제대로 된 목표나 계획도 없이 출발한 것과 다름없으니 피해야 한다. 또한 백서 내용이 부실해서 정보가 제대로 공개되어 있지 않거나 지나치게 현실적이지 못하고 너무 허황된 코인 역시 투자를 피해야 한다.

흔히 말하는 스캠Scam(신용 사기) 코인, 지나치게 가격 등락이 심한 거품 코인 등을 매매해서 단순히 차익만 좇아 대박을 노리겠다는 생각으로 접근하면, 수익은커녕 오히려 큰 낭패만 볼 수 있으니 조심해야 한다. 스캠 코인이란 코인 발행으로 인한 계획이나 프로젝트 없이 오로지 거래를 부추겨 수익을 얻고자 하는 사기 목적의 코인을 말한다. 사실과 다르거나 존재하지 않는 기술이나 정보를 앞세워 투자자를 의도적으로 속이거나, 애초에 설정한 백서의 목표대로 실현하지 못하고 중도에 프로젝트가 중단되는 코인 등이 여기 속한다. 코인의 모든 정보가 담겨 있는 백서가 사실에 기초해 체계적인 목표와 실현 가능성 있는 기술력 등을 바탕으로 잘 설명되어 있다면 스캠이 아닐 가능성이 높다.

백서 열람 시 꼭 체크해야 할 사항

본업이 있어 시간을 내기 어려운 코린이들로서는 일일이 백서를 찾아 읽어볼 시간이 부족할지 모른다. 그러나 자신이 투자하려는 코인의 백서에서 다른 정보들은 차치하더라도 최소한 다음 사항 정도는 꼭 찾아 읽고 주의 깊게 확인하도록 노력해 보자.

백서 조회를 위한 유용한 사이트
백서 저장소 홈페이지 http://whitepaperdatabase.com
코인픽 https://coinpick.com/

첫째, 해당 코인의 계획된 프로젝트 내용을 확인하라. 실질적이고 실현가능한 프로젝트가 준비되어 있지 않거나 그 내용과 계획이 정확하게 설명되어 있지 않다면, 투자를 재고해 보기 바란다.

둘째, 백서에 설명된 프로젝트가 실제 실현 가능성이 있는지 혹은 정말 필요한 것인지 하는 기술적인 측면의 검토를 해 보자. 향후 그 기술이 실현되었을 때 높은 가치를 지니게 될 것이라는 확신이 서지 않는다면 투자를 재고해 볼 필요가 있다. 만일 자신이 아는 범위에서 판단하기 어렵다면 다른 유사한 코인들의 프로젝트들을 참고해 볼 것을 추천한다.

셋째, 코인 설립과 개발의 주체가 누구인지 꼭 확인해 보도록 하자. 사업을 실현시키기 위해서는 반드시 프로젝트 홍보력과 자금력 등이 뒷받침되어야 한다. 구성원들의 이력, 이들과 함께 하는 협력 파트너들의 면면을 살펴보고 성과를 내기 위한 충분한 역량이 있는지 알아 보자. 또한 이들 중에서 이전에 스캠이나 의심 가는 프로젝트에 연루된 사람은 없는지 검증해 본다.

빗썸 Tip

스캠 코인을 구별하는 방법

1. SNS 활동 여부 체크: 재단의 공식 트위터나 텔레그램 채널 등을 통해 프로젝트 소식과 공지가 수개월 이상 올라오지 않는다면 스캠 코인으로 의심하자.

2. 애플리케이션 업데이트: 해당 코인 프로젝트가 구현한 앱이 있다면 앱의 업데이트 주기나 버전 기록들을 확인해 보자. 업데이트가 잘 안 되거나 고객 대응이 느리고 소통이 안 된다면 스캠 코인일 가능성이 크다.

3. 이즈디스코인스캠(https://isthiscoinascam.com)에 조회: 스캠으로 의심되는 코인을 검색하면 웹사이트 자체 기준에 의거, 점수 등을 제공하니 참고하자.

주식 시장의 기업공개(IPO)와 유사한 기능을 하는 코인 시장의 코인공개(ICO)

코인 시장에서 ICO가 주목 받는 이유

개인 투자자들에게 많은 관심을 받고 있는 ICOInitial Coin Offering는 기존 주식 시장의 IPO와 개념과 목적이 매우 유사하다. 까다로운 심사 절차에 많은 비용과 시간이 소모되는 IPO의 단점을 보완하기 위해 ICO가 탄생되었기 때문이다. IPO와 ICO에 대해 비교·분석해 어떠한 점이 보완되었는지 체크하고 ICO가 가진 한계에 대한 해결 방안도 살펴보도록 하겠다.

IPOInitial Public Offering는 비상장인 기업이 유가증권 시장이나 코스닥 시장에 상장하기 위해, 해당 주식을 법적인 절차와 방법에 따라 50인 이상 불특정 다수의 투자자들에게 판매하고 재무 내용을 공시하는 것을 의미한다. IPO는 원활한 기업의 자금 조달 및 재무구조 개선, 국민의 기업 참여를 이끌어 국민경제 발전에 기여함에 목적으로 한다. IPO를 통해 기업은 일반 투자자들로부터 대규모 자금 조달이 가능해질 뿐만 아니라 증권을 공급해 여유 자본을 만들 수 있다. 해당 자본을 기반으로 기업은 기존의 사업을 유지하거나 신규 사업을 추가로 진행할 수 있다.

주식 시장의 IPO 프로세스가 가지는 장단점

IPO에 참여한 기업은 여러 혜택을 누리게 된다.

첫째, 엄격한 상장심사를 통과해 기업의 정보가 공시됨에 따라 해당 기업에 대한 신뢰와 평판이 상승하며 기업 홍보 효과를 얻을 수 있다.

둘째, 일반 투자자들의 주식 매수로 인해 해당 기업의 경영권과 소유권이 분리되어 기업 경영의 투명성과 공정성을 꾀할 수 있게 된다.

셋째, 스톡옵션을 받은 임직원이나 장외거래를 통해 사전에 투자했던 투자자들이 공개 시장에서 투자자금을 회수함과 동시에 추가적인 이익을 얻을 수 있다. 공개 기업은 주식 양도 시 별도의 양도소득세가 발생하지 않으며 상속세나 증여세 혜택도 받을 수 있다.

IPO에는 단점도 존재한다. 우선 IPO 심사를 위한 준비 과정에서 인수 수수료 등 많은 비용이 발생해 경제적 부담이 생겨난다. 엄정한 심사 요건을 최소 수년 동안 유지해야만 IPO 심사 접수와 진행이 가능하기 때문이다.

IPO 심사가 통과된 이후 거래소에 상장되고 나면 상장 기업으로서의 의무를 이행해야 하므로 이 역시 부담으로 작용한다. 합리적인 주식 거래와 투자 투명성을 위해, 기업의 내부 정보와 각종 보고서를 공개해야 할 공시 의무를 갖게 되기 때문이다. 이에 따라 기업의 주요 기밀들이 노출될 수도 있다. 또한 해당 기업의 주식이 시장 내 매매 대상이 됨에 따라 경영권과 소유권이 분산되기 때문에 기존 대주주의 입장에서는 위협으로 느낄 수도 있다.

IPO의 까다로운 심사 요건과 복잡한 절차

IPO의 심사 요건은 구체적으로 공개되어 있지 않으나 영업, 재무 상황, 기술력 및 성장성, 기타 경영 환경 등을 기준으로 기업 경영의 '계속성'이 인정되어야만 한다. 또한 기업 지배구조, 내부 통제 제도, 공시 체제 및 이해관계자와의 거래, 상장 전 주식 거래 등 다양한 기준으로 경영 투명성 및 안정성을 인정받아야 한다. 또한 투자자를 보호하고 주식 시장의 건전한 발전을 저해하지 않는 기업이라는 점이 인정되어야 한다.

아래와 같은 단계로 진행되는 IPO는 약 2~3년이 소요된다.

▶ **IPO 프로세스**

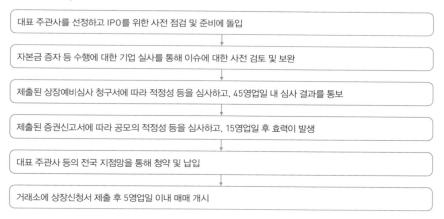

대표 주관사를 선정하고 IPO를 위한 사전 점검 및 준비에 돌입

자본금 증자 등 수행에 대한 기업 실사를 통해 이슈에 대한 사전 검토 및 보완

제출된 상장예비심사 청구서에 따라 적정성 등을 심사하고, 45영업일 내 심사 결과를 통보

제출된 증권신고서에 따라 공모의 적정성 등을 심사하고, 15영업일 후 효력이 발생

대표 주관사 등의 전국 지점망을 통해 청약 및 납입

거래소에 상장신청서 제출 후 5영업일 이내 매매 개시

상대적으로 쉽고 빠르게 진행되는 ICO
코인공개의 과제

스타트업의 ICO와 활발한 자금 모집

ICO란 블록체인을 기반으로 개발될 가상자산의 발행 목적, 운영 방식, 전망 등의 내용이 담긴 백서를 작성하여, 불특정 다수의 투자자들로부터 초기 개발 자금을 모집하고 그 대가로 코인이나 토큰을 나눠주는 행위를 말한다. 많은 벤처 스타트업 기업들이 자금 조달, 프로젝트 기금 모집, 사업의 탈중앙화 등을 위해 블록체인 시스템 기반의 ICO를 진행하고 있다.

앞에서 보았듯이 까다롭고 복잡한 IPO의 벽을 넘기 어려운 다양한 기업들이 ICO를 통해 기회를 얻고자 시장에 몰리고 있다. 가상자산에 대한 관심이 점점 높아지고 있는 개인 투자자들 역시 ICO를 소액으로 높은 투자 수익률을 얻을 수 있는 새로운 재테크 투자 대상으로 여겨 참여율이 매우 높다.

과거에는 홈페이지, 백서, 관련 사이트 내 한국어 지원이 되지 않아 개인 투자자들이 정보를 얻기가 매우 어려웠다. 하지만 ICO에 대한 관심이 높아진 만큼 ICO를 진행 중인 가상자산에 대한 정보를 접할 수 있는 채널이 많아졌다. ICO 진행하는 가상자산에 대한 정보뿐만 아니라 일정 및 수익률, 평가 등급 등을 확인할 수 있다. 또한 가상자산별 커뮤니티도 존재하기 때문에 국내 개인 투자자들끼리 정보 교류 및 논의가 가능하다.

그러나 2017년 9월 정부가 지분 증권, 채무 증권 등 증권 발행 형식으로 가상통화를 이용해 자금을 조달하는 ICO 행위에 대하여 자본시장법 위반으로 처벌한다고 밝힌 시점부터 현재까지 국내에서 진행된 ICO는 없다. 대부분의 ICO는 몰타, 싱가포르, 스위스, 지브롤터(영국령), 에스토니아 공화국 등에서 진행되고 있다.

ICO는 그 성격에 따라 몇 단계로 구분된다.

첫째, 프라이빗 세일Private Sale이다. 소수의 특정인이나 기관에게 비공개적으로 진행하는 ICO로, 최소 투자금액이 높은 만큼 가장 큰 보너스 혜택을 받을 수 있다.

둘째, 프리 세일Pre Sale 단계다. 퍼블릭 세일 전 특별 판매 형식으로 진행하는 ICO로, 이 단계까지도 최소 투자금액이 높으며 구간별 보너스가 크다.

이 두 단계는 개발자나 재단이 향후 ICO의 성패 여부를 가늠할 수 있는 시금석의 역할을 한다.

셋째, 마지막으로 퍼블릭 세일Public Sale 단계다. 불특정 다수에게 공개적으로 ICO를 진행하는 것을 의미한다.

ICO는 그 진행 방식에 따라서도 몇 가지 유형으로 나뉜다. 공모 방식에 따른 유형으로는 얼리버드 세일, 한정 기간 세일, 일반 세일 등이 있으며 지급

보너스가 각기 달리 설정된다. 투자 목표치에 따라 종류가 나뉘기도 하는데, 목표 금액을 초과하더라도 약정된 기간까지 진행하는 소프트 캡Soft Cap과 제시된 투자금액을 달성하면 종료되는 하드 캡Hard Cap, 투자자금 목표치를 공개하지 않고 진행되는 히든 캡Hidden Cap 등이 그것이다.

ICO가 가지는 장점과 단점

ICO는 IPO와 달리 주관사와 같은 중개기관을 거치지 않고 사업자와 개인 투자자 간에 직접적인 자금 및 서비스 전달이 가능함에 따라 중간 수수료가 발생하지 않는다. 또한 온라인으로 참여하기 때문에 시간과 공간적 제약에 구애 받지 않으며, 개인 투자자들이 적은 금액으로도 참여 가능하다. 또한 제3자에게 쉽고 빠르게 온라인 내에서 양도가 가능하다. 개인 투자자는 단순한 지분 투자에 그치지 않고 해당 기업의 사업에 참여할 수 있는데, 가상 자산에 관한 안건을 제시하고 투표에 참여하는 등 적극적 관여가 가능하다. 참여한 프로젝트의 서비스가 성장하거나 가상자산 유통 시장이 형성되어서 가치가 상승하면 높은 수익을 얻을 수 있는 기회도 주어진다.

　IPO를 보완하기 위해 탄생한 ICO지만 분명 단점도 존재한다. 무분별한 ICO, 심지어 ICO를 빙자한 다단계 금융 사기가 늘어나서 자칫하면 투자 원금 손실의 가능성도 있다. 대개 ICO에서는 스마트 컨트랙트 기능이 있는 이더리움ETH이 사용되는데, 투자를 받은 기업이 현금을 확보하기 위해 이를 매도하기에 가상자산 시장 내 물량이 늘어나고 이더리움 가격이 떨어질 가능성이 커지기도 한다.

ICO가 진행되는 프로세스

ICO는 크게 다음 9개 단계로 진행되며, 대부분의 ICO는 약 3개월에서 1년 정도가 소요된다.

▶ **ICO 프로세스**

플랜 공개: 백서를 통해 로드맵, 발행량, 소프트 및 하드 캡 여부, 서비스 등을 공개한다.

↓

기업 적정성 평가: 작성된 백서를 기준으로 구현 및 지속 가능성, 논리성 등을 평가한다. 또한 깃허브, 미디움, 디스코드 등을 통한 재단의 공식 채널 운영과 활동, 소스코드 공개 여부 등을 평가해 스캠 여부를 판단한다.

↓

화이트리스트(Whitelist) 등록 및 KYC 인증: 재단 및 가상자산에 대한 기본 정보, 신분증 사본을 제출해 KYC(Know Your Customer)를 인증한다. 인증이 완료된 재단 및 가상자산은 ICO 참여 자격을 가지며 화이트리스트에 등록된다.

↓

ICO 참여를 위한 가상자산 매수: ICO 참여에 필요한 가상자산(통상 BTC, ETH, USDT)을 준비하기 위해 가상자산 거래소에 원화를 입금하고 필요한 가상자산을 매수한다.

↓

개인지갑으로 입금: 가상자산 거래소에서 매수한 수량을 개인 지갑으로 입금한다. ICO에 참여하려면 무조건 개인 지갑과 ICO 재단 지갑 간에만 거래가 이루어져야 하기 때문이다.

↓

ICO 참여: 개인 지갑 내에 있는 가상자산을 재단 지갑으로 입금한다.

↓

토큰 분배: ICO 종료 후 재단은 투자 비율에 따라 발행한 코인을 참여자의 개인 지갑으로 입금한다.

↓

개발 및 거래소 상장: 재단은 ICO를 통해 조달한 자금을 기반으로 개발을 진행하고, 프로토타입 공개 전후로 거래소에 상장한다.

↓

수익 배당: 거래소 상장 이후 얻은 수익을 투자자금 납입 비율에 따라 배당한다.

ICO의 대표적 성공 사례

대표적인 ICO 성공 사례 몇 가지를 소개하겠다.

첫째 사례인 이더리움Ethereum, ETH은 스마트 컨트랙트 기능을 구현하기 위한 분산 컴퓨팅 플랫폼 또는 운영체제를 지향하는 생태계다. 창시자인 비탈릭 부테린Vitalik Buterin은 2013년에 아이디어 공개하고 2014년 ICO를 함으로써, 3만 비트코인 모집에 성공했다. 이는 ICO로 많은 자금을 모집할 수 있음을 증명한 거의 첫 사례이며, 이후 ICO 시장의 규모를 폭발적으로 성장시키는 계기가 되었다. 이더리움에 쉽고 간편하게 자금을 모집할 수 있는 토큰 모집 기술을 포함시킨 것도 ICO 활성화의 계기를 마련하는 요인이 되었다. 오늘날 대다수 ICO에서 거래되는 코인이 이더리움 기반인 것을 확인할 수 있다.

디앱DApp, Decentralized Application
탈중앙화 시스템에서 구동되는 응용 프로그램으로 블록체인 기술을 이용해 운영된다. 분산형 네트워크를 구성하기 때문에 해킹 위험에 비교적 안전하다는 장점을 가지며 개방적이고 투명하게 운영된다.

둘째 사례인 이오스EOS, EOS는 이더리움의 느린 속도와 높은 수수료 한계를 해결하기 위해 개발되었다. 분산 애플리케이션인 디앱DApp을 구동할 수 있는 플랫폼을 제공함으로써, 블록체인 운영체제OS를 만드는 것을 목표로 하는 가상자산이다. 이오스는 2017년 6월부터 2018년 6월까지 ICO를 진행했는데, 1년에 걸쳐 매일 200만 개의 이오스가 분배되었다. 블록원(Block.one)이 개발한 이오스는 개방형 소프트웨어 플랫폼으로써 뛰어난 디앱 개발 능력을 인정받았다. 그 때문에 역사상 가장 높은 금액인 40억 달러(약 4조 5천억)의 자금을 조달한 ICO로 기록되었다.

셋째 사례인 폴카닷Polkadot, DOT은 확장 가능한 이종 멀티체인Scalable Heterogenous Multi-Chain 기술을 통해 신원 인증과 데이터 소유권을 관리할 수 있는 탈중앙화 웹서비스를 구축하고자 개발된 오픈소스 프로젝트다. 폴카닷은 프라이빗, 컨소시움 체인, 퍼블릭 혹은 비허가성 네트워크를 연결해, 여러 개의 독립된 블록체인들이 폴카닷의 릴레이 체인Relay chain을 기반으로 제3자에 의존하지 않고 거래와 정보 교환을 할 수 있게 해 준다. 폴카닷은 2020년 7월 24일부터 진행한 2차 프라이빗 세일에서 4,300만 달러(약 500억) 가치의 비트코인 모집에 성공했으며, 단 72시간 만에 목표 기금 조성을 마감하는 기염을 토했다. 대다수 이더리움 기반의 디파이 프로젝트들이 폴카닷과 상호 운용 가능하게 개발되고 있으며, 코스모스 기반의 프로젝트들과 통합을 추구한다는 점에서 엄청난 관심을 모았다.

단점을 보완한 새로운 개념의 ICO

ICO가 가진 단점을 보완하기 위해, 몇 가지 새로운 개념의 ICO도 속속 등장했다.

첫째, 리버스 ICOReverse ICO가 하나의 예다. IPO를 마친 기업이 이미 진행 중인 사업을 확장하기 위해 추가적인 자금 조달이 필요한 경우 진행하는 ICO를 의미한다. 블록체인 기술과의 결합을 통한 사업 확장이 대다수이며 간편한 방식으로 대규모 자금 조달이 가능하다는 점에서 선호하는 방식이다. 개인 투자자들은 기존 ICO와 다르게 사업 확장 예정인 프로젝트나 기존 기업에 대한 정보를 쉽게 입수하고 객관적으로 평가할 수 있다. 또한 일반 ICO와 달리 구체적인 비즈니스 모델과 계획 등이 제시되기 때문에 가치가 높고 안전한 투자 방식으로 인식되고 있다.

둘째, IEOInitial Exchange Offering도 새로운 방식으로 등장했다.

MVPMinimum Visible Product를 개발한 다음 프라이빗 세일을 통해 최소한의 개발 자금만 확보해, 위탁판매 계약을 체결한 거래소를 통해 가상자산의 배포가 결정되고 판매가가 측정된다. 재단은 거래소 상장 이후 투명한 공시를 기반으로 추가적으로 개발과 사업에 필요한 자금을 유치한다. 일반 투자자는 거래소가 가상자산에 대한 1차 검토를 해 주고 토큰 배포를 중개해 줌에 따라 투자 리스크를 최소화할 수 있다. 또한 거래소 역시 IEO 참여 고객을 신규 회원으로 유치할 수 있고, 브랜드 파워 확보와 수수료 수익도 기대할 수 있다.

셋째, IBOInitial Bounty Offering 역시 새로운 방식으로 주목 받고 있다. 다양한 자원, 사업 및 마케팅, 투자자 참여를 체계화하며 생태계에 대한 공헌과 교환해 가상자산을 제공함에 따라 세계적 범주로 크라우드소싱Crowd-Sourcing(대중 공모)을 확장할 수 있다. 개인 참여자는 블록체인 생태계가 만들어지는 과정에 백서 번역, 소셜 미디어 내 홍보 등 다양한 방법으로 기여하고, 그에 대한 대가로 해당 가상자산을 지급받는다.

넷째, STOSecurity Token Offering도 있다. 투자자는 STO를 통해 보유한 가상자산의 수량에 따라 재단이 창출한 이윤의 일부를 배당금으로 받거나 경영권 일부를 소유할 수 있다. 권한과 배당률은 스마트 컨트랙트를 기반으로 배포됨에 따라 해당 가상자산의 가치가 영구적으로 유지된다.

다섯째, DAICODecentralized Autonomous Initial Coin Offering 방식도 있다. ICO를 통해 모금한 자금을 실제 개발이 진행되는 상황에 따라 단계적으로 지급하는 자금 운용 방식이다. 해당 가상자산의 백서에 기술된 비즈니스나 서비스 혹은 기능을 진행하지 못할 경우 모든 투자금액이 개인 투자자들에게 환불되는 안전장치를 두었다.

여섯째, ATOAsset Tokenization Offering도 등장했다. 주식, 채권, 부동산 등의 자산과 그에 대한 권리를 블록체인 기반의 가상자산에 페깅Pegging(연동)해서 개인 투자자에게 소액으로 판매하는 것을 의미한다.

IPO와 ICO의 차이점

ICO와 IPO는 모두 개인 투자자들에게 새로운 비즈니스에 참여해 수익 배분을 받을 수 있는 기회를 제공함으로써 자금을 유치한다는 공통점을 갖는다. 하지만 구체적인 심사기준이나 규제 적용 여부에서 크게 차이가 난다. IPO는 매우 까다롭고 복잡한 금융당국의 심사기준을 통과한 기업들만 참여하고 진행할 수 있으며, 청약 경쟁으로 인해 개인 투자자들의 참여도 매우 제한적이다. IPO에 성공하면 기업은 경영을 통해 이익을 발생시켜 투자자들에게 배당금을 제공하고, 개인 투자자는 해당 기업의 지분을 매수함으로써 자본을 조달해 준다. 투자자는 자신이 보유한 주식의 비율만큼 해당 기업에 대한 소유권을 갖게 된다.

반면 ICO는 화이트리스트나 KYC 등 기본 인증절차만 통과하면 큰 규제 없이 진행될 수 있다. 별도의 국가별 제한도 없고 규제기관이나 중개기관도 없으며, 개인 투자자라 해도 원하기만 하면 참여할 수 있다. 단, 테러지원국 등 일부 국가는 참여가 제외된다. 최근 들어 국가별 ICO 투자 참여에 대한 해석 및 적용 문제에 따라 금지나 규제가 생기는 등 제도화가 진행되는 추세다. ICO를 통해 메이저코인을 조달한 기업(재단)은 거래소에서 이를 현금화함으로써 개발이나 사업 진행에 투자할 수 있으며, 개인 투자자는 메이저코인으로 투자한 비율에 따라 신규 발행된 가상자산을 받을 수 있다.

▶ ICO와 IPO의 차이점

구분	ICO	IPO(국내)
투자 대상	가상자산	주식
준비 기간	약 3개월~1년	약 2~3년
조달 자금	BTC, ETH 등 메이저코인	진행 국가의 법정화폐
대상 요건	백서 로드맵(사업, 기술)	업력 3년 이상 자기자본 30억 원 이상 당기순이익 20억 원 이상
주관사	없음	증권회사(거래소)
적용 법률	없음	자본시장법
보상 및 수익	신규 발행된 가상자산 토큰 가격 상승에 따른 차익	해당 기업의 주식 및 배당금 주식 가격 상승에 따른 차익

투자할 코인 종목
파악하고 선별하기

2017년 빗썸 거래소에서는 단 11개의 코인이 거래되고 있었다. 비트코인(BTC), 이더리움(ETH), 리플(XRP), 라이트코인(LTC)을 비롯해서 퀀텀(QTUM), 모네로(XMR), 대시(DASH), 제트캐시(ZEC), 이오스(EOS), 비트코인 캐시(BCHA), 이더리움 클래식(Ethereum Classic, ETC) 등이 그것이다.

이들 중에는 여전히 메이저코인의 지위를 유지하며 뉴스에 자주 등장하는 비트코인과 이더리움 같은 코인들도 있는가 하면, 모네로, 대시, 제트캐시 등 거래 지원이 종료되어 더 이상 거래되지 않는 코인들도 있다. 또한 이들 중에는 2017년 당시에 비해 시세가 크게 떨어진 코인도 있고, 반대로 몇 배나 오른 코인도 있다.

2021년 5월 현재 전 세계에서 유통되는 코인은 5천 개가 넘는다. 불과 3~4년 동안 수많은 코인들이 부침을 겪었던 것을 상기하면 당신은 지금 어떤 코인에 투자해야 할까? 투자하거나 거래할 코인을 선택하는 기준은 무엇이며, 좋은 코인을 선별할 정보와 근거는 어디서 찾아야 할까?

비트코인이 전부인 줄 알았는데 이렇게 많다니?
코인 전성시대

코인의 홍수 속에서 옥석을 고르는 법

코인 투자를 처음 결심하고 거래소 사이트에 처음 접속한 사람들은 대부분 이렇게 말한다. "비트코인이나 이더리움이 전부인 줄 알았는데, 도대체 뭘 사야 하는 거죠? 세상에 코인이 이렇게 많았나요?"

코인의 종류가 다양하다 보니, 투자할 코인을 고르는 과정에서 재미있는 이야기도 많이 들린다. 특히 2021년 초, 시장에 한꺼번에 많은 자금이 들어오고 초기 투자자들이 많이 늘던 시기에는 웃지 못할 해프닝도 많았다. 대표적인 것이 바로 '이름이 예쁜 코인'을 선택해 거래하는 흐름이었다. 이 시기에 이름이 예뻐서 투자했는데 많은 수익을 보았다는 이야기를 종종 들었을 것이다. 당연히 그럴 수 있다. 이름이 예쁜 코인이든 예쁘지 않은 코인이든 시장이 매우 호황이었기 때문이다. 그런데 이름이 예뻐서 마음이 끌렸던 코인, 그 투자는 과연 시간이 흘러서도 계속 성공했을까?

이름이 예뻐서 투자했다는 것은 복권 당첨을 바라는 정도의 성공 확률을 가진 매우 위험한 투자법이다. 이런 해프닝이 있었다는 것은 아직까지도 코인 시장이 얼마나 성숙되지 않았는지를 보여 준다. 그런데 문제는 '큰 수익을 안겨 준다는 코인'이 실상은 '다단계 예치 서비스'였던 경우도 많았다는 사실이다.

한창 시장이 활황을 구가하던 시기에는 큰 수익을 가져다 준다는 다단계 코인들이 엄청나게 늘어났다. 급기야 테헤란로 인근에 있는 오피스텔 건물들에 '코인방'이라는 간판을 단 곳이 많아졌다. 그런 풍경에 익숙해지기 시작할 무렵, 뉴스에서도 다단계 코인으로 인한 피해사례를 쉽게 접할 수 있게 되었다. 인터넷 환경이나 새로운 방식의 투자에 익숙하지 않은 50~60대 장년층을 대상으로 다단계 코인들이 극성을 부렸다. 관련 제도가 완전히 정비되지 않은 상태에서 사기행각이 그 빈틈을 파고들 가능성이 많은 코인 시장의 안타까운 단면이다.

2021년 5월 기준, 코인마켓캡에는 5,321개 코인들이 서로 등수를 다투고 있다. 매일 새롭게 태어나고 사라지는 코인까지 포함하면, 우리가 짐작하는 것보다 훨씬 더 많은 코인들이 어디선가 거래되고 있을 것이다. 또한 앞으로도 새로운 코인은 계속 생겨날 것이고 또 사라질 것이다. 그러기에 우리는 어떤 코인을 거래하는 게 좋을지 선택의 안목과 기준을 키워야 한다. 그러기 위해 코인 정보를 정확히 파악할 수 있는 방법을 알아야 한다.

코인마켓캡CoinMarketCap
http://coinmarketcap.com. 여러 코인의 거래량, 시세, 시가총액 등의 정보를 제공하는 사이트. 코인은 상장된 거래소마다 시세가 다르고 거래량도 다르다. 그러므로 분석과 계산을 위해 전 세계 수치 등 코인마켓캡에서 제공하는 정보를 참고하는 경우가 많다.

다단계 코인은 어떻게 피할 수 있을까?

코인 자체가 다단계로 판매되는 경우부터 다단계 예치 서비스 형태까지 다단계 코인의 유형은 날로 다양해지고 있다. 이중 다단계 예치 서비스란 사용자가 일정 기간 동안 예치 서비스를 통해 코인을 맡기고 새로운 회원을 끌어들여 해당 서비스를 이용하게 만들면, 그 대가로 높은 이자를 제공하는 것을 말한다. 그러므로 코인이 표방하는 기본 정보만으로는 해당 코인이 다단계 코인인지 아닌지 확인하기 쉽지 않다. 또한 재단 측에 사실 확인을 위해 문의를 해도 명확한 답변을 얻기가 어렵다. 그러나 다음과 유사한 케이스라면 분명 의심해 볼 필요가 있다.

첫째 사례를 살펴보자.

A는 XX코인을 기반으로 한 코인 예치 서비스다. A를 운영하는 B씨는 XX코인 대표인 C씨와 친분이 있는 사이인데, 실제 서비스 설명회를 개최할 때에는 C씨가 인사말을 보내오기도 했다. A서비스는 일정 기간 XX코인을 예치하면 이자를 더해 이더리움 등 다른 메이저코인을 보상으로 지급한다고 공언한다.

둘째 사례는 이렇다.

F는 이더리움을 예치하면 YY코인을 보상으로 주는 플랫폼이다. 보상은 원금을 초과하는 과도한 이자율이 적용되며 이 플랫폼에는 지인을 통해서만 가입이 가능하다. 내가 소개한 회원이 가입을 할 경우, 실제 약속한 이자율보다 더 많은 코인을 이자로 받을 수 있다. 가입을 위해서는 대형 거래소에서 이더리움을 사서 F플랫폼의 지갑으로 옮겨 두어야 하고, 이자는 향후 60개월간 분할 지급한다고 약속했다.

상식적으로 생각해서 그런 높은 이율을 제공해 해당 서비스가 얻는 것이 무엇일까? 정말 그토록 엄청난 수익을 얻을 수 있는 프로젝트가 존재하는 것일까? 만약 존재한다면 그들은 왜 우리 같은 잘 알지도 못하는 사용자들에게까지 선심을 쓰는 걸까? 세상에 공짜는 없다. 아무리 코인 투자가 하이 리스크 하이 리턴High Risk High Return을 지향한다 해도, 정확히 확인되지 않는 수익구조를 표방하거나 비현실적으로 높은 수익률을 보장한다면 당연히 의심해 보아야 한다. 이러한 최소한의 의심이야말로 당신의 재무 안전을 위한 기초적인 방어 장치가 되어 줄 것이다.

내가 거래할 코인, 살아 있는 코인일까?

대부분의 초기 투자자들은 주변의 추천이나 뉴스에 언급되는 상승 종목을 보고 투자를 시작할 것이다. 실제로 거래소 오프라인 고객센터 등에 뉴스에서 본 특정 코인을 사고 싶다면서 코인을 사달라고 찾아오는 분들이 많다. 이들 대다수는 언론이나 투자자들 사이에서 화제가 된 코인이 투자가치가 높다고 믿는 것 같다.

그런데 이미 많은 이들 사이에 회자되고 있고 높은 성장률을 기록한 코인은 어떤 상태일까? 아마도 이미 최고점에 도달했을 경우가 대부분일 것이다. 오히려 기존 거래자들은 화제가 되는 시점이야말로 매수할 타이밍이 아니라 매도를 해서 수익을 실현해야 할 시점이라고 인식할 때가 많다. 주식 시장에서는 '소문에 사서 뉴스에 팔라'는 투자 격언이 오랜 세월 구전되어 왔다. 이 조언은 코인 투자에서도 동일하게 적용될 수 있다. 뉴스에 나오고 많은 이들의 입에 오르내리며 주목을 받는다는 것은 이미 가격이 오를 만큼 올랐다는 의미다. 그러므로 뉴스를 보고 뒤늦게 시장에 진입하는 투자자는 최고점에 사서 이후 하락세를 경험하게 될 가능성이 높다.

때로 시중에 화제가 되고 있는 코인이 너무 올라 고점이라고 판단한 나머지, 이름이 비슷하지만 가격이 많이 하락한 다른 코인에 투자하는 경우도 있다. 실제로는 정확히 어떤 코인인지 실체도 모른 채 거래를 시작하는 것이다. 그런 다음 많은 투자자들이 자신만의 희망회로를 돌린다. 고점에 코인을 매수했지만 '오늘의 고점이 내일의 저점이 된다'는 꿈을 안고 막연히 기다린다. 혹은 이미 많이 하락했으니 내가 사고 난 다음에는 올라갈 것이라는 기대를 한다. 하지만 이렇듯 막연한 희망회로만 가지고 투자를 시작한다는 것은 매우 어리석은 일이다. 최소한 코인을 발행한 프로젝트 또는 재단에서 제대로 일을 하고 있는지 정도는 확인해 보고 투자를 해야 한다. 그렇게 한다면 발행은 됐지만 이후에는 개발이 중단된 상태로 방치되는 코인에 투자해 놓고 막연히 오르기를 기다리는 불상사는 일어나지 않을 것이다. 코인 가격은 기도의 대상이 아니다. 여러 시장 참여자들의 합작과 우연의 결과로 일시적으로 가격이 오르내릴 수 있어도 결국은 해당 코인이 가진 미래가치에 수렴하게 되어 있다.

자신의 소중한 자금으로 투자를 시작할 코인이 정말 생생히 살아 있는 코인인지 아니면 겨우 숨만 붙어 있는 코인인지 파악할 수 있는 정보 채널들을 알아 보자. 코인에 대한 최소한의 정보를 알아 볼 수 있는 방법으로 다음과 같은 것이 있다.

백서White Paper

코인의 목적, 기술, 아이디어 등 구체적인 사업계획을 설명해 둔 공식 문서. 전자제품을 구매하면 상세 설명서가 있듯이, 백서는 코인에 대한 설명서라고 생각하면 된다.

라이트 페이퍼Light Paper

백서의 요약본. 몇몇 재단에서는 투자자들을 위해 백서, 즉 화이트페이퍼의 요약본인 라이트 페이퍼를 제공한다.

블록 익스플로어Block Explorer

블록체인 거래 ID, 지갑 주소, 블록 정보 등을 검색하는 사이트 (검색엔진). 토큰에 대한 시가총액 등의 기본적인 정보뿐만 아니라, 세부 거래내역에 대한 정보도 제공한다. 예를 들어 A에서 B로 전송한 코인의 거래에서 A의 지갑 주소는 무엇인지 언제 거래했는지, 코인은 몇 개를 전송했는지에 대한 정보를 조회할 수 있다.

깃허브GitHub

깃Git을 클라우드 서비스로 연결해 주는 것. 깃은 컴퓨터 파일의 변경사항을 추적하여 여러 사용자 간의 업무 조율을 위한 관리 시스템이다. 깃은 폐쇄적으로 관리를 하지만, 깃허브를 사용하면 여러 깃을 연결하여 다른 사람들과 의견을 공유할 수 있다.

▶ 코인 정보를 확인할 수 있는 채널

코인에 대한 기본 개요	- 프로젝트·재단의 공식 홈페이지 - 백서 혹은 라이트 페이퍼 - 거래소 홈페이지의 상장 검토보고서 - 공시 사이트
토큰 이코노미 (Token Economy)	- 코인마켓캡(CoinMarketCap) - 이더스캔(Etherscan) - 블록 익스플로어
개발 진행 현황	- 깃허브
프로젝트 혹은 재단의 최신 뉴스를 소개해 주는 블록체인 업계의 커뮤니티	- 텔레그램(Telegram) - 트위터(Twitter) - 미디엄(Medium) - 레딧(Reddit) - 디스코드(Discord)

투자할 코인에 관한
정보 파악의 출발점
공식 홈페이지

홈페이지를 통해 코인의 건강 상태를 파악하자

새 학년 새 학기가 되어 학교에 가면 제일 먼저 하는 게 있다. 바로 자기소개다. 투자할 종목을 선정했다면 거래를 시작하기 전 반드시 공식 홈페이지에는 접속해 보았으면 한다. 공식 홈페이지는 코인의 자기소개 같은 것이다. 그러므로 투자를 시작하기 전에 해당 코인의 면면을 확인하는 것은 당연한 절차다.

공식 홈페이지에는 코인에 대한 기본적인 소개와 최신 뉴스, 간략한 로드맵과 재단 구성원에 대한 정보 등이 요약되어 있다. 또한 프로젝트 혹은 재단의 다양한 커뮤니케이션 채널들도 소개되어 있다.

홈페이지 확인 후 투자를 재고해야 하는 경우

홈페이지를 봤는데 다음과 같은 경우에 해당한다면 투자를 해야 할지 다시 한 번 고려해 볼 필요가 있다.

첫째, 홈페이지 접속조차 불가한 프로젝트.

이것은 정상적인 상태가 아니다. 대다수 프로젝트 혹은 재단들은 스타트업이 많기 때문에 갑작스런 접속 폭주 등 여러 가지 사정으로 일시적으로 접속 장애가 발생할 수 있다. 그런데 만약 홈페이지가 장기적으로 먹통이 되어 일절 접근할 수 없다면 경우가 다르다. 그런 상황이라면 그들이 정말 사업을 하고 있는 것인지 밑바탕에서부터 의심해 봐야 한다. 만약 지속적으로 홈페이지 접속이 불가하다면 해당 코인은 일단 관심리스트에서 제외하는 것이 좋다. 그럼에도 불구하고 해당 코인을 꼭 거래하고 싶다면 재단의 SNS 채널 등을 통해 접속이 안 되는 이유를 문의해 볼 것을 추천한다. 문의에 답변이 온다면 그래도 살아 있는 프로젝트일 가능성이 높다. 그런데 사용자들의 질의사항이 무시당하고 계속해서 접속도 안 된다면 돌아볼 것도 없다. 제대로 사업을 하지 않는 프로젝트이기 때문이다.

둘째, 재단 최신 뉴스가 과거 시점에 머무르고 있는 프로젝트.

재단이 사업을 지속하고 있고 꾸준히 투자 유치를 원한다면, 신규 파트너십이나 개발 진행상황 등을 수시로 업데이트할 것이다. 그런데 최신 뉴스가 과거 어느 시점에 멈춰져 있다면, 그 시점 이후로는 사업이 제대로 진척되지 않는 프로젝트일 가능성이 높다. 실제로 주요 거래소에 상장되기 전까지는 열심히 사업을 진행하다가 상장이 되고 나면 이를 최종적인 엑시트라고 생각하는 재단들이 많다. 마치 스타트업 기업들 중 일부가 IPO를 하고 나면 해

이해지는 것과 같은 모양새다. 상장 이후로는 사업을 제대로 진행하지 않는 코인 재단들을 다수 목격할 수 있다. 물론 홈페이지는 상대적으로 업데이트 속도가 늦지만 트위터나 텔레그램 같은 SNS 채널을 통해 사업 현황을 업데이트하는 재단들도 있다. 그러므로 관심을 둔 재단이 있다면 홈페이지에 소개되어 있는 SNS 등 다른 채널도 함께 확인해 볼 것을 권장한다.

> **엑시트Exit**
> 벤처 기업이나 신규로 사업을 시작하는 스타트업이 사업을 진행해 어느 정도 궤도 위에 올린 다음, 회사를 매각하거나 기업공개를 통해 상장하거나 인수합병을 통해 더 큰 기업에 합류되거나 청산을 통해 자산을 회수하는 등 일련의 자금 회수 행위를 통칭한다. 투자 후 출구전략이라는 의미에서 출구라는 뜻의 엑시트가 사용되는 것이다.

셋째, 로드맵이 과거 시점에 머무르고 있는 프로젝트.

대부분의 프로젝트는 코인의 향후 발전에 대한 청사진을 제시한다. 이를 로드맵이라고 한다. 여기에는 지금까지 어떻게 사업을 해 왔고 어떠한 성과를 거두었으며 앞으로는 어떤 사업을 추진할 것인지 하는 포부와 목표가 담겨 있다. 그런데 홈페이지 최신 뉴스 업데이트와 마찬가지로 일단 거래소에 상장된 이후부터 로드맵 업데이트를 하지 않는 프로젝트를 종종 발견할 수 있다. 그런데 여전히 과거에 살고 있는, 향후 사업계획이 없는 프로젝트에 당신의 소중한 자금을 투자하고 싶은가? 홈페이지에 로드맵 자체가 없는 프로젝트 혹은 재단도 있을 것이다. 그럴 경우에는 백서를 찾아보아야 한다. 만약 홈페이지에서 백서를 확인할 수 있다면 백서에는 재단의 로드맵이 무조건 포함되어야 한다. 간혹 로드맵이 완벽히 이행되어서 더 이상의 로드맵이 없는 프로젝트도 있을 수 있다. 예를 들어 SNS를 만들어 커뮤니티에서 사용되는 코인을 발행한 프로젝트라면, 재단의 로드맵이 SNS 채널 구축에 멈춰 있을 수 있다. 이 경우라면 꼭 프로젝트 혹은 재단이 개발한 SNS 채널에 들어가 보기를 바란다.

코인의 비전, 계획, 성과와 전망을 파악하는 법
백서, 검토보고서, 공시

코인을 파악하는 채널 1. 백서와 홈페이지

통상적으로 코인에 대한 기본 정보를 확인하는 채널로 공식 홈페이지보다는 백서를 추천하는 경우가 많다.

때로는 재단에서 백서의 방대한 양을 파악하는 것이 부담스러운 이들을 위해 백서의 간이버전이라 할 수 있는 라이트 페이퍼Light Paper를 제공하는 경우도 있다.

백서를 보면 코인의 사업계획과 정보, 기술적인 사항과 토큰 이코노미에 해당하는 코인의 투자계획, 코인이 현재 어떻게 어떠한 방식으로 거래되는지 등 코인에 관한 모든 것을 알 수 있다.

디자인만 멋진 홈페이지의 그럴 듯한 모습에 현혹되어선 안 된다. 그런 걸

모습보다 더 중요한 것은 코인이 향후 나아가고자 하는 방향성과 구체적 로드맵이 포함된 내용의 충실성이다. 겉모습만 보고 투자한다면 투자의 쓴맛을 볼 가능성이 높다.

물론 코인과 관련된 각종 용어와 개념에 익숙하지 않은 초기 투자자로서는 백서를 읽는 것이 너무도 어렵게 느껴질 것이다. 꿩 대신 닭이라는 말이 있듯, 백서에 접근하는 게 어렵게 느껴진다면 우선 홈페이지라도 충실히 파악해 보는 것으로 시작할 수 있다. 많은 경우 홈페이지에서도 투자를 위한 많은 인사이트를 찾을 수 있다.

홈페이지만으로는 정보가 부족하다고 생각하는 이들을 위해 비교적 쉽게 접할 수 있는 2개의 채널을 추가로 추천한다.

코인을 파악하는 채널 2. 상장 검토보고서

만약 당신이 투자하고자 하는 코인이 거래소에 상장되어 있다면 거래소의 '검토보고서'를 보자. 물론 상장 검토보고서만으로는 그 코인이 살아 있는지를 판단할 수 없다. 그러나 자기소개서를 읽듯 적어도 무엇에 쓰이는 코인인지는 알 수 있을 것이다.

> **검토보고서**
> 코인을 검토한 결과를 보여 주는 보고서. 거래소는 상장, 투자유의, 거래지원 종료 등의 결정을 위해서 일정 기준에 따라서 평가를 한다. 해당 기준은 거래소마다 다르며, 빗썸에서는 상장 시 상장 코인의 간략한 소개와 함께 주요 스펙과 특징을 상장 검토보고서를 통해서 안내한다.

▶ 빗썸카페에 등재되어 있는 가상자산 검토보고서

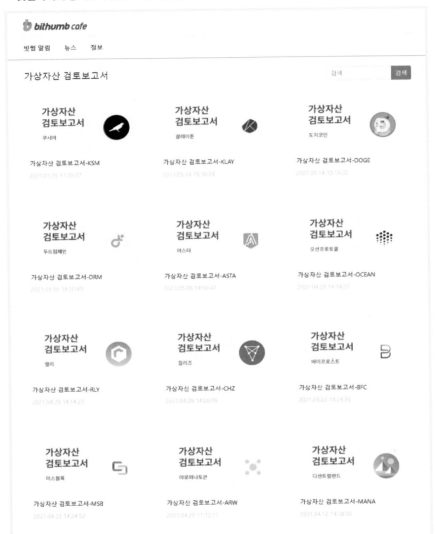

▶ 빗썸카페에 등재되어 있는 클레이튼 가상자산 검토보고서 예시

코인을 파악하는 채널 3. 공시

상장 검토보고서만으로도 명확히 파악할 수 없어 갈증을 느끼는 투자자라면 재단의 '공시'도 살펴볼 것을 추천한다. 빗썸은 쟁글(xangle.io)과 제휴해 공시를 제공하고 있다. 쟁글에서 궁금한 코인의 이름을 검색하면, 해당 코인에 대한 기본 정보부터 지분구조에 이르기까지 다양한 정보를 확인할 수 있다. 또한 재단의 최신 뉴스까지 한눈에 확인할 수 있으니 쉽게 코인 관련 정보를 파악할 수 있는 유용한 채널이다. 쟁글에 기재되는 정보는 기본적으로 재단에서 등록하지만, 쟁글에서 해당 내용을 감수하기 때문에 다른 채널보다 신뢰도가 높다. 공시에 대한 정보는 제5장에서 더 자세히 다룰 예정이다.

1세대 블록체인부터 3세대 블록체인까지

스마트폰 요금제에서 흔히 볼 수 있는 3G, 4G, 5G에서 G는 Generation(세대)의 약자다. 예를 들어 4G는 4세대 이동통신을 말하는데, 코인도 이처럼 1세대, 2세대, 3세대 블록체인으로 구분해 볼 수 있다.

1세대 블록체인은 누가 뭐래도 비트코인(BTC)이다. 최초로 블록체인 기술을 적용해서 탄생한 코인이기 때문이다.

2세대 블록체인은 이더리움(ETH)이다. 그보다 세상에 먼저 나온 코인들이 많지만 이더리움을 2세대 블록체인이라고 부르는 이유는 바로 스마트 컨트랙트(Smart Contract)라는 새로운 블록체인의 활용 때문이다. 스마트 컨트랙트 기능을 내세우며 이더리움은 2세대 블록체인 시대를 열었다. 스마트 컨트랙트란 계약 조건이 만족하면 그 즉시 계약이 성사되는 자동계약을 의미한다. 2013년 비트코인의 블록 생성에 10분이 소요됐다면, 이더리움은 스마트 컨트랙트를 통해 이를 16초로 단축시켰다.

하지만 시간이 지나자 이더리움 역시 거래 속도가 느려지는 등 한계점을 보이기 시작했다. 그래서 속도는 더 빠르면서 좀 더 다양한 블록체인 프로젝트의 구현이 가능한 코인을 만들려는 노력이 계속되고 있다. 3세대 블록체인으로 이오스(EOS), 에이다(Cardano, ADA) 등이 있으나 아직 뚜렷한 3세대 대표 주자가 누가 될지는 지켜봐야 할 것 같다. 이더리움은 비트코인과 마찬가지로 작업증명(PoW) 방식을 사용하기 때문에 이오스 등 위임지분증명(DPoS) 방식을 사용하는 코인보다 처리 속도가 상대적으로 느릴 수밖에 없다.

토큰 이코노미를 통한
코인 정보 체크하기
시가총액과 유통량

시총과 유통량 등으로 파악하는 토큰 이코노미

토큰 이코노미란 코인으로 보상을 제공함으로써 참여자의 활동을 유도하는 경제 시스템을 의미하며, 더 넓은 의미로는 소비와 보상이 코인으로 선순환되는 경제 생태계를 말한다.

주식 시장에서도 기업의 가치와 적정 시가총액에 대해 논하고 평가하는 것처럼, 코인 시장에서도 시가총액과 유통량 등을 확인함으로써 해당 코인의 토큰 이코노미, 즉 경제 생태계가 얼마나 활성화되었는가를 파악할 수 있다. 코인의 시가총액이 크고 거래할 수 있는 거래소가 많으며 24시간 균형 있게 거래량이 유지되는 등 토큰 이코노미가 풍성한 코인을 선택한다면, 비교적 안정적인 투자를 할 수 있을 것이다.

예를 들어 재단의 락업Lock-up 물량을 제외한 나머지 물량을 정상적인 유통량이라고 보았을 때, 재단에서 발표한 물량보다 더 많은 코인이 유통되고 있다면 어딘가 잘못되고 있다는 의미다.

발행량이나 유통량 등을 공표한 것과 달리 실행하고 있다면 투자자와의 약속을 지키지 않는 프로젝트일 가능성이 높은 것이다.

이더스캔, 블록 익스플로러 등을 통해 유통량 관련 정보를 확인할 수 있다.

TXID

블록체인 거래 고유번호. Transaction ID의 줄임말로 이용자가 외부 지갑으로 입출금한 이체 거래에 발행되는 데이터를 문자열로 치환시킨 것. 비유하자면, 택배의 운송장 번호라고 생각하면 된다.

컨트랙트Contract

블록체인에 의해 A라는 조건이 만족되면 B라는 계약이 실행되는 프로그램. 각 코인마다 특성에 맞는 컨트랙트를 가지고 있다.

거래쌍Pair

코인의 교환 수단. BTC/KRW, BTC/ETH 등으로 표기되며, 앞의 BTC는 거래되는 코인, 뒤의 KRW. ETH는 거래에 사용되는 기준통화(코인)를 의미한다. BTC/KRW는 비트코인을 원화로 거래할 수 있다는 뜻이며 원화 마켓에서 비트코인을 거래할 수 있다고도 표현할 수 있다. EOS/BTC는 이오스 코인을 비트코인으로 매수·매도할 수 있다는 뜻이다.

코인 시황 중계사이트로 파악하는 코인 이코노미

가장 대표적인 글로벌 코인 시황 중계사이트인 코인마켓캡(coinmarketcap.com), 국내에서 제공하는 코인 정보 포털 코인힐스(coinhills.com), 시세, 거래뿐 아니라 커뮤니티, 오픈소스 개발 현황이나 이벤트 등도 확인 가능한 코인게코(coingecko.com) 등을 통해서 코인 정보를 확인할 수 있다. 모두 둘러본 다음 편리한 곳을 선택해 활용하면 좋을 듯하다.

코인마켓캡의 경우 5,321개 코인의 시가총액 순위와 실시간 가격, 24시간과 7일간에 걸친 가격 변동률, 24시간 시장에서의 거래량Volume, 유통량, 차트 등을 직접 확인할 수 있다. 특정 거래소 기준이 아니다. 해당 코인을 거래할 수 있는 거래소의

▶ 코인마켓캡 홈페이지

출처: http://coinmarketcap.com

시세와 거래량을 합산한 통계 수치가 반영되므로 좀 더 객관적인 정보를 파악할 수 있다. 또 원화 기준의 시세뿐 아니라 달러화 기준, BTC 기준 등 원하는 환율 기준으로 확인할 수 있다.

또한 개별 코인과 관련된 정보를 확인해 보고 싶다면, 공식 홈페이지는 물론 TXID를 통해 코인 이동 등을 확인할 수 있는 블록 익스플로어 정보도 참고하는 것이 좋다. 여기서는 각 코인의 커뮤니티와 소스코드Source Code, 백서, 컨트랙트Contract 등을 안내해 주고 있다. 실제 해당 코인이 어떤 거래소에서 거래되고 있으며 어떤 거래쌍Pair으로 거래되고 있는지를 확인할 수 있다.

다음 페이지 그림은 코인마켓캡에 있는 이더리움 정보 페이지다. 우리는 해당 정보 페이지를 통해 이더리움이 약 362조의 시가총액으로 전체 코인 중 시총 2위를 기록하고 있으며, 24시간 거래량이 약 55조임을 확인할 수 있다.

CHAPTER 4 투자할 코인 종목 파악하고 선별하기 | 127

또한 1,000개가 넘는 거래소와 마켓에서 거래되고 있으며, 빗썸의 원화 마켓
도 주요 마켓에 위치하고 있음을 확인할 수 있다.

▶ 코인마켓캡 이더리움 정보 상세

어떤 계열의 코인에
투자하는 것이 좋을까?
코인의 기술적 정보

메인넷과 코인들의 네트워크 계열

프로젝트 로드맵을 살펴보면 로드맵 상에 '메인넷'Mainnet이 포함되는 경우가 많다. 실제로 많은 투자자들이 메인넷 포함 사실을 프로젝트의 호재로 보는 경우가 상당히 많다. 재단의 텔레그램 채널을 보면 '메인넷이 언제 실현되는지' 문의하는 투자자들을 흔하게 볼 수 있다. 거래소 공지사항에도 메인넷 지원으로 인한 입출금 중단 공지가 많고, 메인넷 지원으로 인한 입출금 중단 시점에 토큰의 시세가 급등할 때도 있다.

다음 페이지 그림의 '거래소 입출금 중단 안내 공지사항'을 보면 네트워크 계열이라는 개념도 등장한다. 빗썸 거래소에 상장되어 있는 코인들의 네트워크 계열을 확인해 보면, 메인넷과 이더리움 계열인 ERC-20이 대다수다.

바이낸스 코인Binance Coin, BNB 계열의 BEP-20, 트론TRON, TRX 계열의 TRC-20, 클레이튼 계열의 KCT7, 루니버스Luniverse의 LMT, 온톨로지 Ontology, ONT 계열의 OEP-4 등 네트워크 계열이 다수 명시되어 있다.

▶ 거래소 입출금 중단 안내 공지사항 예시

공지사항								검색	검색
전체	안내	신규서비스	점검	업데이트	투자유의	거래지원종료	입출금	이벤트	상장	BTC 오픈

번호	제목	날짜
▦	[안내] 빗썸 상장 관련 루머와 사칭 및 사기 주의 안내 (유형 추가)	2021.05.11
▦	[안내] 빗썸 상장 관련 루머와 사칭 및 사기 주의 안내	2021.02.09
▦	[투자유의/거래지원종료] 투자유의종목 및 거래지원 종료 일정 안내	2020.06.05
▦	빗썸 부문별 인재 채용	2019.08.26
154	[입출금] 질리카(ZIL) 입출금 일시 중지 안내 (06/22 재개)	2021.06.17
153	[입출금] 폴카닷(DOT) 입출금 일시 중지 안내 (06/18 재개)	2021.06.17
152	[입출금] 쿼크체인(QKC) 입출금 일시 중지 안내 (06/17 재개)	2021.06.16
151	[입출금] 플레타(FLETA) 토큰 스왑 지원을 위한 입출금 안내 (06/15 재개)	2021.06.07
150	[입출금] 비체인(VET) 하드포크로 인한 입출금 일시 중지 안내 (06/16 재개)	2021.06.04
149	[입출금] 세타토큰(THETA), 세타퓨엘(TFUEL) 입출금 일시 중지 안내 (6/18 재개)	2021.06.01

그렇다면 도대체 메인넷은 무엇이고, 네트워크 계열은 무엇일까?

메인넷은 독립적인 블록체인 네트워크를 의미하며 이 네트워크 안에서 컨트랙트를 기록하고 트랜잭션(거래)을 구성한다. 이를 바탕으로 네트워크 안에서 디앱DApp이 운영되며 자체적인 생태계를 구성하게 된다. 대다수가 잘 알고 있는 비트코인, 이더리움, 리플, 에이다, 트론 등이 모두 독자적인 메인넷을 구축하고 있다. 통상적으로 메인넷의 트랜잭션을 통해 통용되는 가상자산을 '코인'이라고 한다. 반대로 독립적인 메인넷을 보유하고 있지 않은 가상자산을 '토큰'이라고 한다. 이더리움, 이오스 등은 디앱이 많은 가장 대표적인 메인넷이며 엔진코인Enjin Coin, ENJ, 골렘Golem, GLM, 왁스WAXP, WAXP 등이 이더리움의 대표적인 디앱이다.

　이해를 돕기 위해 오프라인 세계에 빗대 설명해 보겠다. 만약 당신이 새로운 비즈니스를 시작하기 위해 점포를 차린다고 가정해 보자. 그러려면 기존 상가건물에 세입자로 들어가는 방법도 있고, 직접 건물을 짓거나 매입해 점포를 낼 수도 있을 것이다. 기존 상가건물에 세입자로 들어간다면 건물주에게 정기적으로 임차료를 지급해야 한다. 하지만 큰돈을 들여 건물을 짓거나 매입해 사업을 하는 것보다는 상대적으로 저렴한 초기 투자비로 시작할 수 있다. 코인의 경우도 마찬가지다. 기존 메인넷에 들어가거나 메인넷을 직접 개발할 수도 있다. 건물을 빌렸을 때 임차료를 내는 것처럼, 메인넷을 빌려 사용할 때에도 가스비라는 네트워크 이용 수수료를 지불하게 된다.

　네트워크 계열이란 동일한 건물을 이용 중인 입주사라고 이해하면 된다. 메인넷을 아직 개발하지 않았거나 사업적 필요에 따라 메인넷을 구축하지

> **가스비Gas Fee**
> 네트워크를 이용하는 데 지불하는 수수료로 고정적이지 않고 유동적이라는 특징이 있다. 빨리 처리하고 싶을수록, 이용자가 많을수록, 가스비는 계속 높아지게 된다. 또한 내부 작동의 복잡성에 따라서도 달라진다.

않는 코인들은 특정 메인넷 네트워크의 디앱으로 코인을 발행하게 된다. 이 때 사용하는 메인넷 이름을 따서 해당 메인넷 기반 코인이라고 칭하게 되고, 이렇게 발행된 코인은 해당 메인넷의 생태계를 구성한다. 입주사가 된 코인은 생태계 이용자로서 네트워크 수수료를 지불하게 된다. 현재는 이더리움ETH 계열, 바이낸스 스마트체인BSC 계열, 트론TRX 계열, 온톨로지ONT 계열 등이 가장 많이 사용되며, 우리나라에서는 클레이튼KLAY 기반 코인이 대표적이다.

　같은 네트워크 계열이라도 코인 발행 기준에 따라 코인의 성격이 달라질 수 있다. 이더리움 네트워크의 ERC-20와 ERC-721이 대표적인 사례다. ERC-20는 가장 대표적인 이더리움 네트워크의 코인 발행 기준으로, 대다수

이더리움 네트워크를 이용하는 코인들이 사용한다. 그러나 최근 NFT 코인들이 급증하며 ERC-721로 코인이 발행되는 횟수가 많아졌다. ERC-721은 대체 불가능한 코인 하나하나가 각각의 값을 가지도록 생성되기 때문이다.

▶ 네트워크 계열과 그에 해당하는 코인들

이더리움 계열(ERC-20)	골렘(Golem, GLM), 스테이터스 네트워크(Status Network, SNT), 엔진코인(Enjin Coin, ENJ), 오미세고(Omisego, OMG), 카이버 네트워크(Kyber Network, KNC)
바이낸스 코인 계열(BEP-20)	버거스왑(Burgerswap, BURGER), 비너스(Venus, XVS), 팬케이크스왑(Pancakeswap, CAKE)
트론 계열(TRC10, TRC20)	비트토렌트(BitTorrent, BTT), 저스트(JUST, JST), 썬(Sun, SUN)
온톨로지 계열(OEP-4)	무비블록(Movie Block, MBL)

코인의 발행을 결정할 때 재단은 자신의 사업계획에 가장 적합한 네트워크를 선택하게 된다. 선택한 코인의 네트워크에 따라 코인의 입출금이나 안정성, 보안의 이슈도 결정되며, 메인넷의 개발 정도에 따라 코인의 개발 변동성도 결정이 되기 때문이다. 어떤 메인넷이 안정적이며 어떤 네트워크가 더 투자 가치가 있다는 기준은 없다. 그러나 코인의 메인넷, 네트워크 계열에 따라 트랜잭션에 소요되는 수수료나 네트워크 안정성 등이 결정되니 코인을 확인할 때 매우 중요한 기준이 된다.

일례로 이더리움 트랜잭션이 급격히 늘어나 이더리움 가스비가 급격히 증가한 시기가 있었다. 이때 예상은 크게 두 방향으로 갈렸다. 이더리움 가스비가 너무 비싸니 트랜잭션 효율성을 위해 이오스 네트워크나 다른 메인넷의 가치가 증가할 것이라는 의견과 이더리움 가스비 상승에 따라 이더리움 자체의 가치가 더 높아질 것이라는 의견이 그것이다. 아직까지 결론은 좀 더 지켜봐야 할 것 같다.

▶ 코인들의 네트워크 계열

입출금 현황

◉ 전체   ○ 정상   ○ 중단

자산 ⋮	네트워크	입금 컨펌	입금 ⋮	출금 ⋮
비트코인(BTC)	Mainnet	1	● 정상	● 정상
이더리움(ETH)	Mainnet	30	● 정상	● 정상
라이트코인(LTC)	Mainnet	6	● 정상	● 정상
엘프(ELF)	ERC-20	20	● 정상	● 정상
오미세고(OMG)	ERC-20	20	● 정상	● 정상
카이버 네트워크(KNC)	ERC-20	20	● 정상	● 정상
비트토렌트(BTT)	TRC-10	1	● 정상	● 정상
베이커리토큰(BAKE)	BEP-20	15	● 정상	● 정상

코인의 네트워크 계열을 혼돈해 일어나는 불상사들

메인넷은 모두 독립적인 생태계를 가지고 있다. 그러므로 코인을 거래소나 외부로 입출금할 때, 반드시 알아야 할 코인의 기본 정보가 바로 '네트워크 계열'이다. 거래소로 코인을 입금을 하기 위해 입금 주소를 생성해 보면, 같은 계열의 코인은 동일한 입금 주소가 생성되는 것을 확인할 수 있다. 같은 메인

트랜잭션Transaction
블록체인 내의 외부 소유 계정으로부터 다른 계정으로 보낼 메시지를 저장하는 서명된 데이터 패키지. 블록체인 내 계정 간 코인 이동 등을 저장하는 데이터. 택배를 누가 누구에게 보내고 받았는지 하는 일련의 과정 전체를 기록한 것이라고 이해하면 된다.

넷 네트워크에서 트랜잭션이 쌓여 블록이 생성되기 때문에 네트워크 계열에 따른 입금 주소가 생성되는 것이다. 이렇듯 네트워크 계열별로 각기 다른 입출금 주소가 존재한다. 그러므로 혹여 다른 체인의 입출금 주소로 오입금할 경우 네트워크상에서 코인이 분실될 가능성이 높아진다.

거래소에 가장 많은 문의가 들어오는 것이 바로 오입금 사례인데, 대다수가 네트워크 계열을 혼동해 일어나는 일들이다. 그 예를 몇 가지 들어 보겠다.

첫 번째 사례는 이러하다.

최근 카카오톡과 연동되어 있는 국내 대표적인 코인 지갑인 클레이튼 계열의 클레이스왑 서비스를 론칭했다(스왑 등 디파이 개념에 대해서는 제8장에서 자세히 살펴볼 것이다). 클레이튼 기반의 디파이 서비스인 클레이스왑에 토큰을 예치해 수익을 얻기 위해서, 투자자들은 거래소에서 클레이튼 토큰을 구매한 다음 이것을 자신의 클립Klip 지갑으로 전송했다. 여기서 문제가 발생했다. 클립에서 사용되는 코인은 클레이 네트워크 기반의 프로젝트지만, 거래소에서 출금한 것은 이더리움 네트워크 계열의 프로젝트였던 것이다.

2021년 4월 중순 기준 약 100여 명으로 결성된 피해자 모임은 5월이 되어 400여 명으로 크게 늘었고, 피해 규모는 각자 수백만 원에서 1억 원까지 다양하다고 한다. 클레이튼 운영사인 그라운드X는 오입금 피해자들이 잘못 보낸 이더리움 토큰을 직접 다른 이더리움 지갑 주소로 보내 자산을 되찾을 수 있도록 하는 장치를 상반기 중으로 지원할 예정이라고 밝혔다.

두 번째 사례는 다음과 같다.

국내 A거래소에서는 LL코인의 상장 결정을 하며 상장 공지를 진행했다. 다른 때와 동일하게 상장 공지를 했고 사용자들에게 입금이 가능함을 알렸다. 그런데 이 과정에서 문제가 생겼다. 해당 코인은 ERC 네트워크 계열과 자체 메인넷을 동시에 사용하는 프로젝트인데, 거래소는 자신들이 제공하는 입금 채널이 메인넷인지 ERC인지를 명시하지 않은 것이다. 거래소는 ERC로만 입금을 지원했지만 투자자 중 다수가 메인넷으로 코인을 입금한 다음 입금 반영을 기다렸다. 하지만 코인은 입금되지 않았다. 네트워크상에서 분실되고 만 것이다.

다시 처음의 논의로 돌아가 보자. 독자적인 메인넷을 론칭하는 것이 무조건 좋은 일일까? 메인넷 론칭만 하고 목표를 잃어버린 프로젝트나 개발을 지속하지 않는 프로젝트도 많다. 메인넷 론칭을 하느라 투자금의 상당액을 소요하고서 이후로는 제대로 된 투자를 진행하지 못하는 프로젝트도 있다.

메인넷은 프로젝트 혹은 재단의 선택사항이다. 그러나 자체 메인넷을 구축하는 대신 다른 메인넷을 활용해서 가스비 지출을 통해 블록체인 네트워크를 사용하고 필요에 따라서 사이드체인 등을 적절히 사용한다면, 오히려 더 효율적으로 블록체인을 운영할 수도 있다.

> **사이드체인Side Chain**
> 기존에 운영하던 블록체인이 아닌 별도의 체인. 기존 블록체인 Main에서 새로운 별도 그룹Side의 체인을 형성해, 새로운 서비스를 제공한다. 기존 체인과 데이터 원장을 서로 공유할 수 있다.

프로젝트·재단의 기술 플랫폼 개발 현황을 파악하자

대부분 블록체인 프로젝트는 오픈소스 플랫폼이다. 오픈소스란 소스 프로그램이 공개되어 자유롭게 수정하고 재배포할 수 있는 프로그램을 말한다. 현재 다양한 플랫폼 등을 통해 재단의 오픈소스가 공개되고 있으며, 이중 가장 대표적인 오픈소스 플랫폼이 바로 깃허브(github.com)다. 깃허브는 분산 버전 관리 툴인 깃Git을 사용하는 프로젝트를 지원하는 웹 호스팅 서비스다. 대다수 블록체인 프로젝트들은 기술 백서를 깃허브 등 오픈소스 플랫폼에 공개하고 있다.

각 재단의 깃허브에 접속하면 진행 중인 프로젝트나 참여하고 있는 인원, 사용되는 언어 등을 쉽게 확인할 수 있다. 또한 프로젝트별로 최근 업데이트된 시점을 확인할 수 있어 해당 프로젝트가 얼마나 활발하게 기술 업데이트를 진행하고 있는지를 체크할 수 있다.

깃허브 외에도 깃랩GitLab, Gitter.im 등 다양한 플랫폼에 개별 프로젝트들의 업데이트 진행 상황이 공유되고 있다. 재단에서 사용하는 기술 플랫폼이 무엇인지는 재단 홈페이지를 통해 쉽게 확인할 수 있다

▶ 알고랜드(Algorand, ALGO)의 깃허브 화면

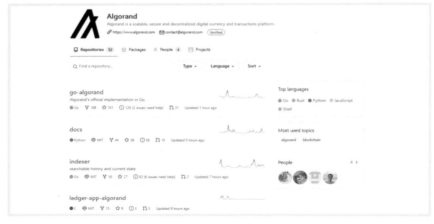

출처: https://github.com/algorand

거래소가 코인의 입출금을 중지하는 이유

코인의 입출금이 중지되는 이유는 매우 다양하며 거래소 공지사항을 통해 입출금 중지 시점과 원인을 확인할 수 있다. 대체적으로 입출금 중지가 이루어지는 원인은 다음 카테고리에 해당한다.

– 네트워크 관련 이슈: 네트워크 오류, 네트워크 불안정, 네트워크 업그레이드 등

– 코인의 여러 형태 업그레이드: 메인넷, 하드포크 등

– 지갑, 노드 등의 점검

코인 투자는 최신 정보를
누가 먼저 얻느냐의 싸움!
프로젝트·재단 소식 얻는 법

SNS에 올라오는 실시간 소식에 주목할 것

SNS 채널을 잘 활용하면 블록체인과 코인 관련 정보를 쉽고 빠르게 얻을 수 있다. 많은 프로젝트나 재단들이 트위터, 텔레그램, 카카오톡 등을 통해 소식을 발 빠르게 전하기 위해 노력하며, 해당 코인을 보유한 사람들 역시 프로젝트 혹은 재단의 SNS 채널에 참여해 소식을 접하고 있다.

일반적인 SNS 채널과 달리 블록체인 업계에서는 텔레그램, 트위터, 미디엄, 레딧 같은 채널을 선호하는 편이다. 프로젝트 혹은 재단이 활용하는 SNS 채널은 공식 홈페이지를 통해서 확인 가능하다. 한국어를 지원하는 재단도 많으니 투자를 고민하고 있는 프로젝트가 있다면 SNS 채널에 들어가서 관심을 가지고 지켜봐도 좋을 듯하다.

코인 소식 채널 1. 텔레그램

텔레그램Telegram은 카카오톡과 유사한 온라인 메신저로 익명성과 보안성을 보장해 주기 때문에 정보의 보안이 필요한 이들이 선호하는 채널이다. 블록체인 업계 역시 텔레그램을 많이 사용한다.

코인의 프로젝트 혹은 재단은 텔레그램을 통해 재단의 사업 진척사항, 개발 이슈 등을 지속적으로 공유한다. 더 나아가 적극적으로 1:1 문의를 지원하기도 한다. 가령 재단의 입출금이나 지갑, 블록체인 네트워크상에 일부 문제가 발생했을 때 몇몇 채널을 통해 안내한다.

텔레그램 채널을 관찰함으로써 죽은 코인을 선별해 낼 수도 있다. 오랜 시간 동안 관리자나 담당자가 나타나지 않는 채널이라면 충분히 의심해 볼 만하다. 관리자가 접속해 있는 것처럼 보여도 실제로는 설정에 따라 자동 응답하는 프로그램인 봇Bot인 경우도 있다. 질문을 했는데 명확한 답을 피하거나 엉뚱한 대꾸를 한다면 한 번쯤 의심해 볼 필요가 있다. 내 소중한 자금이 걸린 일이다. 그러니 투자를 할 때에는 끊임없이 의구심을 품는 편이 더 현명한 선택이다.

▶ 주요 코인 프로젝트 혹은 재단의 텔레그램 채널

에이다(ADA)	@CardanoAnnouncements	라이트코인(LTE)	@Litecoin
체인링크(LINK)	@chainlinkofficial	비체인(VET)	@vechain_official_english
트론(TRX)	@tronnetworkEN	알고랜드(ALGO)	@algorand
테조스(XTZ)	@tezosplatform	크립토닷컴체인 (CRO)	@CryptocomOfficial(영어) @Cryptocom_Korea(국문)
메이커(MKR)	@makerdaoOfficial	코스모스 아톰 (ATOM)	@cosmosproject

텔레그램에는 블록체인 업계 소식이나 분석 자료를 무료로 전달하는 채널도 많다. 언론사의 빠른 업계 뉴스나 개인이 제공하는 분석 자료 등을 투자에 참고할 수 있으니 관심을 가지고 살펴보면 좋다.

대표적인 업계 정보 텔레그램 채널로는 빗썸 공식 채널(@BithumbExchange), 새우잡이어선 공지방(@shrimp_notice), 하양이 아빠의 암호화폐 이야기(@xvgwhitedog2), 고독한 트레이더(@GoDoGtrader), 코인네스 뉴스피드COIN-NESS News Feed(@coinnesskr), 거래소 공지나 뉴스 등을 전하는 코인코 채널(@coinkokr) 등이 있다.

코인 소식 채널 2. 트위터

트위터Twitter 역시 많은 프로젝트 혹은 재단에서 활발하게 사용하는 채널 중 하나다. 재단의 창시자Founder나 유명 투자자들이 업계 소식을 전하며 의견을 나누기도 한다. 누군가의 의견을 듣는다는 측면에서는 익명성 기반의 텔레그램보다는 트위터가 좀 더 공신력이 있다고 본다.

업계 정보를 활발히 전하는 업계 유명인들도 트위터에서 만날 수 있다. 디지털커런시그룹 창립자 베리 실버트(@BarrySilbert), 코인베이스 CEO 브라이언 암스트롱(@brian_amstrong), 마이크로스트레테지 CEO 마이클 세일러(@michael_saylor), 린 앨든 인베스트먼트 린 앨든(@LynAldenContact), 중앙일보 경제부 출신 고란 기자(@neoran97), 크립토퀀트 주기영 대표(@ki_young_ju), 그라운드X 한재선 대표(@jaesun_han) 등은 물론이고, 이더리움 창시자인 비탈릭 부테린(@Vitalik Buterin), 라이트코인 창시자인 찰리 리Chalie Lee(@

SatoshiLite), 비트코인 캐시 설립 멤버인 로저 버(@rogerkver), 유명한 코인 투자자인 일론 머스크(@elonmusk) 등의 투자 의견을 직접 확인할 수 있다. 블록체인 네트워크 분석을 통해 코인의 대량 움직임이 있을 때 트윗으로 안내하는 채널들도 있는데 웨일 얼럿(@whale_alert)이 대표적이다.

코인 소식 채널 3. 미디엄, 레딧, 디스코드

해외 프로젝트 혹은 재단의 더 많은 소식을 듣고 싶다면 미디엄Medium이나 레딧Reddit, 디스코드Discord 등도 활용해 보자.

미디엄은 블로그 플랫폼인데 다른 곳보다 개발자 친화적이다. 깃허브의 코드를 쉽게 불러올 수 있다든지 블로그 자체에 코드를 직접 작성하는 것 등이 가능하다. 그래서인지 대다수 프로젝트나 재단들이 최신 소식을 전하는 데 미디엄 채널을 이용한다.

레딧은 최신 뉴스나 이벤트를 게시하면 그에 대한 의견을 댓글로 달 수 있는

▶ **비체인(VeChain, VET)의 레딧 채널 예시**

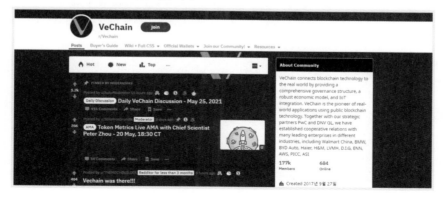

커뮤니티다. 뉴스나 이벤트는 물론이고 댓글까지 추천을 할 수 있기 때문에 많은 추천을 받은 내용이 피드 상단에서 가장 먼저 확인된다. 사용자들의 실시간 반응과 호응도를 확인할 수 있어서 대표적인 커뮤니티 채널로 이용된다.

코인 투자의 적신호 알람,
그야말로 투자 유의!
투자유의종목

내 코인이 투자유의종목에 선정된다면?

투자유의종목은 주식 시장의 관리종목(투자유의), 상장폐지 제도와 유사하다. 주식 시장에서는 상장 기업이 상당 기간 이상 적자 상태이거나 자본 잠식이 되거나 최저주가나 최저 시가총액 기준에 부합하지 않는 등 여러 요건에 따라 관리종목으로 지정한다. 그 이후로도 경영이 개선되지 않을 경우 상장폐지를 단행한다. 코인 시장의 경우는 아직까지 투자유의 관련 법제화나 일관된 제도화가 진행되어 있지 않은 상태다. 하지만 투자자들의 자산을 보호하기 위해 각 거래소의 재량에 따라 각자의 판단 기준과 절차를 마련해 투자유의종목을 지정해 공표하고 있다.

▶ **빗썸 투자유의 지정 안내 예시**

빗썸은 투자자 보호를 위한 상장 정책의 일환으로 가상자산 투자유의종목 지정 정책을 마련하고, 규정에 따라 투자유의종목을 지정한다. 빗썸의 투자유의종목 지정 정책은 거래 안정성, 부당거래행위, 사업과 개발 진행 여부, 보안과 기술 효용성 등을 복합적으로 검토해 마련되었다. 투자유의종목에 지정이 되면 4주간 재단에서 제출한 소명자료를 검토해 재심사를 진행하게 된다. 이 과정에서 거래지원 종료(상장폐지)나 투자유의 지정 해지, 연장 등이 결정되며, 빗썸은 전 과정을 공지하고 있다.

여기서 굳이 투자유의종목을 언급하는 이유는 코인은 안전하지 않은 투자처라는 말을 하고자 함이 아니다. 주식 시장도 시장 건전성을 유지하기 위해 엄격한 관리종목과 상장폐지 조항을 규정함으로써 혹여 시장을 혼탁하게 만들 수 있는 여지를 사전에 예방한다. 서로 사용하는 용어에는 조금 차이가 있을지 몰라도, 빗썸뿐 아니라 대다수의 거래소들 역시 코인 상장 이후에도 지속적인 감시와 추적을 통해 투자유의나 상장폐지 종목을 지정하고 있다.

거래소가 투자유의 지정 기준을 발표하고 투자유의종목을 지정하는 데는 분명한 이유가 존재한다. 특히 빗썸은 투자유의로 지정된 종목에 대해서는 투자를 추천하지 않는다. 물론 투자유의종목 지정이 모두 거래지원 종료로 연결되지는 않으며, 반박자료가 잘 소명된 프로젝트라면 투자유의 지정이 해지될 수도 있다.

일단 투자유의종목에 지정되면 입금은 불가하고 출금만 가능하다. 이는 더 많은 투자자의 피해를 최소화하기 위한 조치다. 이렇게 하다 보면 거래소의 보유 수량이 적어지게 되어 적은 수량의 매수와 매도에도 시세가 크게 출렁일 수 있다. 일부 투자자는 이를 일컬어 '투자유의 밈'이라는 별칭으로 부르며 공격적인 투자를 감행하기도 한다. 투자유의종목 지정 공지에 맞춰 매수를 하고 크게 상승한 시점에 매도를 함으로써 시세 차익을 얻는 것이다. 주식시장에서도 관리종목에 지정되어 주가가 크게 하락한 주식을 저가에 매수했다가 운 좋게 관리종목 지정이 해지될 경우 주가가 상승해 수익을 얻을 것을 기대하는 무모한 투자자들이 존재한다. 그러나 설령 10퍼센트가 운 좋게 해당 케이스가 된다 해도 확률로만 봐도 절대 이길 수 없는 베팅이다. 투자한 종목이 나머지 90퍼센트 즉 상장폐지 주식에 속할 확률이 더 높기 때문이다. 코인의 경우도 마찬가지다. 운이 따라서 수익을 얻을 수도 있을지도 모르지만 리스크가 훨씬 크다.

▶ 빗썸의 투자유의종목 지정 정책

빗썸 가상자산 투자유의종목 지정 정책

회사는 하기와 같은 정책을 기반으로 하여 투자유의종목을 지정한다.

① 회사는 가상자산이 다음 각 호의 어느 하나에 해당하는 경우 상장심의위원회의 심의·의결을 거쳐 당해 가상자산의 투자유의종목 지정 여부를 결정한다.

  1. 낮은 유동성으로 인해 시세조작에 노출될 위험이 있어 투자자 보호를 위한 조치가 필요한 경우

  2. 기준시가총액이 상장 시 시가총액 대비 크게 하락하고, 그 기간이 1개월 이상 지속되는 경우

  3. 가상자산이 정부 기관의 규제 및 법령에 위배되거나 형사사건과의 연관, 혹은 해킹 및 보안 이슈로 인한 추가적인 피해가 우려될 경우

  4. 가상자산의 시세조종 행위를 포함한 부당거래 행위, 혹은 시세에 부정적 영향을 미칠 수 있는 사항을 의도적으로 은폐한 경우

  5. 가상자산 개발자의 지원이 없거나 프로젝트 사업 진행이 미진한 경우

  6. 블록체인 또는 가상자산과 연관된 기술에 효용성이 없어지거나 결함이 발견된 경우

  7. 가상자산이 특별히 보안성이 취약한 블록체인에 기반하고 있는 경우

  8. 커뮤니티 비활성화 및 지속적인 커뮤니케이션 부재로 인해 투자자 보호가 필요하다고 판단된 경우

  9. 재단의 급격한 사업적 변동으로 인해 해당 가상자산의 시세에 영향을 주어 투자자 보호가 필요하다고 판단된 경우

  10. 또는 상기 각 항목 사유와 유사하거나 가상자산이 거래소의 정책에 위반되는 경우

② 회사는 제1항을 적용함에 있어서 기술성 등에 관하여 전문평가기관의 평가 및 전문가집단의 자문 결과를 투자유의종목 지정 결정시 반영할 수 있다.

③ 회사는 제1항 각호의 사유가 발생하여 당해 가상자산이 투자유의종목으로 결정된 경우 지체없이 재단에게 통보하고 가상자산명, 선정 일시를 거래소 사이트를 통하여 공지하여야 한다.

④ 회사는 공지한 날로부터 30일간의 유예기간을 통해 당해 가상자산에 대한 재단의 소명, 계획 등을 검토하고 종목에 대한 해지 혹은 거래지원 종료 여부를 결정한다. 다만, 재단의 소명 및 계획에 대한 추가조사가 필요할 경우 그 기간을 연장할 수 있다.

나쁜 프로젝트가 아닌데도 투자유의종목이 되는 경우

모든 거래소에서 동일한 기준으로 투자유의를 지정하는 것은 아니다. 그렇기

때문에 투자유의종목에 선정된 프로젝트가 모두 나쁜 프로젝트라고 단정 지을 수는 없다. 국내 중소형 거래소에서는 거래 유동성이나 안정성을 이유로 때때로 좋은 프로젝트를 투자유의종목으로 지정하고 거래지원을 종료하기도 한다. 특정 거래소에서의 유동성이 투자유의종목 선정의 사유가 될 수도 있는 것이다. 거래소에서 거래되는 해당 코인의 수량이 너무 적고 심지어 호가창도 많이 비어 있다면, 아주 작은 규모의 매수와 매도에도 시세가 크게 변동될 수 있기 때문이다.

주식 시장에는 VI 발동이나 서킷 브레이크 같은 투자자 보호 장치가 있다. 하지만 코인 시장에는 아직 그러한 제도가 구축되어 있지 않다. 코인 시장에서 투자유의 지정은 투자자를 보호하기 위한 최소한의 방어수단이라고 생각하면 된다. 그러나 현재로서는 그 기준이 명확하게 법제화되어 있지 않고 각 거래소의 주관적인 판단으로 이뤄지기 때문에, 거래소의 투자유의 지정 사유가 무엇인지 주의 깊게 살펴볼 필요가 있다.

코인에도 '가치 코인'과 '성장 코인'이 있을까?

코인과 주식은 같은 듯 다르다. 주식에 투자하다가 코인 거래를 시작하는 대다수 투자자들은 코인을 어떻게 공부해야 하며 선행지표는 무엇인지 등을 많이 묻는다. 그러나 주식과 같은 방식으로 코인 투자를 공부하기에는 그 기준이 너무나 다르다. 제도화 정도가 다르고 외부로 공개되는 정보의 수준도 다르다. 주식 IPO와 코인 ICO의 진입장벽도 서로 매우 다른 성격을 가졌다.

그러기에 더더욱 코인 투자는 여유자금으로만 해야 한다고 많은 이들이 입을 모아 조언한다. 때로 주식 시장의 가치주와 성장주처럼 코인 시장에도 그런 구분 기준이 존재하는지 궁금할 수 있다. 아직은 그에 대해 명확히 답하기 어렵다. 코인은 아직 재무제표가 완전히 공개되지 않을뿐더러 해당 지표를 참고하기에는 시장이 조금 더 성숙해야 한다.

주가수익비율PER, Price Earning Ratio
가치주를 평가하는 지표 중 하나다. 기업의 주가를 주당 순이익으로 나눈 것으로 현재의 주가가 주당 순이익의 몇 배가 되는지를 보여 준다. PER이 낮으면 회사 수익 대비 주가가 낮은 것으로 평가할 수 있다.

코인 시장에서는 주가수익비율 등을 계산하는 것이 사실상 불가하다. 그런 수치나 통계에 의한 판단보다는 정확한 정보의 진위를 확인하거나 실제 상용화된 사례를 찾아보는 편이 훨씬 더 유용하다. 다른 자산 시장보다 정보와 시장 동향, 정세에 관심을 가져야 하는 이유가 바로 여기 있다. 실제로 재단이 시장에서 열심히 일하고 있는지, 해당 코인의 사용사례Use-case가 있는지, 그것이 매출과 연결되는지 등을 꾸준히 관심 있게 추적하며 지켜보아야 한다.

CHAPTER 5

코인 가격은 왜 변하고
어떻게 움직일까?

'왜 내가 사기만 하면 가격이 오르고 내가 팔고 나면 가격이 내릴까?' 투자자 중에서 이런 고민을 진지하게 해 본 이들이 많을까? 아마도 그렇지 않을 것이다. 대체로 많은 투자자들이 이와 반대되는 고민을 안고 있지 않을까 생각한다. 이번 장에서는 '코인'의 가격을 움직이는 요소들에는 무엇이 있으며 이들이 각각 어떠한 영향을 미치는지 알아 보고자 한다.

최근 주식과 코인에 투자하는 이들 중에서 후행지표인 차트만 보거나 일부 호재를 접하고는 막연히 오를 것이라는 기대로 투자를 시작하는 경우가 많아졌다. 그나마 주식은 좀 나을지도 모른다. 시중에 많은 정보가 존재하고 언론이나 인터넷 기사 등을 통해 시세 변동성의 근거와 추이를 예측하기가 상대적으로 용이하기 때문이다. 그러나 코인은 다르다. 시세 변동의 사유를 확인하기 어렵고 사업 관련 정보뿐 아니라 기술적인 부분까지 알아야 할 것이 너무도 많다. 그러니 투기가 아닌 진짜 투자가 되려면 코인에 대한 기본 정보를 바탕으로 하되, 코인 가격에 영향을 미치는 다양한 요인들에 관한 정보 수집과 판단을 할 수 있어야 한다.

코인을 거래하려는 자 세상을 더 크고 넓게 보자!
코인 투자 정보력

코인 투자자는 공부해야 할 것이 더 많다

근로소득만을 통해 삶을 영위할 수 있는 시대는 끝났다. 그러기에 제2의 소득을 창출해야만 한다. 소위 '돈이 일하게 만들어야' 하는 것이다. 소득이 자산가치 상승의 속도를 따라 잡지 못하는 것이 현실이다. 그러니 자신에게 들어오는 현금 흐름을 얼마나 지혜롭게 부가가치 창출이 가능한 투자처에 적절히 배분하느냐에 따라 몇 년 사이에도 자산의 큰 격차를 만들어 내게 된다.

아마도 독자들 중 다수가 이미 은행, 증권사, 보험사 등을 통해 투자를 경험해 봤을 것이다. 은행이라면 예금, 적금, 펀드, 파생상품, 증권사라면 주식, ETF, 보험사를 통해서는 연금보험 상품 등 많은 종류의 금융상품에 투자해 봤을 것이다. 때로 금융상품 투자를 시작하기 전에 자신의 '투자 성향'

을 분석해 본 적도 있을 것이다. 분석 결과 '고위험' 투자 성향으로 나온 이들 중에는 원금 손실 가능성을 알지만 과감한 투자를 통해 큰 수익을 얻을 수 있다는 기대에 코인 투자를 쉽게 생각할 수도 있다. 특히 주식 투자를 해봤던 사람이라면 증권사가 제공하는 모바일이나 PC 매매 툴인 HTSHome Trading System나 MTSMobile Trading System를 이용하는 법도 꽤 능숙해졌을 것이다. 국내 주식에 투자하면서 다양한 자료와 증권사 보고서 등을 통해 기업 가치를 분석하고 차트를 보고 주가 추이를 예측해 봤을 것이다. 때로 손실을 보기도 하고 수익을 얻기도 하는 것이 자연스럽다 느낄 것이다. 그런 이유로 코인 투자라고 해서 뭐 특별한 게 있을까 하는 마음으로 쉽게 접근할 수도 있다. 그런데 한마디로 말하자면 그렇게 시작해선 자칫 크게 다칠 수 있다. 코인 투자자는 공부해야 할 게 너무도 많다. 코인의 가격은 상당히 많은 여러 요소들로부터 복합적으로 영향을 받기 때문이다.

세상의 모든 투자자들이 다 열심히 공부하고 노력하고 있지만 코인 전문 트레이더는 불모지를 개척하고 있다는 점에서 더 대단하다고 생각한다. 코인 시세에 영향을 미치는 요인은 영역 간의 경계조차 없이 매우 방대하게 산재돼 있다. 한편으로는 코인 투자 자체에 대한 의견조차 너무도 다양하며 서로 엇갈린다.

나스닥이나 금Gold과의 디커플링 현상, 합법화와 제도권 편입 과정에서 낙관론과 비관론의 공존 등 다양한 연구나 주장이 등장하는 혼돈의 시기다. 그런 만큼 균형감을 갖고 다양한 의견을 종합적으로 청취해야 한다. 세계적 흐름이나 오피니언 리더들의 견해에도 귀 기울이고 새로이 부상하는 기술 트렌

디커플링Decoupling
함께 동조해서 움직인다는 의미의 커플링Coupling과 반대 개념으로 탈동조화 혹은 비동조화라고 번역할 수 있다. 비트코인이 나스닥이나 금과 디커플링된다는 의미는 나스닥 주가가 상승하거나 금값이 올라갈 때 오히려 비트코인 가격이 하락하는 등 반대 방향으로 움직인다는 뜻이다.

드에도 민감해야 한다. 그만큼 정보력이 필수적이다. 전문적인 경제 분석가 못지않은 냉철한 사고와 판단력도 필요하다. 종합적이고 폭넓은 정보 취득과 학습이 동반되어야 한다. 코인 투자자는 반드시 알아야 할 사항들에 대해 명확히 분석하고 파악하면서 의사결정의 근간으로 삼을 필요가 있다.

한국 증시뿐 아니라 해외 증시 흐름도 주목하라

코인 투자를 하다 보면 글로벌한 코스모폴리탄Cosmopolitan(세계주의자) 같은 라이프 사이클을 가질 수밖에 없다. 코인이라는 주제 아래 전 세계 자금시장의 동향과 흐름을 주시해야 하기 때문이다. 몸은 한국에서 살고 있지만 신경과 촉각은 세계의 움직임을 두루 포괄해야 하는 것이다.

코인 거래는 24시간 365일 쉬지 않고 이루어진다. 코인은 기존 주식 시장과는 달리 세계 곳곳에서 동시다발적으로 거래되며, 24시간 거래가 가능하다는 특성 때문에 시차와 무관하게 세계 주요국의 동향에 민감하게 반응한다.

따라서 코인 투자를 하는 사람이라면 한국 증시뿐 아니라 해외 증시 흐름도 예의 주시해야 한다. 남들이 잠을 자는 밤과 새벽의 나스닥 개장시간에는 지수와 증시의 움직임에 따라 코인 가격이 영향을 받는다. 한국 증시가 개장되는 낮 시간에는 그 흐름의 영향을 받기도 하고 중국, 홍콩, 대만 등의 증시와도 연동된다.

투자자들의 자금 유동성은 한정되어 있다. 특정 지역에서 자금의 흐름이 발생하면, 그 이유로 코인으로 자금이 유입되기도 하고 빠져나가기도 한다. 일례로 중국은 우리의 설과 같은 춘절 기간에 연휴가 매우 길고 대륙의 이동이라고 할 만큼 엄청난 인파가 귀성을 한다. 이때는 1년 중 사용되는 현금의 상당액이 소비되며 그만큼 현금 수요가 커진다. 그러므로 중국 투자자들은 춘절 기간 전에 코인을 매도해 수익을 실현하고 자금을 출금할 가능성이 높다.

코로나19 팬데믹으로 인해 미국에서 전 국민 국가지원금이 대대적으로 지급되었다. 이는 투자자금 유입의 강력한 요소로 작용했고 실제 이 시기 코인 가격은 많이 상승했다. 미국 투자자들의 거래는 우리가 잠자는 시간에 이루어진다. 따라서 완벽히 대응하는 것이 쉽지는 않다. 그러나 상황을 알고 직면하는 것과 아예 모르고 맞닥뜨리는 것은 매우 다르다. 이러한 패턴을 습득하면서 코인 가격의 추이를 관찰하는 것은 투자자의 기본자세라 하겠다.

금리 변동은 자산 시장의 주요한 변수다

금리의 변동은 사회 전반적으로 많은 영향을 미친다. 코인 역시 금리 변동이라는 이슈로부터 자유로울 수 없다.

금리가 하락하면 시장의 현금 유통이 늘어나고 현금 가치가 상대적으로 감소하기 때문에, 증시나 부동산 등 투자 상품의 가치가 상대적으로 증가해 자산 가격이 상승할 것이다. 쉽게 말해 이자를 적게 주는데 은행에 돈을 넣어 두기보다 리스크가 더 있더라도 투자 수익이 높은 상품에 투자하고 싶어 한다는 말이다. 즉 유동자금 총량Volume이 투자 상품의 가격에 영향을 미치게 된다. 더 많은 이들이 투자에 뛰어들면 수요 증가로 인해 가격이 올라가기 때문이다.

2020년 코로나19 팬데믹이 발생한 이래 2021년 상반기까지도 자영업자나 중소기업들의 매출이 급격히 감소해 가계 수입이 줄었고, 그로 인해 시장이 침체되었다. 그런 이유로 정부는 가계를 살리고 경제에 활력을 불어넣고자 재난 상태를 선포하고 국민들에게 재난지원금을 지급하기 시작했다. 그런데 이는 시장으로의 급격한 자금 유입을 발생시킴으로써 자산 인플레이션을 만들어냈다. 소득 증가율이 이러한 자산 인플레이션이나 투자 상품 수익률을 따라가지 못하는 현실로 인해 투자를 하지 않으면 다른 이들에게 뒤처지는 듯한 분위기가 형성됐다.

또한 많은 이들이 급여나 사업소득만으로는 부동산이나 주식 시장에서 수익을 얻은 이들을 따라잡지 못한다는 박탈감을 느끼게 되었다. 이러한 상황이 일명 '벼락거지'라는 신조어를 탄생시켰다. 벼락거지가 되고 싶지 않은 사람들이 높은 수익을 얻을 수 있는 코인 투자 열풍에 동승하면서 코인 시장이 유독 주목을 받게 되었다. 지금은 벼락부자가 되고 싶은 심정으로 높은 수익을 얻을 수 있는 고위험군 투자에 뛰어드는 이들이 늘고 있다.

> **벼락거지**
> 주식, 부동산 등 투자 자산의 가격이 급격히 상승해서 자산이 늘어난 이들, 그리고 투자 등의 재테크를 하지 않았고 소득은 그대로인 사람들 간의 부의 격차가 벌어지게 되어 후자가 상대적인 빈곤의식과 박탈감을 느끼게 되는 것을 의미한다.

반대로 금리가 상승하게 된다면 어떻게 될까? 금리 상승이 반드시 가상자산 가격 하락으로 이어진다고 단언할 수는 없으나 이는 현금 유동성을 줄어들게 할 가능성이 있다. 기존에 대출을 일으켜 투자를 한 사람들은 오르는 이자에 압박감을 느끼고 위축될 수 있다. 또한 은행 저축이나 채권 같은 안전자산으로 현금이 이동하기도 한다. 역대 금리 상승기에 자산 가격의 추이가 어떻게 변화되었는지를 공부하는 것도 금리 변화에 대응하는 하나의 방편이다.

이렇듯 금리 하락이나 상승에 따라 코인 시장으로 유입되는 자금의 규모가 달라질 수 있기 때문에 항상 세계 경제 흐름에 관심을 가져야 한다.

글로벌 규모로 이루어지는 코인 프로젝트의 특성

코인은 글로벌한 스케일을 가진다. 반면 한국 주식은 한국 기업의 지분을 투자 대상으로 한다. 물론 한국 기업이라 해도 수출이나 환율 등 세계적인 흐름의 영향과 무관한 것은 아니다. 하지만 어느 정도 국가 단위의 규모와 시차에 따라 움직인다. 한국인이 움직이는 시간대에 주요 뉴스가 발표되고, 호재든 악재든 우리가 눈 뜨고 있는 시간에 일어난다. 그러므로 어느 정도 최소한의 대응을 할 수 있다. 미국 주식에 투자하는 투자자라 하더라도 미국 시장이 개장하는 미국인들의 시간대에 맞춰 준비를 한다면 어느 정도 대응은 된다.

그런데 코인은 다르다. 코인 프로젝트 혹은 재단은 전 세계에 걸쳐 퍼져 있다. 우리나라를 기반으로 하는 코인 프로젝트도 있지만, 가까운 일본이나 중국은 물론이고 미국 실리콘밸리, 영국 런던, 중동 두바이, 러시아 모스크바를 기반으로 하는 코인 프로젝트도 있다.

국내 거래소에서 새벽 시간에 갑자기 특정 코인의 입출금을 막는 것을 본 적이 있을 것이다. 이유는 간단하다. 그 시간 다른 시간대에 사는 특정 프로젝트 또는 재단에서 문제가 발생한 것이고, 담당자는 밤을 새워 관련 소식을 업데이트하고 있었을 것이다. 전 세계에 걸쳐 퍼져 있는 코인 관련 소식이 속속 발생함에 따라 투자에 어려움이 따를 수밖에 없다. 우리가 잠든 시간에도 코인은 계속 거래되고 사건이 생기고 호재가 터진다. 이렇듯 쉬지 않는 급등락 때문에 지금까지 존재했던 그 어떤 투자 상품보다도 더 많은 정보와 지표를 확인해야만 안정적인 투자를 할 수 있는 것이다.

콧김만 불어도
훈기와 냉기가 솔솔~
코인 시황의 영향 요인

코인 가격에 영향을 미치는 크고 작은 요소들

지금까지 거시적인 그림 속에서 가상자산 가격에 영향을 주는 요소들을 살펴보았다. 이제 본격적으로 코인 가격에 직접적으로 영향을 줄 수 있는 요인들이 무엇인지 살펴보도록 하자.

세상의 모든 재화가 그렇듯 특정 상품의 가치는 그 상품을 구매하고자 하는 소비자의 의지에 따라 달라진다. 가격과 가치는 다르다. 코인도 마찬가지다. 투자자가 계속 모여야 코인의 가치가 올라간다. 일론 머스크가 트위터에 '테슬라 차량 구매 시 결제수단으로 비트코인을 허용하겠다'는 게시물을 올리자 비트코인 시세가 크게 상승했다. 이후 그는 이를 번복했고 또 다시 일부 허용하겠다고 말을 뒤집었다. 그때마다 비트코인 시세는 크게 움직였다. 중국 정부가 가상화폐를 규제하겠다는 입장을 표명했을 때에도 가상자산 가치가 급락했다.

　이렇듯 가상자산 가격은 소비자의 니즈를 반영해 변동한다. 그렇다면 코인 가격에 직접적이고 가장 강력한 영향력을 미치는 요소로는 무엇이 있을까? 여러 내용을 설명하기에 앞서 직접적으로 또한 강력하게 영향력을 미칠 수 있는 대표적인 몇 가지 항목들을 정리해 보았다.

▶ **가상자산 가격에 영향을 미치는 요소들**

가격 변동 요소	– 공시 – 네트워크 하드포크와 에어드랍 – 재단의 로드맵 이행 여부 – 코인 락업 스케줄 – FOMO, MEME

　이 항목들이 각각 어떠한 영향을 미치게 되는지, 어떤 이유로 그렇게 강력한 영향을 끼칠 수 있는지 하나씩 알아 보도록 하자.

코인의 미래가치와 사업 전망을 담은 소식 공시

코인 공시가 주식 시장 공시와 다른 점

주식을 거래해 본 사람이라면 누구나 들어봤을 단어가 공시公示일 것이다. 공시란 일정한 내용을 공개적으로 알리는 것을 말한다. 그런데 주식 시장에서는 사업 진행 관련 사항, 재무 상태 변화, 영업이나 계약 실적 같은 기업 활동의 내용을 투자자 등 여러 관계자들이 알 수 있도록 공표하는 제도를 말한다. 정보가 기업 내부 혹은 몇몇 참여자들에게만 독점될 경우 정보 불균형으로 인해 발생할 수 있는 투자 상의 불이익을 해소하기 위해 도입된 제도다.

주식 시장에서는 금융감독원 전자공시시스템(dart.fss.or.kr)을 통해서 상장법인이 제출한 공시를 누구나 실시간으로 확인할 수 있도록 지원한다. 주식 시장에서는 자본시장과 금융투자업에 관한 법률을 통해 공시 심사와 감독이 진행되며, 제출되는 공시에는 정기공시(사업보고서, 반기보고서, 분기보고서)와 발행공시(증권신고서, 투자설명서 등), 외부 감사보고서 등이 포함된다.

코인 시장에서도 효율적인 정보 제공 차원으로 공시가 진행되고 있다. 그러나 아직은 공시가 의무사항이 아니며 정기적이고 안정적으로 제공되지도 못하는 상황이다. 코인 시장에서는 공시와 관련된 법령은커녕 공시를 관리·감독하는 기관도 정해지지 않은 상태다. 현재까지 코인 시장의 공시 시스템은 대부분 거래소의 노력을 통해 확산되고 있는 게 현실이다. 가상자산 거래소 공시는 크게 보아 자체적 공시를 진행하는 경우와 상장된 프로젝트·재단의 공시 기관을 자처하고 나선 쟁글(xangle.io)과 제휴해 공시를 진행하는 경우로 구분된다.

빗썸은 2020년 6월부터 투자자들의 알 권리 보호를 위해 빗썸에 상장된

▶ 빗썸이 제공하는 공시 서비스

코인들의 정보를 한눈에 볼 수 있도록 쟁글과 함께 공시 서비스를 제공하고
있다.

공시는 어떻게 가격에 영향을 미치는가?

안타깝게도 기존 주식 시장 상장사와 달리 현재까지 코인 발행사인 프로젝트
혹은 재단이 실질적인 사업을 이행하고 있는지 여부를 확인할 수 있는 방법
은 명확히 없다. 오로지 해당 프로젝트나 재단에서 제공하는 정보로만 코인
의 가치를 평가해 볼 수밖에 없는 것이다. 그렇기 때문에 사실상 공시가 거의

▶ 쟁글 공시 서비스(xangle.io)

유일하게 공식적으로 외부에 제공되는 공문서라 할 수 있다. 따라서 그 내용이 가격에 많은 영향을 미치게 되는 것이다.

코인 업계에는 다양한 트렌드가 존재하고 향후 무궁무진한 발전 가능성이 있는 신기술 분야이자 미래가치에 근거해 투자할 수밖에 없는 영역이다. 투자자들은 아직 가시화되지 않은 사업 관련 정보를 최대한 수집해서 그를 바탕으로 투자를 결정하고자 한다. 그러므로 공시는 가격에 크고 작은 영향을 미칠 수밖에 없다.

가격에 영향을 미치는 공시의 뜨거운 키워드

코인 시장에서는 공시에도 시기에 따른 트렌드가 존재한다. 공시의 트렌드라기보다 시기별 코인 시장 전반이나 코인 특성에 따른 트렌드일 수도 있다. 많은 코인 프로젝트가 새로운 시장에 도전했고 실제 공시로도 연결이 되었다.

그렇다면 수많은 공시 중 뜨거웠던 키워드로는 무엇이 있었을까?

최근 들어 가장 시장의 각광을 받은 공시로는 NFT, DID, 디파이DeFi, 소각, 토큰스왑 등이 있다. 토큰스왑에 대해서는 169페이지 하드포크와 에어드랍 항목에서 같이 설명하기로 한다. 먼저 NFT에 대해 간략히 살펴보자.

NFTNon-Fungible Token는 대체 불가 토큰을 의미한다. 소유권을 블록체인상에 등록해서 고유 값을 가진 토큰으로 발행하기 때문에 대체가 불가능하다는 특징을 지닌다. 그러므로 진위 여부와 소유권 입증 여부가 중요한 미술품, 음원 등 예술계에서 유용하다.

대표적인 NFT 코인으로는 샌드박스The Sandbox, SAND, 왁스WAXP, WAXP 등

이 있다. 그중 샌드박스는 블록체인 기반의 유저 생성 콘텐츠UGC 및 분산형 게이밍 플랫폼이다. 사용자가 직접 아이템이나 캐릭터를 제작할 수 있고 플랫폼에서는 이러한 아이템들을 활용해 게임 제작도 가능하며 아이템 거래도 지원하는 프로젝트다. 샌드박스 생태계 내 콘텐츠를 거래할 때 샌드박스SAND 코인으로 메타버스 가상공간에 있는 토지인 랜드LAND를 소유할 수 있고, 동시에 샌드박스 코인을 스테이킹할 수도 있다. 랜드는 NFT 코인으로 거래가 가능한데 2021년에만 2회의 랜드 판매를 통해 280만 달러(약 31억)의 매출을 올리기도 했다. 스테이킹 등 디파이 상품에 대해서는 제8장에서, NFT에 대해서는 제9장에서 더 자세히 살펴볼 것이다.

DIDDecentralized Identity는 탈중앙화 신원 증명 혹은 분산 신원 인증이라고 번역된다. 마이데이터My Data를 현실화시켜 주는 핵심 기술로 사용자가 플랫폼 내에서 자신의 주권을 스스로 관리할 수 있게 해 준다. 마이데이터란 자신의 신용정보나 금융 거래정보 등을 정보 주체인 개인이 적극적이고 주체적으로 관리하는 시스템을 말한다. 정부는 향후 마이데이터 사업을 정보기술 분야의 주력 추진 영역으로 설정하고 적극 지원한다는 계획을 발표한 바 있다.

지금까지 신분 증명을 하려면 주민등록증, 운전면허증, 여권 등 자신을 증명할 수 있는 신분증이나 번거로운 여러 서류들이 필요했다. 하지만 이는 분실의 우려도 있을 뿐 아니라 도용 가능성도 있어 여러모로 생산적이지 못했다. 설령 타인의 신분증이나 서류를 위변조해서 제출해도 그것을 식별하는 것은 오롯이 확인자의 판단에 의존해 이루어졌다. 또한 대면 인식이 불가능한 온라인 내 신분 인증의 경우 공인인증서 등 사용이 불편한 방법들밖에 없어 사용자들의 원성을 사 왔다.

이렇듯 그간 이원화되어 있던 신원 확인을 DID 기술을 통해 하나로 통합할 수 있다. 그간 무분별하게 제공되어 유출과 남용의 위험이 있던 개인의 고유 정보를 본인 스스로 허가하는 범위에 한해서만 제공할 수 있게 된다. DID 생태계를 목표로 하는 코인은 대표적으로 온톨로지Ontology, ONT, 메타디움 Metadium, META 등이 있다.

디파이DeFi, Decentralized Finance는 탈중앙화 금융을 뜻한다. 기존 금융 시장은 중앙 통제가 이루어지는 환경 속에서 설계되고 성장해 왔다. 화폐의 발행 및 유통, 여신과 수신 모두 국가기관(한국은행, 금융위원회, 금융감독원) 및 금융 기업에 의해 철저하게 통제되고 관리되어 왔다. 예치 이자는 낮추고 대출 이자는 높여 이를 관리하고 운영하는 데 들어가는 비용을 충당해 왔다(예대마진).

반면 디파이는 블록체인을 이용한 무결성無缺性으로 안전성을 확보하고 불필요한 비용을 줄여 참여자들에게 돌려 주는 선순환 금융 생태계를 일구고자 등장했다. 예치에 따른 이자율이 매우 높은 편이지만, 기존 금융 시스템과 달리 재단 및 프로젝트에 대한 심도 있는 검증이 이루어지지 못하고 예금자 보호 시스템이 존재하지 않는 등 여러 이유로 큰 손실이 발생할 수 있는 고위험 고수익 투자 상품이다. 디파이 프로젝트를 통한 투자 방식에 대해서는 제8장에서 더 자세히 알아 보자.

마지막으로 공시 중 소각Burn은 왜 각광 받게 되었을까?

소각은 존재하는 것을 불에 태워 없애버린다는 뜻으로 코인의 총 발행량을 조절하기 위해 재단에서 코인을 영구적으로 없애버리는 행위를 말한다. 이는 코인 시장의 급격한 변동성으로부터 생태계를 보호하고 유지하기 위한 재단 사업전략의 일부로 가격 조정이 필요하거나 더 나은 순환구조를 만들어 내고자 할 때 취하는 활동이다.

최근 자주 등장하는 소각 공시는 기존 시장의 유통량을 줄이기 위해 재단이 플랫폼에서 거둬들인 일부 수익금으로 바이백을 한 후 소각하거나 로드맵 변경 또는 전략적 가격 변화를 주기 위해 시장에 유통되지 않은 물량을 소각하는 내용이 주를 이룬다. 이처럼 소각은 유통량에 직·간접적으로 영향을 줄 수 있다. 즉 얼마만큼 소각이 이루어지는가는 가격에 크고 작은 영향을 미칠 수 있는 중요한 요소다.

이렇듯 다양한 내용을 포괄하는 공시는 투자자들의 정보 욕구를 충족시켜 줄 수 있는 제도다. 공평하게 정보를 제공함으로써 투자자들에게 공정한 기회를 부여한다. 코인 프로젝트 혹은 재단에게는 비즈니스 현황과 사업상 호재를 널리 알릴 수 있는 홍보 채널의 역할을 해 주며, 투자자에게는 정보 불균형을 해결할 수 있는 좋은 수단이 되어 준다. 물론 몇몇 프로젝트나 재단에서 제대로 검증되지 않은 공시를 거래소를 통해 발표함으로써 급격한 시세 변동을 유발해 많은 투자자의 피해를 양산한 사례도 있다. 그러기에 더더욱 좋은 제도가 안정적으로 자리 잡을 수 있도록 더 많은 이들의 관심이 필요하다.

하드포크와 에어드랍, 로드맵과 마일스톤
코인의 기술적 가치

하드포크와 에어드랍

메인넷이 투자자들에게 호재로 작용하며 많은 이들이 기다리는 코인의 기술적 요소라는 것을 129페이지에서 언급한 적이 있다. 메인넷과 연장선상에서 코인 가격에 영향을 주는 기술적 요소들로 하드포크와 에어드랍을 꼽을 수 있다.

하드포크Hard Fork란 기존 블록체인과 호환되지 않는 새로운 블록체인으로 분리하는 작업을 말한다. 심각한 보안상 취약점을 발견했거나 소프트웨어 개선이나 기능 추가가 필요할 때 하드포크를 하게 되는데, 이때 새로운 코인을 발행하는 경우가 있다.

비트코인에서 비트코인 캐시Bitcoin Cash, BCH와 비트코인 에스브이Bitcoin SV,

BSV가, 비트코인 캐시에서 비트코인 캐시 에이비씨Bitcoincash ABC, BCHA가 나온 것 등이 대표적인 하드포크 사례다. 이처럼 하드포크를 통해 새로운 코인이 발행된 경우, 하드포크 시점에 보유한 코인 수량에 따라 일정 비율로 새로운 코인이 에어드랍Airdrop 된다. 때로 소프트웨어 개선이나 기능을 추가함으로써 업그레이드를 하거나 기존 코인을 새로운 블록체인 상에서 발행한 신규 코인과 교환(스왑)하는 방식을 취함으로써 에어드랍을 하지 않는 경우도 있다.

하드포크와 달리 소프트포크Soft Fork는 기존 블록체인의 일부 성능 개선을 위해 하는 업그레이드이며, 기존 노드와 호환이 가능한 업데이트 방법이다. 기존의 네트워크 노드를 사용하기 때문에 따로 체인 분리를 할 필요가 없어 하드포크가 아니라 소프트포크라 부른다.

그렇다면 가격에 영향을 많이 주는 건 하드포크일까? 소프트포크일까?

하드포크와 소프트포크 중 가격에 많은 영향을 주는 것은 단순한 하드포크가 아니라 '에어드랍이 예정된 하드포크'다. 새로운 코인이 지갑으로 들어옴과 동시에 거래소에 상장될 경우 에어드랍 받은 자산에도 가치가 생기기 때문이다. 주식 시장의 무상 증자와 같은 개념이라고 이해하면 된다.

그러므로 에어드랍이 예정되어 있는 하드포크 진행이 확정되어 공시되면 해당 코인 가격은 매우 큰 변동성을 가지며 하드포크 일정 전까지 상승하는 경우가 많다.

▶ 하드포크 이력이 있는 코인 중 에어드랍이 이루어진 코인 예시

기존 코인명	에어드랍 코인명
비트코인(Bitcoin, BTC)	비트코인 캐시(Bitcoin Cash, BCH)
비트코인 캐시(Bitcoin Cash, BCH)	비트코인 에스브이(Bitcoin SV, BSV)
이더리움 클래식(Ethereum Classic, ETC, 구 이더리움)	이더리움(Ethereum, ETH)

이더리움 클래식Ethereum Classic, ETC
이더리움의 하드포크로 인해 남겨진 기존 블록체인을 기반으로 한 코인이다. 2016년 6월 발생한 해킹 사건으로 인해 이더리움 개발팀은 새로운 체인을 만들었는데, 기존에 해킹 당한 체인이 소멸되지 않고 대략 10퍼센트 정도 잔류하며 블록을 생성했고 이것이 이더리움 클래식의 블록체인이 되었다.

로드맵과 마일스톤 달성

대부분 코인들은 블록체인 기반의 신사업 진행을 기반으로 발행된다. 블록체인 기술을 바탕으로 새로운 사업을 시작하려는 벤처 투자의 형태가 많은 것이다. 그러다 보니 ICO를 통해 투자자금을 모으고 로드맵이라 불리는 사업 계획을 발표한다. 일부 프로젝트나 재단은 거래소에 상장함으로써 투자 유치의 기회로 삼기도 한다. 주로 팀 구성원의 면면과 미래 가능성을 보고 투자와 지지를 받는 경우가 많다. 따라서 해당 프로젝트 혹은 재단이 로드맵을 공개하는지, 또한 그것을 잘 이행하고 달성하는지 등이 투자자에게도 큰 이슈다.

대다수 프로젝트나 재단들은 사업을 진행하는 동안 연간 로드맵을 작성해 투자자들에게 공개한다. 그러나 주식과 달리 사업의 결과 혹은 산출물이 명확히 존재하지 않는 경우가 많다. 그러므로 미래 가치와 가능성에 투자하고 있다는 점에서 프로젝트와 재단이 공개한 로드맵과 이에 대한 이행 여부는 가격에 많은 영향을 끼친다.

로드맵은 다음 그림들과 유사하게 작성되므로, 투자할 때 참고하면 유용한 지표가 될 것이다.

▶ **퀀텀(Qtum, QTUM) 로드맵 예시**

출처: 퀀텀 공식 홈페이지(https://qtum.org/ko/post/2021-roadmap)

▶ 메타디움(Metadium, META) 로드맵 예시

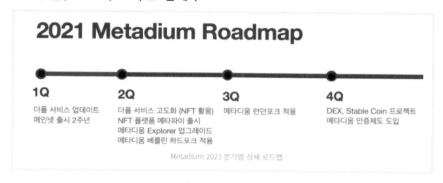

출처: 메타디움 공식 브런치(https://brunch.co.kr/@metadium/185)

▶ 코스모스(Cosmos, ATOM) 로드맵 예시

출처: 코스모스 공식 레딧
(https://www.reddit.com/r/cosmosnetwork/comments/lzx978/cosmos_roadmap_2021_uticojohnny_edition/)

코인의 유통 물량과
소비자의 수요 변화
락업, 밈, 포모

코인의 유통량을 좌지우지하는 '락업' 스케줄

코인 락업Lock-up 스케줄이란 시장에서 유통되는 코인의 물량을 조절하기 위해 재단 또는 프로젝트의 사업계획에 따라 일정 기간 동안 일정 수량의 코인의 유통을 조정하는 계획표라고 할 수 있다. 대다수의 코인은 탈중앙화라는 고유 목적에 맞게 스마트 컨트랙트를 통해 락업 여부와 락업 수량이 공개되어 확인할 수 있으며, 재단 혹은 프로젝트에서는 백서에 공개된 내용에 맞추어 코인의 유통량을 관리하고 있다.

코인 락업 스케줄이 가격에 영향을 줄 수 있는 이유는 크게 2가지다.

첫째, 락업 스케줄에 따라 시장 유통량이 달라지기에 가격의 상승과 하락에 영향을 미친다. 아울러 물량이 늘어나는 일정을 파악할 수 있어 투자자를 보호하는 역할도 할 수 있다.

둘째, 락업 스케줄은 코인 수량의 사용 용도와 계획이므로 생태계를 유지하고 최대한 활성화하는 데 큰 영향을 미치는 요소로 결국 가격과 밀접하게 연관된다.

락업 스케줄은 많은 물량을 보유한 프로젝트나 재단 또는 벤처캐피탈들의 도덕적 해이로 인한 피해로부터 투자자를 보호할 수 있다. 예를 들어 락업 스케줄이 없거나 명확하지 않은 경우 혹은 스마트 컨트랙트를 통해 락업이 걸려 있지 않은 경우, 코인 프로젝트 혹은 해당 프로젝트의 초기 투자자(벤처캐피탈 등)의 도덕적 해이로 인해 자신들이 보유한 물량을 약속과 달리 조기에 매도할 수 있다. 이때 매도

벤처캐피탈Venture Capital
장래 발전 가능성이 있는 벤처기업을 발굴해서 투자하는 것을 본업으로 하는 투자 전문 기업 혹은 그러한 자본을 의미한다. 기술이나 사업 아이템은 있지만 자금이 부족한 초창기 기업들에 투자해 그 기업이 수익을 내거나 지분가치가 상승했을 때 투자금과 수익금을 회수한다.

된 물량은 투자자들이 매수하게 되어 향후 가격이 하락했을 때의 손실을 고스란히 일반 투자자들이 떠안게 된다. 그러므로 락업 스케줄이 명확히 존재하고 그것을 제대로 이행하는 것은 투자자를 보호해 줄 수 있을뿐더러, 가격에 미치는 영향력도 사전에 예측할 수 있게 해 준다.

코인에서 생태계란 말 그대로 코인이 활용될 수 있는 플랫폼 내 경제 환경이라고 볼 수 있다. 이는 토큰 이코노미Token Economy라고도 불리는데, 각 코인들의 백서를 확인하면 재단이나 프로젝트의 사업적 투자계획 시점이나 예산 등을 확인할 수 있다.

시장에 유통되는 코인의 수량은 토큰 이코노미에 따라 조절되기 때문에 당연히 코인 가격에 영향을 미치게 된다. 그렇기에 재단은 생태계를 설계할 때 적정한 코인 가격을 유지하기 위해 계획을 면밀히 세우고 그에 따라 유통량을

조절하게 된다. 초기 진입자들에게 더욱 많은 보상을 제공하게 되는 로직Logic
을 적용해 활성화를 이끌 수 있으므로 유통량은 가격에 큰 영향을 준다.

▶ 디파이 코인, 유니스왑(Uniswap, UNI)의 토큰 분배 현황 예시

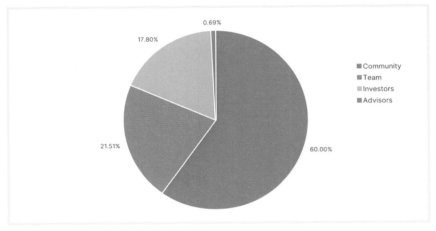

출처: 유니스왑 공식 홈페이지

코인의 수요 심리를 만들어 내는 '포모'와 '밈' 현상

2021년 상반기를 휩쓴 코인 중 하나를 뽑으라고 하면 단연코 도지코인
Dogecoin, DOGE이라고 할 것이다. 도지코인은 2021년 5월 빗썸에도 상장된 프
로젝트로 이름에서 느껴지듯이 재미있고 친근한 코인이다.

오픈소스 기반의 P2P 코인인 도지코인은 라이트코인LTC을 하드포크 해서
생긴 프로젝트로 발행 당시 '장난스러운 화폐'Joke Currency라고 불리기도 했
다. 일본 시바견의 밈Meme을 코인의 상징으로 채택해 더 화제가 되었다. 도
지코인과 관련된 여러 기사나 코인 관련 커뮤니티를 보다 보면 포모나 밈 같

은 단어들이 자주 등장하는 것을 볼 수 있다.

포모란 무슨 의미이고 왜 사용되며 코인 시장에 어떤 영향을 주는 걸까? 포모는 나만 소외되었다는 고립 공포감을 말한다. 기존 마케팅 분야에서는 공급량을 줄임으로써 소비자를 조급하게 만들어서 매출을 증대시키는 포모 마케팅이라는 개념이 활용된 바 있다. 최근 들어서는 자산 시장 혹은 코인 투자 시장에서 흔히 사용된다.

포모FOMO, Fear of Missing Out

심리학적 용어로 고립 공포감을 뜻하며, 사회적 흐름과 동떨어졌을 때 심리적으로 불안해하는 증상을 가리킨다. 특히 투자 시장에서는 나만 수익을 내는 다수의 흐름에서 뒤떨어져 있다는 불안 심리를 갖는 것을 의미한다.

포모 현상은 좋은 기회를 나만 누리지 못하는 것 아닌가 하는 걱정과 불안감으로 촉발된 조급함으로 투자자로 하여금 무분별한 투자에 뛰어들게 만든다. 이는 시장을 과열시키고 과열에 과열을 더해 더욱 흥분시킨다. 때로 포모 현상은 결국 많은 이들이 큰 손실을 입을 수 있는 상황으로 몰고 가는 것이다.

안타깝게도 각종 코인 관련 커뮤니티에서 포모를 이용해 상대를 선동하는 내용의 글들을 쉽게 찾아볼 수 있다. 나만 '벼락거지'가 될 것 같은 불안감에 너도나도 주식이나 코인에 투자하게 만드는 심리가 바로 포모다.

그렇다면 또 밈은 무슨 의미이고 왜 코인과 연관되어 사용되기 시작했을까?

밈이란 원래 영국의 생물학자 리차드 도킨스Richard Dawkins가 1976년 출간한 《이기적 유전자》The Selfish Gene에서 발표한 개념이다. 그런데 최근에는 인터넷에서 유행하는 사진이나 영상을 일컫는 명칭으로 변용되어 사용되고 있다. 도킨스는 인간이 무의식적으로 타인을 모방하게 되는데 타인의 언어나 신념, 사고, 태도, 유행 등이 전달되는 개체를 밈이라 정의했다. 최근 들어 사용되는 밈의 개념에 대해 쉽게 이해하려면 유행이나 흐름을 만들어 내는 이미지나 상징, 대상 같은 것을 떠올리면 된다. 인터넷상에서 유통되는 소위 '짤', '짤방', '패러디' 같은 것을 밈이라 부르기도 한다. 또한 주식 시장에서 실제 기업 가치가 거의 없거나 쇠퇴한 기업의 주식을 입소문으로 유행시켜 주가를 띄우는 '밈 주식' 투자 열풍도 기승을 부리고 있다.

코인 시장에서도 도지코인으로 인해 '개'와 관련된 밈들이 코인으로 만들어지고 유행하기 시작했다. 도지코인이 인기와 유명세를 얻자 이를 모방한 로고, 명칭, 발행량 무제한 같은 유사 특징을 가진 코인들이 우후죽순 격으로 생겨났다. 그중 진돗개와 도지의 합성어처럼 들리는 진도지JinDoge라는 코인은 이를 발행한 개발자가 보유 물량을 팔고 잠적해 많은 피해자를 양산하기도 했다.

그러므로 투자자는 단순한 밈에 의존한 코인, 즉 코인 발행의 목적이 명확하지 않고 단순히 유행을 타는 코인에 투자하는 것을 주의해야 한다. 특히 밈에 불과한 코인에 투자했을 때 큰 피해를 입을 수 있다는 사실을 명심하자.

▶ 도지코인으로 인해 생겨난 관련 밈 코인들 예시

심벌 이미지	코인명	심벌 이미지	코인명
	Dogecoin		DOGEFI
	DOGGY		DogeCash
	UnderDog		Dogeswap
	Dogelon Mars		Corgidoge Real Estate Payment

이렇듯 포모와 밈 현상으로 인해 코인 시장에서 인플루언서Influencer(영향력이 높은 인사)나 유명인의 입김이 커지고 있다. 전기차 제조사인 테슬라 창업자 일론 머스크가 트위터에 도지코인과 관련된 사진과 글을 올리며 도지코인의 가격에 영향을 미친 것과 비트코인 시세를 좌지우지한 사례는 이들의 파급력이 어마어마하다는 사실을 보여 준다.

아래 그림을 보면, 머스크가 도지코인을 언급한 2021년 4월 15일과 16일에 커다란 장대양봉이 나타난 것을 확인할 수 있다. 발행량이 무제한인데다가 이미 천억 개가 발행되었고 1분에 1만 개가 계속 생성되는 도지코인의 가격 상승을 이끌어냈다는 것은 머스크의 발언이 그만큼 투자자들에게 큰 영향력을 행사하고 있다는 방증이다.

공인으로서 시세에 영향을 줄 수 있음을 알고도 특정 코인에 대해 언급하는 행위는 그 자체로 시세

장대양봉

종가가 시가보다 높게 끝난 캔들의 모양을 의미한다. 장이 시작할 때에는 약세였지만 점차 매수세가 강해지면서 장이 마감할 때에는 강세로 끝나는 경우다. 통상 시세가 바닥권일 때 장대양봉이 발생하면 매수세가 강해지는 시그널로 꼽히며, 반대로 시세가 꼭대기권일 때 장대양봉이 발생하면 매도세가 나올 신호로 읽힌다.

▶ **일론 머스크가 트위터에서 도지코인에 대해 언급한 직후의 도지코인 가격 추이**

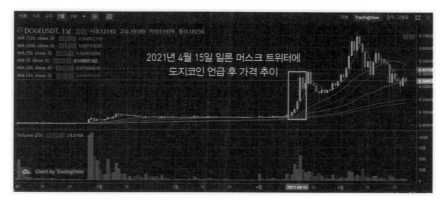

▶ 일론 머스크 트위터에 언급된 도지코인

를 교란할 뿐 아니라 많은 코인 투자자들의 피해를 양산하기도 한다. 공정하고 투명한 코인 시장을 만들어가기 위해서라도 코인 투자자들은 공인들의 시장 개입을 당연시 여겨선 곤란하다. 투기가 아니라 투자를 하기 위해서는 이러한 유명인 혹은 인플루언서의 말에 현혹되지 말고 자신만의 투자 기준을 가지고 임해야만 한다.

코인 가격에 영향을 미치는 요소들은 다양하며 단 한 가지 요소에 대해 심층적으로 살펴보기에도 수많은 정보가 필요하고 노력이 수반되어야 한다. 그러나 고위험 고수익의 특징을 지닌 코인 시장에서 종목을 잘 선별해 내고 잃지 않는 투자를 하기 위해서는 이 장에 소개된 요소들을 제대로 파악하고 있어야 한다.

독자들에게 간곡히 바란다. 이것만 기억하자! 가격이 오른다고 아무 생각 없이 따라서 코인을 사서는 안 된다. 반드시 왜 오르는지 알아야 하고, 여기 언급된 요소뿐 아니라 어떤 이유로 상승하는지 확인해야 한다. 대세 상승장인데도 나만 잘못된 종목을 골라 고점에 매수해서 돈을 잃는다면 너무 억울한 노릇이 아닌가! 섣불리 투자를 할 바에는 차라리 벌지 못해 아쉬운 편이 낫다. 기회는 또 오게 마련이다.

CHAPTER 6

매매의 타이밍을 잡는 예술, 기술적 분석 기법

투자하기 적합한 코인 종목을 선정하였다면 이제 무엇을 알아야 할까? 아마도 많은 이들이 매매의 타이밍에 대해 알고 싶을 것이다. '지금 매수한다면 비교적 저렴한 가격인 걸까?', '오늘 매수했는데 내일 가격이 많이 내리지 않을까?' 이런 고민을 안고 있다면 이번 장이 큰 도움이 될 것이다.

가격의 흐름을 보여 주는 차트는 모든 투자 기관들이 활용하는 주요 분석 도구 중 하나이며 개인 투자자도 쉽게 활용할 수 있는 기본적인 툴이다. 또한 현재 국내외 어느 가상자산 거래소 사이트를 접속하더라도 가장 쉽고 빠르게 접할 수 있는 것이 바로 차트일 것이다. 코인을 투자하고 거래하면서 참고할 수 있는 여러 방법이 존재하지만, 가장 근간이 되며 어떤 코인에든 적용이 가능한 투자법은 단연 차트 분석을 포함한 기술적 분석(Technical Analysis)이라고 할 수 있다.

차트에 대한 기본 지식 없이 코인에 투자한다는 것은 마치 어둠 속에서 손전등 없이 길을 찾아다니는 것과 같다. 차트는 코인의 가격을 도표화한 것이다. 따라서 차트 분석을 통해 과거의 일정 패턴이나 추세를 찾아내어 가격을 예측해 보고, 거기에 반영된 투자자의 심리적인 요인까지 분석해 그 추세에 따라 투자의 적정한 타이밍을 잡아보자.

캔들을 보면 가격 변동의 메커니즘과 심리가 보인다!
캔들 분석법

캔들 차트에서 투자자들의 마음을 읽다

몇몇 기술적 분석가들은 차트 분석이란 오랫동안 데이터가 축적되어 있으며 긴 역사를 자랑하는 주식 시장에서만 통용된다고 주장한다. 하지만 코인 차트 역시 그 흐름을 벗어나지 않는다고 본다. 코인에도 수요와 공급이 존재하며 가격 움직임이 일종의 추세, 즉 트렌드를 이루게 된다. 또한 비록 역사가 짧지만 24시간 쉬지 않고 흘러가는 시장의 특성 덕에 비트코인의 경우만 해도 세상에 나온 이후 약 10년에 걸쳐 2번의 대상승장을 기록한 바 있다.

이번 장에 제시되는 차트 분석의 모든 예시는 비트코인을 통해 보여 주려 한다. 차트 분석은 코인을 투자하는 데에도 하나의 명확한 기준을 제시해 줄 것이라고 확신한다.

기존에 주식 투자 경험이 전혀 없거나 차트를 접해 본 적이 없다 해도 '상한가'나 '하한가', '장이 빨갛다', '파랗다' 같은 말은 들어본 적이 있을 것이다. 차트에서 볼 수 있는 빨간색 혹은 파란색 막대는 '봉'이라고 하며, 생긴 모습이 양초와 비슷하기 때문에 '캔들'Candle이라고도 불린다. 차트 속에 존재하는 이 캔들 하나에는 수많은 의미가 담겨 있다. 캔들 차트는 기술적 분석을 하는 투자자라면 필수적으로 알아야 하는 기본 중의 기본이다. 캔들 하나의 색과 모양이 어떻게 만들어지는지 그 원리부터 차근차근 알아 보도록 하자.

캔들을 구성하는 요소들과 그 특징

캔들에 대해 설명하기 전에 먼저 코인 가격을 구성하는 몇 가지 개념에 대해 알 필요가 있다.

- 시가(始價): 코인 거래가 시작됐을 때 첫 거래가 이루어진 가격
- 고가(高價): 해당 캔들의 기간 내 거래가 이루어진 가격 중 가장 높은 가격
- 저가(低價): 해당 캔들의 기간 내 거래가 이루어진 가격 중 가장 낮은 가격
- 종가(終價): 거래일에 코인 거래가 종료된 시점에 마감된 가격

우리 시장의 경우 상승장이 빨간색, 하락장이 파란색으로 표시된다. 미국의 경우는 그 반대다. 여기서는 한국 시장을 기준으로 설명한다.

흔히 상승장에 만들어지는 빨간색 캔들을 '양봉', 하락장에 만들어지는 파란색 캔들은 '음봉'이라고 부른다. 양봉은 종가가 시가보다 높게 마무리된 캔들이며, 반대로 음봉은 종가가 시가보다 낮게 마무리된 캔들이다. 또한 시가와 종가 사이는 캔들의 '몸통'이라고 부르며, 몸통과 고가 혹은 저가 사이에 만들어지는 선을 캔들의 '꼬리'라고 부른다.

한 개의 캔들이 만들어지는 과정에서 캔들의 색, 몸통과 꼬리의 크기가 어떠냐에 따라 투자자들의 심리를 엿볼 수 있다. 예를 들어 그림에 나오는 1번 캔들의 경우 몸통이 매우 큰 양봉인 것으로 미루어 보아, 캔들의 시작 시점부터 마감 시점까지 투자자들이 매수하려는 심리가 매우 강했던 것을 확인할 수 있다. 반면 2번 캔들의 경우 위에 꼬리가 생긴 것을 볼 때, 강한 매수 후에 매도 심리가 있었다는 것을 확인할 수 있다.

▶ **캔들의 구성**

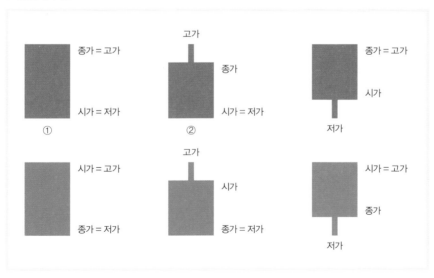

이렇듯 캔들 하나만 가지고도 매수와 매도의 심리를 알아 볼 수 있으며, 여러 개의 연속된 캔들이나 캔들 패턴을 통해서 차트의 흐름도 예측해 볼 수 있다. 수많은 캔들 패턴이 존재하지만 차트의 고점과 저점에서 만들어지는 특정 캔들 패턴은 비교적 신뢰도가 높은 편이므로 꼭 알고 넘어가도록 하자.

상승으로 반전되는 차트의 캔들 패턴

상승으로 반전되는 캔들의 패턴에는 다음과 같은 것이 있다.

'망치형' 캔들 패턴은 음봉보다는 양봉일수록, 몸통의 길이가 짧을수록, 그리고 꼬리가 길수록 상승 추세로의 전환 가능성이 높다.

'역망치형' 캔들 패턴은 보통 차트 저점에서 발견할 수 있으며, 이후 캔들이 큰 양봉을 형성한다면 추세 전환(하락에서 상승 혹은 상승에서 하락)의 신호로 해석할 수 있다.

'상승샅바형' 캔들 패턴은 최저점에서 볼 수 있는 캔들로 몸통의 길이가 길수록 상승 추세로의 전환 가능성이 높다고 볼 수 있다.

'적삼병' 캔들 패턴은 저점과 고점을 높이는 양봉이 연속해서 3개 출현하는 패턴으로 강력한 상승 반전의 패턴이라고 볼 수 있다.

'상승장악형' 캔들 패턴은 기존 음봉을 다음 양봉이 감싸고 있는 형태로 통상 하락 추세에서 발견할 수 있으며 상승 반전의 신뢰도 높은 징후다.

'상승잉태형' 캔들 패턴은 장대음봉 이후 짧은 양봉이 감싼 형태로 하락 추세에 출현한다면 상승 추세로의 전환 신호로 볼 수 있다.

'상승십자잉태형' 캔들 패턴은 기존 장대음봉을 양봉(도지 형태)이 감싸고

▶ **상승반전형 캔들 패턴**

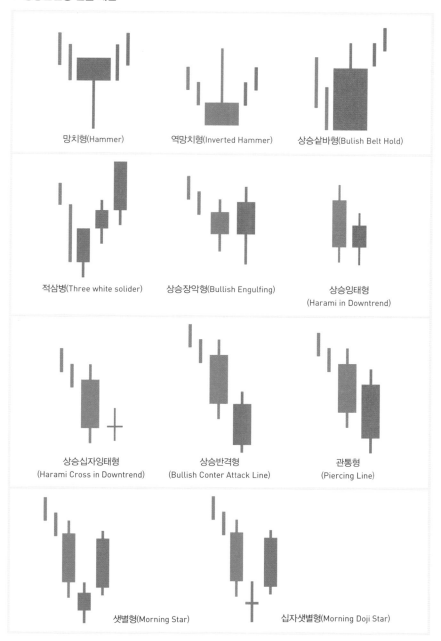

망치형(Hammer)

역망치형(Inverted Hammer)

상승샅바형(Bulish Belt Hold)

적삼병(Three white solider)

상승장악형(Bullish Engulfing)

상승잉태형
(Harami in Downtrend)

상승십자잉태형
(Harami Cross in Downtrend)

상승반격형
(Bullish Conter Attack Line)

관통형
(Piercing Line)

샛별형(Morning Star)

십자샛별형(Morning Doji Star)

있는 형태이며, 추세가 반전되는 신호로 볼 수 있다.

'상승반격형' 캔들 패턴은 음봉의 종가가 이후 양봉의 시가와 비슷한 수준으로 생성되며 강한 반등의 신호라고 볼 수 있다.

'관통형' 캔들 패턴은 양봉의 종가가 이전 음봉의 몸통을 반 이상 넘기게 되는 모양으로 이 또한 강한 상승 반전의 패턴이라고 볼 수 있다.

'샛별형'과 '십자샛별형' 캔들 패턴은 통상 차트의 최저점에서 만들어지는데 큰 장대음봉 이후 2개의 연속되는 양봉이 등장해 U자 형태를 그리는 패턴이다. 매우 강력한 상승 반전 패턴이라고 볼 수 있다.

하락으로 반전되는 차트의 캔들 패턴

하락으로 반전되는 캔들의 패턴에는 다음과 같은 것이 있다.

'유성형' 캔들 패턴은 시가 부근에서 종가가 만들어지는 음봉으로 하락 반전의 신호탄으로 해석할 수 있으니 주의해야 한다.

'교수형' 캔들 패턴은 통상 상승 추세 최고점에서 나타나는 형태로 강한 하락 추세로의 반전 신호로 볼 수 있다.

'하락샅바형' 캔들 패턴 또한 통상 상승 추세의 마지막 부근에 생성되며 강한 하락 반전 신호다.

'하락장악형' 캔들 패턴은 기존 양봉을 긴 음봉이 감싸는 형태로 음봉의 길이가 길수록 하락 반전의 의미가 커진다고 볼 수 있다.

'흑삼병' 캔들 패턴은 적삼병과 반대되는 개념으로 해석 가능하다. 대표적인 하락 신호로 볼 수 있다.

▶ 하락반전형 캔들 패턴

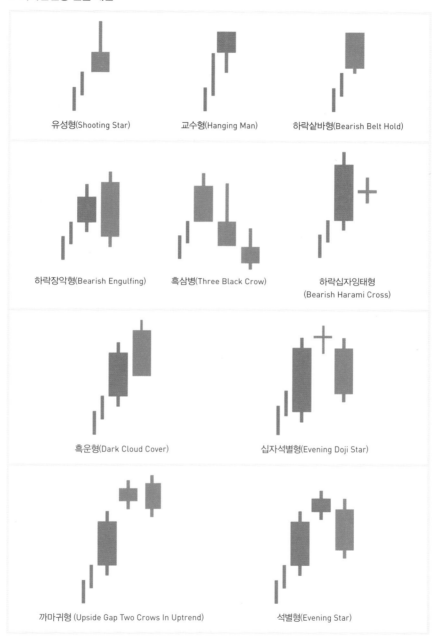

유성형(Shooting Star)

교수형(Hanging Man)

하락샅바형(Bearish Belt Hold)

하락장악형(Bearish Engulfing)

흑삼병(Three Black Crow)

하락십자잉태형
(Bearish Harami Cross)

흑운형(Dark Cloud Cover)

십자석별형(Evening Doji Star)

까마귀형(Upside Gap Two Crows In Uptrend)

석별형(Evening Star)

'하락십자잉태형' 캔들 패턴은 긴 양봉 이후 십자형(도지형) 캔들이 나타나는 형태로 하락 추세로의 전환 가능성이 높은 패턴이다.

'흑운형' 캔들 패턴은 첫 번째 장대양봉 이후 장대음봉이 나타나는 형태로 음봉의 거래량이 많을수록 하락 반전의 가능성이 높아진다.

'십자석별형' 캔들 패턴은 장대양봉 후 십자형 캔들에 이어 음봉이 순서대로 출현하는 형태를 말하는데, 이 역시 강한 하락 반전의 신호가 될 수 있다.

'까마귀형' 캔들 패턴은 마치 두 마리의 까마귀가 나뭇가지 위에 앉아 있는 형태와 유사하다고 해서 붙여진 명칭이다. 장대양봉 후 2개의 짧은 음봉이 출현하며 강한 하락 전환의 신호로 볼 수 있다.

'석별형' 캔들 패턴은 발생 빈도가 높은 하락 반전형 패턴이다. 양봉과 종 모양의 형태를 그리며 거대 음봉이 발생하는데 신뢰도가 매우 높은 하락 반전 신호이니 꼭 기억하도록 하자.

가격의 흐름을 파악할 수 있는 대표적 지표
이동평균선

이동평균선이란?

이동평균선Moving Average(이하 이평선)은 일정 기간 동안 일어난 가격의 연속적인 변동 과정에서 시세의 흐름을 가장 객관적으로 관찰할 수 있도록 평균화해 차트에 옮겨 놓은 선을 말한다. 이평선을 잘 이용하면 코인 시세 평균치의 진행 방향(추세)을 확인하고 분석할 수 있고 이는 미래 시세의 움직임을 예측 가능하도록 돕는다.

기술적 분석 및 차트 분석에서 가장 기본적으로 볼 수 있는 이평선은 5일, 10일, 20일, 60일, 120일, 200일, 300일 정도로 구분할 수 있다. 이 중 5일, 10일, 20일 평균선이 단기 이평선 지표로 주로 활용되며, 60일과 120일 평균선은 중기 이평선, 200일, 300일 평균선은 장기 이평선으로 적용된다. 특히

20일 이평선의 경우 '생명선'이라는 별칭을 지닐 만큼 가격 흐름을 예측하는 데 중요하므로 반드시 기억하도록 하자.

차트에서 이동평균선 설정하는 법

차트에서 이동평균선을 설정하기 위해서 오른쪽 그림과 같이 따라 해 보자.

첫째, 차트 상단에 있는 목록 중에서 '지표'를 클릭한다.

둘째, 검색창이 뜨는데, 그곳에 'MA'라고 입력하면 '이동 평균'Moving Average이라는 항목이 나온다. 이것을 클릭해서 지표에 추가한다.

셋째, 차트 상단 왼편에 있는(+)를 클릭해 이평선 목록을 펼친 다음 '설정'을 클릭해 선택한다.

넷째, '인풋'에 있는 '길이' 값을 입력한다. 예를 들어 20일 이평선을 보고 싶다면 20을 입력하면 된다.

다섯째, '모습' 항목에서 편의에 맞게 이평선의 색상이나 두께 등을 변경할 수 있다.

이평선을 활용한 투자법에 대해 알아 보기 전에 이평선이 갖는 성질 몇 가지를 파악해 참고한다면 큰 도움이 될 것이다.

- 상승 추세에 있을 때 코인의 가격은 일반적으로 이평선 위에서 움직이면서 상승한다.
- 반대로 하락 추세에 있을 때 코인의 시세는 일반적으로 이평선 아래에서 움직이며 하락한다.

▶ 이동평균선 설정하는 법

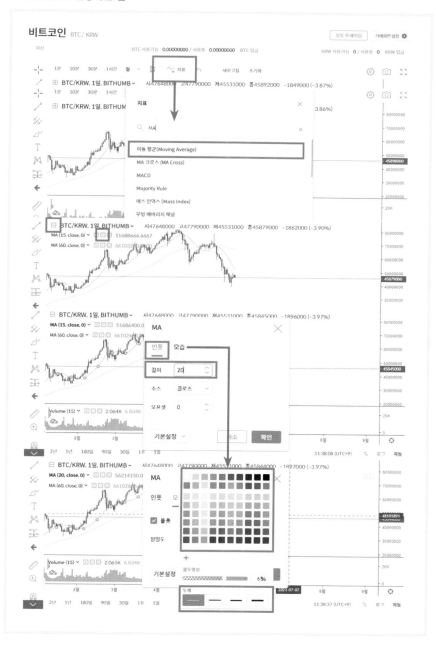

– 코인 가격이 이평선을 하향 돌파할 때는 가격이 추가적으로 하락할 확률이 높아진다.

– 코인 가격이 이평선을 상향 돌파할 때는 가격이 추가적으로 상승할 확률이 높아진다.

– 코인 가격과 이평선 간의 이격도(간격)가 높아질 경우, 가격은 다시 이평선 쪽으로 붙으려는 성질을 가지고 있다.

이동평균선을 통해 추세를 분석하는 방법

이동평균선을 활용해서 추세를 분석하는 방법에는 다음과 같은 것이 있다.

첫째, 이평선 배열을 활용해서 추세를 분석할 수 있다.

현재 코인 가격이 하락하는 추세인지 상승하는 추세인지 확인하는 가장 기본적인 방법은 차트 상 이평선이 어떤 순서로 배열되어 있는지를 확인해 유추해 내는 것이다. 이는 이평선의 정배열과 역배열이라고 불리는데 간략히 설명하면 다음과 같다.

– 정배열: 코인 가격→5일선→10일선→20일선→60일선→120일선→200일선 순서로 차트상 위에서 아래로 순서대로 배열된 상태로, 매우 강한 상승 추세라고 볼 수 있다.

– 역배열: 200일선→120일선→60일선→20일선→10일선→5일선→코인 가격 순서로 위에서 아래로 배열된 상태로, 매우 강한 하락 추세라고 볼 수 있다.

▶ 이평선 분석법 ① 이동평균선의 정배열과 역배열

이렇듯 차트는 정배열과 역배열 전환 과정을 반복하며 순환하기 때문에, 코인 가격 추세를 한눈에 알아 볼 수 있다.

둘째, 이평선을 활용해 지지선과 저항선을 파악해 거래하는 방법도 있다.

주요 이평선들은 가격의 지지선 혹은 저항선의 역할을 하기도 한다. 코인

▶ 이평선 분석법 ② 이동평균선이 지지선과 저항선의 역할을 하는 구간

의 시세가 상승 중일 경우 이평선은 가격의 지지선(그 밑으로는 내려가지 않음) 역할을 한다. 이평선을 하향 이탈해 가격이 하락하게 될 경우 해당 이평선은 지지선에서 저항선(그 위로는 올라가지 않음)으로 전환되고 가격이 재상승할 경우 저항선 역할을 하게 된다. 보통 일봉 기준 20일 이평선의 신뢰도가 높은 편이니 참고하도록 하자.

이평선을 활용한 매매 방법으로 널리 알려진 것은 골든 크로스Golden-Cross와 데드 크로스Dead-Cross를 활용하는 것이다. 단기 이평선이 중장기 이평선을 아래에서 위로 상향 돌파하는 것을 골든 크로스라고 하며, 반대로 단기 이평선이 중장기 이평선을 위에서 아래로 하향 돌파하는 것을 데드 크로스라고 한다. 일반적으로 골든 크로스는 매수의 시그널로 분석할 수 있으며, 데드 크로스는 매도 시그널로 활용할 수 있다.

너무 많은 이평선을 동시에 활용할 경우 골든 크로스와 데드 크로스의 기준을 잡기가 힘들 수 있기 때문에, 단기 이평선과 중장기 이평선 중 2~3개만 활용해 기준을 잡는 것이 좋다.

▶ **이평선 분석법 ③ 이동평균선 3개를 활용해 관측한 골든 크로스와 데드 크로스**

지지선과 저항선 등 가격의
등락 지점을 포착하는 방법
추세선 활용법

추세의 의미와 신뢰성

추세란 전반적으로 가격이 흐르는 '방향'이라고 정의할 수 있다. 대체로 차트는 저점과 고점 사이를 지그재그로 움직이며 가격을 형성해 나가지만, 추세는 이러한 저점과 고점이 전체적으로 움직이는 방향이라고 볼 수 있다.

추세선은 코인의 가격이 불규칙적으로 급변하는 차트에서는 적용하기가 쉽지 않다. 그러나 일정한 기간을 두고 저점이나 고점이 점차적으로 낮아지거나 높아지며 길게 그려진 추세선의 경우, 그 중요성은 매우 높다고 볼 수 있다.

또한 추세선의 기울기가 높으면 높을수록 쉽게 무너질 수 있음을 의미하며 완만할수록 예측 신뢰도가 높아진다고 볼 수 있다. 그러나 사실상 보편적으로 적용되는 명확한 기준은 존재하지 않는다. 그러므로 다양한 코인 차트를 보면서 여러 차례 추세선을 그려 보는 연습을 하면서, 이를 참고해서 분석하는 꾸준한 노력이 필요하다.

차트에서 추세선을 설정하는 방법

차트에서 추세선을 설정하기 위해서 다음과 같이 따라 해 보자.

첫째, 차트 내 왼편에 있는 '드로잉 툴바'에서 '트렌드 라인 툴' 옆에 있는 화살표를 클릭한다.

▶ **차트에서 추세선 설정하는 방법**

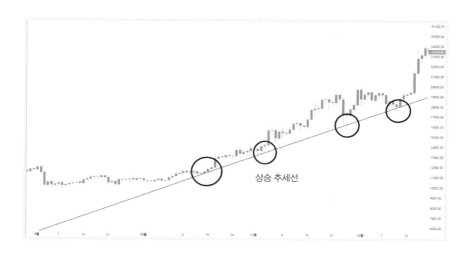

상승 추세선

둘째, 해당 목록에서 '추세줄'을 클릭한 다음, 그리고자 하는 추세선을 취사선택한다.

셋째, 차트 안을 클릭해서 추세선을 작성해 보고, 원하는 색상이나 선 너비 등을 설정할 수 있다.

추세선을 그리기 위해서는 최소한 2개의 저점 혹은 고점이 있는 차트가 필요하다. 3개 혹은 그 이상의 고점이나 저점이 있을수록 해당 추세선의 신뢰도는 매우 높아지며 더욱 정확한 추세선을 그릴 수 있다. 또한 차트의 시간 단위를 늘려서(분봉〈시간봉〈일봉〈월봉) 추세선을 그릴수록 더욱 강력하며 신뢰도 높은 추세선이 만들어진다.

추세선을 활용한 투자 방법

작성된 추세선을 가격이 하락 혹은 상승해 돌파하는 경우, 가격 변동에 유의하면서 이를 잘 활용해 매매해야 한다.

추세선을 활용한 매수 신호는 다음과 같은 4가지 경우다.

첫째, 가격이 상승 추세선을 상향 돌파하는 경우.

둘째, 가격이 평행 추세선을 상향 돌파하는 경우.

셋째, 가격이 하락 추세선을 상향 돌파하는 경우.

넷째, 가격이 삼각수렴을 상향 돌파하는 경우.

▶ 매수 신호 ① 차트 상 가격이 상승 추세선을 상향 돌파하는 경우

▶ 매수 신호 ② 차트 상 가격이 평행 추세선을 상향 돌파하는 경우

▶ 매수 신호 ③ 차트 상 가격이 하락 추세선을 상향 돌파하는 경우

하락 추세선 상향 돌파

▶ 매수 신호 ④ 차트 상 가격이 삼각수렴을 상향 돌파하는 경우

삼각수렴 상향 돌파

추세선을 활용한 매도 신호는 다음과 같은 경우에 해당한다.

첫째, 가격이 하락 추세선을 하향 돌파하는 경우.

둘째, 가격이 평행 추세선을 하향 돌파하는 경우.

셋째, 가격이 상승 추세선을 하향 돌파하는 경우.

넷째, 가격이 삼각수렴을 하향 돌파하는 경우.

▶ 매도 신호 ① 차트 상 가격이 하락 추세선을 하향 돌파하는 경우

▶ 매도 신호 ② 차트 상 가격이 평행 추세선을 하향 돌파하는 경우

▶ **매도 신호 ③ 차트 상 가격이 상승 추세선을 하향 돌파하는 경우**

상승 추세선 하향 돌파

▶ **매도 신호 ④ 차트 상 가격이 삼각수렴을 하향 돌파하는 경우**

삼각수렴 하향 돌파

알고 보면 가장 쉬운
차트 매매 방법
MACD

매수·매도 시그널을 포착하는 최고의 보조 지표

코인 차트의 시세는 일정한 방향으로 움직이는 과정에서 등락을 반복한다. 이러한 불규칙한 변동 폭에서 해당 코인의 가격이 상승 추세에 있는지 하락 추세에 있는지 한 번에 알기가 쉽지 않다. 하지만 MACDMoving Average Convergence and Divergence를 활용하면 이를 파악할 수 있다.

　MACD란 앞에서 설명한 장기·단기 이평선 간의 움직임을 통해 매수와 매도 시그널을 포착할 수 있도록 도움을 주는 보조 지표다. MACD는 MACD 선과 시그널선으로 구성되어 있다.

　기본 원리는 장기 이평선과 단기 이평선이 서로 멀어지면(다이버전스, Divergence) 언젠가 다시 가까워지며(컨버전스, Convergence) 교차하게 된다는 성질을 이용한 것이다. MACD선과 시그널선의 교차점을 이용해 비교적 단순한 방법으로 매매 타이밍을 포착하는 게 가능하다.

차트에서 MACD 보조 지표를 설정하는 방법은 다음과 같다.

첫째, 차트 내 상단 목록 중에서 '지표'를 클릭한다.

둘째, 검색창에 'MACD'를 입력한 다음 해당 지표를 클릭해서 추가한다.

기본 세팅을 사용하면 되고 추가적인 설정은 별도로 없다.

▶ **차트에서 MACD를 설정하는 방법**

MACD 보조 지표를 활용한 매매법

MACD선과 시그널선을 활용한 매매 방법은 이평선을 활용한 방법보다 좀 더 간편하다. MACD선(파란색)이 시그널선(주황색)을 아래에서 위로 상향 돌파하면 골든 크로스로 간주해 매수 시그널로 해석하고, 반대로 위에서 아래로 하향 돌파하면 데드 크로스로 보아 매도 시그널로 해석한다.

▶ MACD 골든 크로스와 데드 크로스를 통한 가격 변동 예시

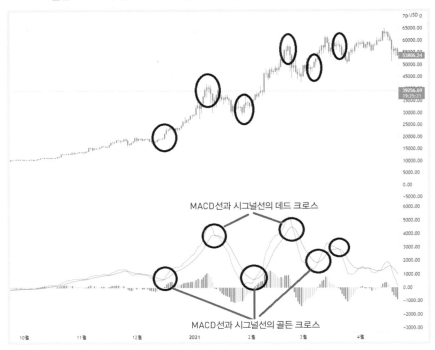

투자 심리 지표를 활용한 매매 방법론

RSI 보조 지표

시장 참여자들의 열기를 측정할 수 있는 도구

시세가 급등하거나 급락할 때, 투자자는 어디가 꼭지이고 어디가 바닥인지 파악하기 어렵다. 이럴 때 누구라도 언제가 매도의 적절한 타이밍이며 어느 시점이 매수하기 좋은 지점인지 고민하게 된다.

이때 추세 전환을 포착하는 데 활용할 수 있는 지표가 있다면 좋지 않을까? 다행히도 그런 지표가 존재한다. 상대강도지수RSI, Relative Strength Index라는 보조 지표가 그것이다. 현재 추세의 강도를 객관적으로 보여 주는 지표로서 RSI 분석을 통해 도출된다. 이 지표를 활용하면 모두가 과도하게 매수에 열광할 때 섣불리 나서는 것을 자제하게 해 주거나 오히려 매도의 타이밍이라고 판단해 적합한 선택을 하게 해 준다. 반대로 다수가 두려워 움츠려 있을 때 저점을 포착해 매수의 타이밍을 잡을 수도 있다.

상대강도지수는 다른 말로 투자자들의 '공포–탐욕' 지수라고도 할 수 있다. 차트에서 상대강도지수RSI 보조 지표를 설정하는 방법은 다음과 같다.

첫째, 차트 내 상단 목록 중에서 '지표'를 클릭한다.

둘째, 검색창에 'RSI'를 입력한 다음 '상대강도지수'를 클릭해서 추가한다.

▶ **차트 상 상대강도지수(RSI)를 설정하는 방법**

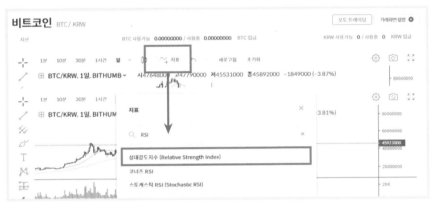

상대강도지수를 활용한 매매법

상대강도지수는 현재 시점의 차트가 얼마나 강력한 상승 추세에 있는지, 혹은 하락 추세에 있는지를 백분율로 보여 주는 지표다. 평균적으로 RSI 70 이상은 과매수(적정 수준 이상으로 구매), 50은 보통, 그리고 30 이하는 과매도(필요 이상으로 판매) 상태라고 판단할 수 있다.

이론적으로 RSI의 값은 0부터 100의 극단까지도 도출될 수 있다. 하지만 실제로는 70 이상일 경우 과도한 매수 상태로 판단해 매도 타이밍을 잡을 수 있으며, 30 이하일 경우 과도한 매도 상태로 판단해 매수 기회를 포착할 수 있다.

그러나 맹신은 금물이다. RSI는 어디까지나 시장 가격에 입각해 직관적으로 만들어진 지표이기 때문에, 단순히 70 이상 혹은 30 이하라고 해서 반드시 그에 맞춰 매수나 매도를 하는 것은 위험할 수 있다. 강한 상승 추세에서 상대강도지수가 70 이상을 기록했는데도 이후로도 지속적으로 상승하는 경우도 있다. 따라서 상대강도지수는 다른 여러 지표를 1차적으로 참고한 상태에서 2차적으로 상호 검증하는 지표로 활용한다면 큰 도움이 될 것이다.

▶ 상대강도지수(RSI) 과매도와 과매수 예시

차트 속에 숨겨진 의미를 활용해 추세 전환을 포착한다
다이버전스

차트 상의 가격과 MACD, RSI 지표와의 이격 활용법

다이버전스, 즉 이격이 발생한다는 것은 차트 속 가격의 움직임이 RSI 혹은 MACD 등 보조 지표의 움직임과 일치하지 않고 반대 방향으로 움직이는 경우를 의미한다.

다이버전스가 발생하는 이유는 코인의 가격이 움직이는 동안 추세의 힘이 서서히 약해지거나 강해지고 있기 때문이다. 이는 곧 추세의 전환이 일어날 수 있음을 판단하는 근거로 활용될 수 있다.

즉 강한 매수가 이어지던 추세에서 매도로 전환되는 시점 혹은 반대로 강한 매도가 이어지던 추세가 매수로 전환되는 시점 등을 포착할 수 있는 것이다.

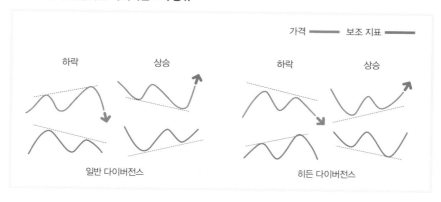

다이버전스를 활용한 추세 전환 포착 방법

차트와 보조 지표 간의 이격을 활용해 추세 전환을 포착하는 방법에는 다음과 같은 것이 있다.

첫째, 일반 하락 다이버전스Negative Divergence로 가격 고점이 계속해서 상승하고 있는데도 보조 지표(RSI, MACD 등)의 고점은 하락하는 상태를 말한다. 이 경우는 얼마지 않아 가격이 하락 추세로 전환할 수 있음을 의미한다.

둘째, 일반 상승 다이버전스Positive Divergence로 가격 저점이 하락하고 있기는 하지만 보조 지표(RSI, MACD 등)의 저점은 오히려 상승하고 있는 상태를 말한다. 이 경우는 가격이 상승 추세로 전환할 수 있음을 나타낸다.

셋째, 히든 하락 다이버전스Negative Hidden Divergence로 가격 고점이 하락하고 있는데도 보조 지표(RSI, MACD 등)의 고점이 상승하고 있는 상태를 말한다. 이 경우는 하락 추세가 지속될 수 있음을 나타낸다.

넷째, 히든 상승 다이버전스Positive Hidden Divergence로 가격 저점이 상승

▶ 일반 하락 다이버전스 예시

▶ 일반 상승 다이버전스 예시

▶ 히든 하락 다이버전스 예시

가격 고점 하락

가격 하락

RSI 고점 상승

하고 있고 보조 지표(RSI, MACD 등)의 저점은 하락하고 있는 상태를 말한다.
이 경우는 상승 추세가 지속될 수 있다는 의미로 해석된다.

▶ 히든 상승 다이버전스 예시

가격 상승

가격 저점 상승

RSI 저점 하락

어디선가 한 번은
들어봤는데…
엘리어트 파동 이론

투자심리의 패턴을 파동으로 예측한다

엘리어트 파동 이론은 코인뿐만 아니라 주식에 투자하면서도 한 번쯤은 들어 봤을 만한 가장 대중적인 이론 중에 하나다. 하지만 내용이 복잡하므로 여기 서는 간략하게 짚고 넘어가려고 한다.

엘리어트 파동은 1930년대 철도회사 회계원 출신인 랄프 넬슨 엘리어트Ralph Nelson Elliott가 분석해 발표한 파동 이론을 가리킨다. 엘리어트는 주식 시장의 움직임과 인간의 모든 행동은 패턴Pattern, 비율Ratio, 시간Time이라는 3가지 요소로 구성되며, 이는 피보나치수열과 일치한다고 분석했다. 엘리어

블랙 먼데이Black Monday
증시 대폭락을 일컫는 말. 1987 년 10월 19일 뉴욕 증시는 개장 하자마자 엄청난 수량의 매도 주 문이 쏟아지면서 당일에만 22.6 퍼센트가 폭락했다. 이날이 월요 일이었기 때문에, '검은 월요일' 이라는 의미의 '블랙 먼데이'라 는 이름이 붙었고 이는 대폭락을 지칭하는 의미로 쓰이게 되었다.

트는 해당 이론을 근거로 미국의 대폭락장인 블랙 먼데이를 비롯해 이후 이어진 상승장까지도 정확히 분석해 냈다. 하지만 이 이론은 당시 대중들에게는 잘 알려지지 않았는데, 이후 1960년대에 이르러 해밀턴 볼튼Hamilton Bolton 이 엘리어드 파동 이론을 통해 다우존스 지수 하락을 정확히 예측해 더욱 명성을 얻게 되었다.

> **다우존스 지수Dow Jones Averages**
> 다우존스 산업평균지수. 미국 증시에서 30개 대표 주요 종목의 주가들을 산술평균해 산출한 지수. 미국 증시 동향과 시세를 가늠할 수 있는 뉴욕 증시의 대표적인 주가지수다.

엘리어트 파동 이론의 개요

엘리어트 파동 이론은 차트 안 가격의 움직임은 상승의 5파와 하락의 3파 등 총 8개의 파동을 통해 끊임없는 사이클이 순환한다는 법칙에 기반한다. 파동 이론에 대해 더욱 깊이 있는 이해를 하려면 황금분할 비율을 나타내는 피보나치수열 및 되돌림 비율에 대해 공부할 필요가 있다. 여기서는 그것까지 다루지는 않겠다.

충격 파동Impulsive Wave은 추세와 같은 방향으로 나타나는 파동으로, 뒤 페이지 그림과 같이 3번의 상승 파동(1, 3, 5)과 2번의 조정파동(2, 4)으로 이루어진다. 조정 파동Corrective Wave은 추세와 반대 방향으로 나타나는 파동으로 3개의 파동A, B, C으로 이루어진다.

▶ 엘리어트 파동의 기본 움직임

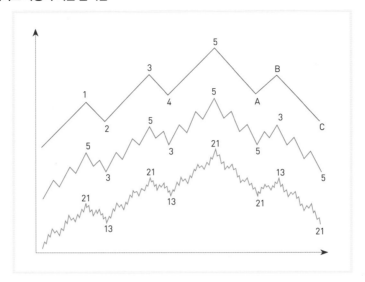

출처: Wikipedia, 'Elliot Wave Principle'

엘리어트 파동의 절대 법칙

이때 파동을 구성하는 절대적인 법칙이 존재한다.

첫째, 2번 파동의 저점은 1번 파동의 저점 밑으로 내려갈 수 없다.

둘째, 상승 파동인 1, 3, 5번 파동 중에서 3번 파동은 1번과 5번 파동보다 파동의 규모가 상당히 크며 절대 가장 짧은 파동이 될 수 없다.

셋째, 4동 파동의 저점은 절대 1번 파동의 고점에 맞닿을 수 없다.

넷째, 5번 파동은 높은 확률로 3번 파동의 고점을 돌파한다.

이렇듯 엘리어트 파동 이론은 가상자산 차트에서도 적용될 수 있는 보편적 개념이므로 참고해 보면 도움이 될 것이다.

▶ 엘리어트 파동을 코인 차트에 적용한 예시

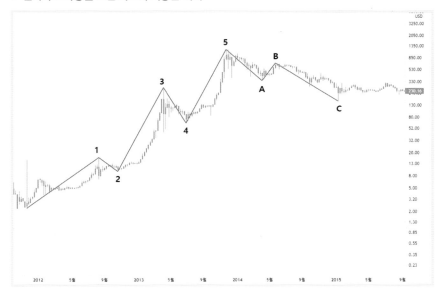

나는 지금까지
차트를 잘못 보고 있었다?
다양한 차트 활용법

차트를 여러 형태로 변형해서 보는 법

코인에 투자하며 여러 차트 분석가들의 내용을 참고하다 보면, 똑같은 시점의 차트인데도 내가 보고 있는 것과 다르게 생긴 형태를 본 적이 있을 것이다. 많은 초기 투자자들이 그런 경우를 접하고는 한참을 헤매며 기본 설정을 이리저리 바꿔보곤 한다.

차트에는 기본적으로 2가지 유형이 존재한다.

첫째, 선형 차트Linear Chart다. 일반적으로 차트의 기본 설정으로 사용되며 투자자 대부분이 처음 접하게 되는 차트다. 차트의 Y축이 가격이라는 절대 수치로 표기되기 때문에, 가격의 변동폭이 상대적으로 높아 보이는 것이 특징이다.

둘째, 로그 차트Logarithmic Chart도 있다. Y축이 상승률과 하락률 퍼센트를 기준으로 형성된다. 일반적으로 캔들의 길이가 시세의 움직임을 표현하는 일반 차트와 달리, 이 차트의 캔들은 손익비율의 움직임을 나타낸다.

선형 차트에서 로그 차트로 변경하는 법

선형 차트에서 로그 차트로 변경하는 방법은 다음과 같다.

첫째, 차트 상단 목록에서 설정을 뜻하는 톱니바퀴를 선택한다.

둘째, '눈금' 메뉴를 클릭한 다음 '로그'를 선택한다.

▶ **로그 차트로 설정을 변경하는 방법**

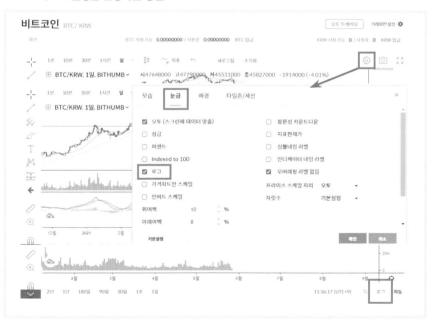

더 간단하게 차트 하단에 있는 '로그'를 클릭해도 변경된다.

아래 그림처럼 같은 비트코인 차트라도 선형 차트로 볼 때에는 초대형 상
승 이후에 급락으로 마치 시장이 붕괴된 것 같은 인상을 준다. 하지만 로그
차트로 보게 되면 장기 상승 추세가 지속된다는 것을 확인할 수 있다.

▶ 비트코인 선형 차트

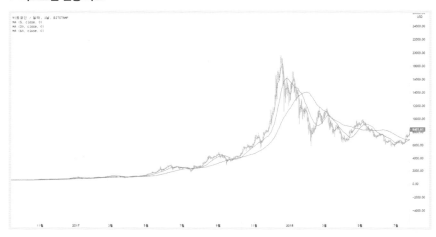

▶ 비트코인 로그 차트

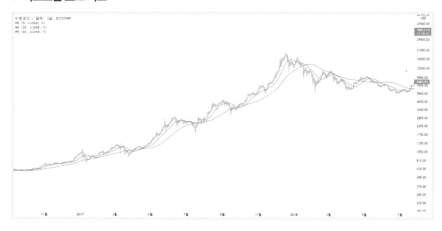

그렇다면 코인을 거래할 때 어느 쪽 차트를 참고하는 것이 더 정확성이 높을까? 정답은 존재하지 않는다. 몇몇 투자자들은 해외에서 로그 차트를 더 많이 보기 때문에 그쪽이 정확도가 더 높다고 주장한다. 또 몇몇은 짧은 기간 내에서는 선형 차트의 정확도가 높다고도 주장한다.

차트를 분석할 때에는 선형 차트를 이용해 절대 값을 기준으로 하는 가격의 급등락 정도를 파악하는 방법과 로그 차트를 이용해 오차를 계산하고 커다란 추세의 흐름을 확인하는 방법, 이 두 가지를 병행하는 것을 추천한다. 그렇게 하면 24시간 끊임없이 흘러가는 코인 시장에서 여유롭게 시황을 바라보는 관점을 획득함과 동시에 효율적인 매매 성공 확률을 높일 수 있을 것이다.

CHAPTER 7

안전하고 지속가능한
코인 투자법

당신은 지금 얼마나 안전하고 지속가능한 코인 투자를 하고 있는가? 큰맘 먹고 투자한 당신의 소중한 자산, 그 수익률이 지금 롤러코스터를 타고 있다면 도대체 어디서부터 잘못된 것일까? 지금부터 코인을 안전하게 더 오랜 시간 동안 투자할 수 있는 방법을 찾아보도록 하자. 스스로의 투자 방식과 비교해 본다면 좀 더 성공적인 투자의 길을 발견할 수 있을 것이다.

이번 장은 자산가치의 변동성이 매우 큰 코인 시장에서 '어떻게 하면 조금 더 안전하고 장기적으로 투자 활동을 진행할 수 있을까?' 하는 질문에서 시작하게 되었다. 모든 직접투자에서 기본이 되는 원칙, 그리고 코인 시장에서 매매할 때 반드시 필요한 체크리스트를 점검해 보고, 상승장과 하락장이 교차하는 하루를 가설로 설정해 상반되는 투자 패턴을 보인 2명의 개인 투자자의 행동과 거래 방식을 서로 비교해 보았다. 이를 통해 코인 투자를 할 때 '절대 해서는 안 되는 행동'과 '지속하면 좋은 습관' 몇 가지를 확인하고, 영속적인 투자 활동에 필요한 기본기가 무엇인지 다시 한 번 생각해 보고자 한다.

여기서 제시하는 내용이 단기간에 높은 수익률을 보장하는 절대적인 매매 기법은 아니다. 그러나 평생 투자의 관점에서 나의 자산을 안정적으로 방어함과 동시에 지속적으로 수익을 내기 위해 필요한 투자의 기본 원칙들을 다시 한 번 상기해 볼 수 있는 기회가 되기를 바란다.

잃지 않는 코인 투자를 위한 기본 원칙
나만의 투자 원칙

투자 전성시대, 당신만의 투자 철학이 필요하다

오늘날 우리는 '점심으로 뭐 먹을까?' 하는 생각보다 '오늘은 무슨 종목을 사볼까?'를 골몰하는 데 더 익숙해질 만큼 개인 투자 활동이 일상화된 시대를 살고 있다. 계좌를 개설하기 위해 번거롭게 은행이나 증권사 영업점에 방문하지 않아도 되고, 스마트폰만 있으면 MTSMobile Trading System를 설치해서 누구나 시공간의 제약 없이 전문 트레이더와 동일한 조건에서 거래를 진행할 수 있다.

과거에는 기관투자자들의 전유물처럼 여겨지던 다양한 경제지표를 비롯한 투자 정보들이 최근에는 개인이 일상적으로 소비하는 하나의 콘텐츠가 되었다. 지금 이 순간에도 각종 커뮤니티와 SNS를 통해 각자가 수립한 투자 전략과 종목에 대한 분석으로 열띤 토론이 펼쳐지고 있으며, 유튜브에는 수많은 인플루언서들이 투자 전문가라는 타이틀로 활동하고 있다. 이처럼 너도나도 투자 시장에 경쟁적으로 참여하는 상황에서 '돈 복사'의 대열에 합류하지 못하면 벼락거지 신세를 면할 수 없다는 자조 섞인 푸념이 나올 수밖에 없다.

개인 투자자들의 자금이 대거 유입되면서 시장 전반의 유동성은 더욱 풍부해졌지만, 개별 자산의 가격과 변동 추이를 예측하기는 더욱 어려워졌다. 특히 24시간 거래가 지속되는 글로벌 코인 시장은 2020년 4분기부터 시작된 기관투자자들의 매수세에 힘입어 2021년 1분기까지 대세 상승장을 지속해 왔다. 모든 코인 자산의 가격이 단기간에 급등하는 강세장이 이어졌다.

많은 개인 투자자들이 2021년 1분기에 펼쳐진 대세 상승장 분위기에 편승해 공격적인 투자 활동을 진행했다. 결과적으로 이 시기에는 저평가 우량주를 선별해 장기 투자하는 전략보다는 지금 당장 급등할 경주마를 선별하는 안목이 더 각광 받은 게 사실이다. 무릎에서 사서 어깨에서 파는 신중한 투자보다는 달리는 말에 최대한 빠르게 올라 탈 수 있는 용자勇者만이 가장 높은 수익률을 달성할 수 있었다.

하지만 급속도로 과열된 시장에서 언제든 하락이 도래할 것이라는 염려는 곧 현실이 되었다. 2021년 5월부터 시작된 하락장은 시장에 적지 않은 충격을 안겨 주었다. 대다수 코인 투자자들은 1분기에 쌓아올린 수익률을 제대로 방어하지 못했으며, 뒤늦게 새로이 코인 시장에 진입한 신규 투자자들 역시 시작과 동시에 큰 실패를 경험하는 낭패를 보게 되었다.

투자를 할 때에는 반드시 계획과 목표를 수립하자

코인 시장은 전 세계 각 국가별 거래소에서 24시간 중단 없이 거래가 지속되고 가격 변동성이 매우 크다는 특성을 지닌다. 따라서 단기간 내에 큰 수익을 기대할 수도 있지만 그만큼 원금 손실의 위험성도 매우 높다.

현재 코인에 투자를 하고 있거나 앞으로 투자를 진행할 의향이 있는 사람이라면, 원금 손실의 위험성이 있는 만큼 자신이 지금 얼마나 명확한 '계획'과 '목표'를 수립하고 투자를 진행하고 있는지 다시 한 번 되짚어 볼 필요가 있다. 그래서 누구나 알지만 잘 지키지는 못하는 몇 가지 투자 원칙들을 한 번 더 상기해 보도록 하자.

첫째, 매수하는 시점에 매도 목표가를 수립할 것.

단기 매매를 위해 특정 코인을 매수했다면, 매수하는 시점부터 매도 목표 가격을 명확하게 수립하는 게 좋다. 이때 이익을 실현하기 위한 '익절가'와 손실을 최소화하기 위한 '손절가'를 각각 설정한다. 그런 다음 설정한 매도 가격에 도달하면 뒤도 돌아보지 않고 기계적으로 매도를 실행하는 습관을 가져야 한다. 명확한 매도 목표가를 설정하는 행위는 투자 원금 손실을 최소한으로 방어하고 지속적으로 시장에 참여할 수 있는 기회를 보존하는 가장 기본적인 안전장치라고 할 수 있다.

투자자 심리상 본인의 실패를 인정하고 나중에 혹여나 오를 수도 있는데도 손실을 감수하고 과감

익절

코인을 매수한 다음 수익이 난 상태에서 매도하는 것을 말한다. 가격이 더 올라갈 것 같아서 더 큰 수익이 기대되더라도 수량 중 전부 또는 일부를 매도함으로써 실제로 현금 수익을 얻는 행위다.

손절

코인 매수한 다음 손실이 난 상태에서 매도하는 것을 말한다. 가격이 상승 반전해서 올라갈 수도 있지만 더 하락할 경우에 대비해 수량 중 전부 또는 일부를 매도함으로써 손실 범위를 좁히는 행위다.

히 매도하는 것은 매우 어렵다. 그래서 많은 투자자들이 손절 목표가를 설정하더라도 이를 지키지 못하고 평균 매수 단가(평단가)를 낮추기 위해 추가 매수를 진행하는 소위 '물타기'를 하게 된다. 하지만 이는 장기 투자나 원금 회복 후 탈출을 위한 방법으로는 적합할지 모르나 더 큰 수익을 실현하려는 목적으로는 적합하지 않다. 물타기에 실패할 경우 손절해야 할 금액은 추가 매수한 금액에 비례해 늘어나게 된다. 특히 단기매매를 위해 매수한 코인을 물타기 하는 것은 약간의 손실을 보더라도 더 좋은 기회를 찾을 수 있는 다른 선택을 차단한다. 또한 소중한 자산을 가라앉는 배에 싣는 것과 같은 결과를 가져올 수도 있으므로 가급적 지양해야 한다.

물타기
매수한 코인의 가격이 하락할 때 추가로 매수함으로써 평균 매수 단가를 낮추려는 행위를 말한다.

둘째, 보유기간을 고려해서 자산 포트폴리오를 구성할 것.

'달걀을 한 바구니에 담지 마라'라는 투자 격언에 따라 안정적인 투자처와 비교적 위험하지만 성장성이 높은 투자처를 고루 선별해 투자하는 일명 포트폴리오Portfolio 투자를 권장한다. 이를 통해 리스크를 줄이고 투자 수익을 극대화할 수 있기 때문이다. 코인 시장에서도 이 원칙은 동일하게 적용된다. 부동산, 주식, 채권 등 다른 자산 투자 대비 코인 투자의 비율 포트폴리오도 중요하며, 코인 전체 투자금액이나 각 코인의 보유기간을 고려한 자산 포트폴리오 관리도 필수적이다.

대다수 투자자들이 일단 코인을 매수한 후 보유기간과 관련된 목표는 잘 수립하지 않는다. 그저 막연하게 수익이 많이 나거나 손실이 너무 커져 위험하다고 느낄 때까지 방치하는 경향이 있다. 그러나 새로운 코인을 매수할 때는 얼마나 오랜 기간 보유할지에 대해 한번쯤 생각해 보는 것이 좋다. 증권 시장에서도 실적 발표와 배당락일 전후로 특정 종목에서 큰 폭의 가격 변동이 발생하듯이, 코인도 에어드랍, 네트워크 업그레이드, 파트너십 확대 등 개별 호재들이 갖는 유효기간이 분명 존재한다.

매수한 코인의 호재가 내가 매수한 시점으로부터 언제까지 유효할지 사전에 판단해 보고, 설정한 보유기간까지 목표가격에 도달하지 못했을 경우에는 과감하게 매도하고 새로운 투자 자산을 발굴하는 것이 좋다. 더 나아가서 전체 자산의 포트폴리오를 장기투자 목적의 자산과 단기투자 목적의 자산으로 분류하고, 자산별 보유 비율을 계획적으로 일정하게 유지하는 노력을 지속할 필요가 있다. 그렇게 하면 갑작스런 추세 전환이나 큰 폭의 하락장이 발생했을 때 수익률의 손실을 최소화할 수 있다.

셋째, 총 투자자금에서 일정 수준의 현금 비중을 상시 유지할 것.

코인 시장이 장기적으로 우상향할 것이라고 판단해서 적금을 넣듯이 특정한 코인을 가격이 떨어질 때마다 지속적으로 매집하는 투자자들도 많다. 그렇더라도 전체 투자자금을 점진적으로 상향하되 총 투자자금 중 현금 자산의 비율을 상시 일정하게 유지하는 것이 매우 중요하다.

시장이 전체적으로 큰 폭의 변동성을 보일 때 보유한 투자자금을 즉각적으로 매매에 사용하지 않고 현금으로 보존하는 것은 현실적으로 매우 어렵다. 하지만 현금을 사용할지에 대해서 충분한 여유를 갖고 신중하게 판단하는 것이 좋다. 거래소에 코인을 매수하지 않은 현금 자산을 일정 비율 남겨두는 것이 좋다. 거래소가 아닌 은행 통장에 보관해도 되지만 출금할 때마다 수수료가 발생하므로 감안해 결정하면 된다. 장기투자를 목적으로 하는데 현재 투자자금 전액을 모두 코인으로 보유하고 있다면, 지금이라도 일부는 수익을 실현해 매도하고 현금으로 일정 비율을 보유할 것을 추천한다.

코인 투자계획과 목표 수립 방법

누구나 잘 알지만 실천하지 못하는 투자계획과 목표 수립 방안을 요약하면 다음과 같다.

- 신규 자산을 매입할 때에는 익절과 손절 매도 목표가를 매수와 동시에 설정하고 이에 도달하면 기계적으로 매도를 실행한다.
- 전체 보유자산 중 보유기간에 따른 장기·단기투자 자산을 분류하고 시장 상황에 따라 그 비중을 적절히 조절하여 포트폴리오 형태로 총 자산을 관리한다.
- 총 투자자금 중 일부는 거래소에 현금으로 보관하고 그 비율을 일정하게 유지한다.

코인 투자의 특징을 잘 활용한
매매 원칙
매매 전 체크리스트

매매를 할 때는 거래량을 최우선으로 확인하자

코인이 수량이 한정된 상품이라고 생각해 보면, 코인 가격은 수요와 공급의 원칙에 따라 형성될 것이다. 코인을 구매하려는 사람이 판매하려는 사람보다 많으면 코인 가격은 상승하고, 반대로 코인을 판매하려는 사람이 구매하려는 사람보다 많으면 코인 가격은 하락한다.

2018년 1월부터 시작된 하락·횡보장에서 많은 개인 투자자들이 비트코인을 매도했고, 동시에 거래량이 큰 폭으로 감소하면서 비트코인 가격이 500만 원 이하까지 내려갔다. 2020년 10월부터 시작된 상승장에서는 개인과 기관 투자자들이 동시에 비트코인을 매수하기 시작하면서 거래량도 점진적으로 증가했고, 2021년 3월경 비트코인 가격은 7천만 원을 돌파했다.

코인 시장에서 개별 코인의 거래량은 매수·매도로 체결되는 수량의 총 합계를 의미한다. 2017년부터 2021년까지 비트코인의 가격 변동 추이를 통해서도 알 수 있듯이 거래량과 코인의 가격은 밀접한 연관성을 갖는다. 거래량이 늘어나면 해당 코인에 대한 수요와 공급이 활발해지고 있다는 증거다. 상대적으로 가격이 낮은 지점에서 횡보하는 코인의 거래량이 점진적으로 증가하는 추세를 보일 경우에는 가격 상승의 시작을 전망할 수 있다. 반대로 상대적으로 가격이 높은 지점에서 거래량이 큰 폭으로 감소하는 현상이 나타나면, 가격의 하락이 시작되는 변곡점이라고 해석할 수 있다.

거래량의 증감과 가격의 등락은 일반적으로 비례하는 움직임을 보이지만 그렇지 않은 경우도 있다. 거래량은 늘어나는 추세인데 가격이 오르지 않는다면, 가격이 상승하지 못하는 리스크 요인(악재)이 있을 확률이 높다. 이런 경우에는 악재의 내용을 정확하게 인지하고 위험도를 주관적으로 판단해서 매수 여부를 결정하는 게 좋다. 이와 반대로 거래량이 줄어드는 추세인데 가격이 내려가지 않는다면, 가격이 추가로 상승할 만한 호재가 있거나 현재의 가격을 방어하려는 세력이 있을 확률이 높다. 이 경우에는 호재의 실현 가능성을 객관적으로 판단해 보는 동시에 세력이 매집하고 있는 가격 구간대를 분석해서 익절가와 손절가를 다시 설정하는 게 유리하다.

코인 거래소에는 상승·하락에 대한 제한 정책이 없으므로 짧은 시간 동안 거래량이 폭발적으로 증가해 특정 코인이 일시적으로 높은 가격을 형성하는 경우를 자주 볼 수 있다. 가격이 급격히 상승한 시점을 기준으로 전후 거래량의 상승 추세가 증명되지 않은 상태에서 급하게 매수하게 되면, 높은 가격이 지속되지 못하고 빠르게 원래 가격으로 되돌아와 단기간에 큰 손실을 보는 경우가 많다. 그러므로 단기간에 거래량이 크게 상승한 코인을 매수하려는 경우에는 반드시 상승 전후 거래량 증가폭의 평균치를 면밀히 살펴보고 매매 여부를 결정하는 게 좋다.

매매를 결정하기 전에 정확한 변동률을 인지하자

코인은 24시간 거래가 지속되고 가격 변동성이 크기 때문에, 변동률 정보는 매매를 할 때 매우 중요한 기준이 된다. 대다수 투자자들이 신규로 매수할 코인을 탐색할 때 위아래로 변동률이 높은 코인을 위주로 살펴보게 되는데, 변동률을 확인할 때는 한 가지 주의할 점이 있다. 대부분의 거래소가 변동률 기준의 기본값을 '전일기준'으로 설정해 두고 있다. 그런데 여기서 '전일'의 기준 시간은 거래소마다 다를 수 있다.

예를 들어 빗썸은 매일 자정(00시)에 전일기준 변동률이 초기화되지만, 국내 다른 거래소들 중 몇몇은 주식 시장과 동일하게 UTC(협정세계시)를 기준으로 09시에 초기화한다. 그래서 큰 변동률을 보인 코인을 탐색할 경우, 현재의 변동률 기준 시간을 정확하게 인지하고 있어야 한다. 동시에 차트를 확인해서 유의미한 변동률이 발생한 시점과 현재의 상태를 종합적으로 판단해 매매 여부를 결정하는 게 좋다.

빗썸에서는 코인 목록에서 변동률 정보의 기준 시간을 '전일대비', '24시간', '12시간', '1시간', '30분'으로 선택하여 조회할 수 있다. 이 기능을 잘 활

▶ **변동률 기간 설정**

용하면, 오랜 시간 높은 등락률을 유지하는 코인과 짧은 시간 내에서 급등락 추세가 보이는 코인을 한눈에 탐색하는 데 편리하게 사용할 수 있다.

매매 전에는 글로벌 시세를 꼭 확인하자

개별 코인의 가격은 거래소마다 시세가 다르게 형성된다. 거래소 간 자유로운 입출금이 가능하고 수요와 공급의 원칙에 따라 거래소마다의 가격은 근소한 차이를 보이며 일반적으로 평균 2~3퍼센트 내외의 차이로 움직인다. 그러나 특정한 이유에 의해서 특정 거래소에서만 가격이 높거나 낮게 왜곡되는 현상이 발생하는 경우가 있다. 시장 전반의 분위기와 수급상황에 따라 가격이 왜곡되는 현상의 대표적인 예는 '김치 프리미엄'과 '역프리미엄'을 들 수 있다. 그 외에도 거래소마다 코인의 입출금 상태와 거래량에 따라 코인의 가격은 왜곡될 수도 있다.

> **김치 프리미엄과 역프리미엄**
> 해외를 기반으로 하는 거래소와 국내를 기반으로 하는 거래소 간 시세 차이가 발생하는 경우, 국내 거래소의 시세가 더 높은 현상을 '김치 프리미엄', 반대의 경우를 '역프리미엄'이라고 부른다. 이러한 시세 차이를 이용해 거래소 간의 재정거래를 시도하는 투자자도 있다. 프리미엄 관련 현황은 크라이프라이스(cryprice.com), 김프가(kimp.ga) 등을 통해 쉽게 확인할 수 있다.

첫째로 유의할 사항은 코인의 '입출금 상태'가 가격에 영향을 주는 경우다. 이러한 현상을 일컬어 일명 '가두리 펌핑'이라고 한다. 특정 거래소에서 특정 코인의 입출금을 차단해 해당 코인의 가격이 비정상적으로 상승하는 현상이다. 가두리 펌핑이 발생하는 이유는 외부 입출금이 차단될 경우 특정 자산의 가격이 해당 거래소 내부에서만 형성되는 환경이 조성되기 때문이다. 특정 상품의 수출입이 차단되면 해당 상품 가격이 국내 생산자에 의해서만 결정되는 현상과 동일하다고 보면 된다. 가두리 펌핑은 정상적인 호재에 의한 가격 상승이 아니므로 자산 가치가 급등하고 있다고 착각해서는 안 된다.

둘째로 유의할 사항은 현재 이용 중인 거래소와 다른 거래소 간 가격 차이가 난다고 무리하게 재정거래를 계획하는 것이다. 재정거래란 예를 들어, A거래소에서 1개당 100원인 코인이 B거래소에서는 200원이라서 A에서 매수해 B로 출금한 후 매도해 100원의 시세차익을 얻고자 하는 행위를 말한다. 하지만 이렇듯 시세차익을 노린 투자를 고려할 경우에도 거래소별 입출금 상태와 거래량을 반드시 체크해야 한다. 가격이 큰 폭으로 차이가 나는 거래소의 경우, 해당 자산이 입금은 되는데 출금이 안 되는 경우가 있다. 글로벌 시세를 따라가지 못할 만큼 거래량이 없는 상태일 수도 있기 때문이다. 그러므

▶ 글로벌 시세 확인

로 특정 거래소에서 코인을 매매할 때는 반드시 거래량이 많은 주요 글로벌 거래소들의 평균 시세를 확인한 후 진행해야 한다. 왼쪽 그림처럼 빗썸에서는 각 코인별 주문 화면 내에서 글로벌 주요 거래소의 시세를 함께 표시해 주고 있으므로, 매매할 때 이를 반드시 확인하는 습관을 갖는 게 좋다.

수수료를 대수롭지 않게 여기지 말자

코인을 거래소에서 매수·매도하면 체결된 금액을 기준으로 거래 수수료가 부과된다. 수수료 정책은 거래소마다 상이하지만, 일반적으로 주문 금액의 일정 비율(1퍼센트 미만)의 수수료를 받고 있다. 수수료 비율이 워낙 낮고 체결된 이후 자동으로 정산되어 차감되므로 많은 투자자들이 수수료를 비용이라고 인지하지 않는 경우가 많다. 하지만 평생투자를 진행하는 관점에서 반드시 생각해야 할 부분 중 하나는 거래 수수료도 분명 '비용'이며, 특히 투자 활동에 가장 큰 비중을 차지하는 '직접비'라는 사실이다.

빗썸에서 사용자가 비트코인 1,000만 원어치를 매수한 다음 10%의 수익을 내고 1,100만 원에 매도했다고 해 보자. 그러면 매수할 때 25,000원, 매도할 때 27,500원의 거래 수수료가 발생하고(빗썸의 기본 수수료율 0.25퍼센트 적용), 수수료는 거래소에서 자동으로 정산되어 자산에서 차감된다. 특히 거래 금액이 크거나 회전율이 높은 단타나 스윙 투자자에게는 거래횟수와 금액에 비례해 더 많은 수수료가 지속적으로 발생하므로, 이를 상당한 '비용'으로 인식할 필요가 있다.

빗썸에서는 투자자들의 수수료 부담을 줄여 주기 위해 거래 수수료를 할인 받을 수 있는 '수수료 정액 쿠폰'을 상시 판매하고 있으며 누구나 구매할 수 있다. 빗썸의 기본 거래 수수료 정책은 0.25퍼센트지만 수수료 쿠폰을 잘 활용하면 적게는 0.2퍼센트에서 최대 0.04퍼센트로 실 수수료 비율을 낮출 수 있다.

▶ **수수료 정액 쿠폰**

잘 벌고 있다는 감각만으로는 부족하다
수익 결산과 기록

총 매입금액의 수익률을 체크하자

빗썸 거래소 사용자들의 방문 비율과 체류시간이 가장 높은 페이지 중 하나가 바로 '자산현황'이다. 많은 투자자들이 2개 이상 여러 종류의 코인을 보유하고 있다. 자산현황은 시세에 따라 실시간으로 평가손익이 업데이트되므로, 내 자산의 변화를 실시간으로 조회하고 모니터링하기 위해서 많은 이용자들이 즐겨 찾는 것이다. 자산현황에서 가장 중요한 정보는 코인을 매입한 전체 금액을 기준으로 계산되는 총 수익률과 총 평가손익이다. 그런데 초보 투자자들은 총 투자금액의 손익보다 개별 자산의 손익과 수익률에 더 집착하는 오류를 범하는 경우가 많다.

예를 들어 보자. 총 매수금액 100만 원으로 A코인(60만 원), B코인(20만 원), C코인(20만 원)을 보유한 홍길동이라는 투자자가 있다. 수익률은 A코인이 −10퍼센트, B코인이 +15퍼센트, C코인이 +10퍼센트다. 가장 높은 비중을 차지하는 A코인의 평가손익은 −6만 원, B코인과 C코인은 각각 +3만 원, +2만 원이므로, 홍길동의 총 평가손익은 −1만 원이다.

분명 투자 실적이 마이너스 상태인데도, 초보 투자자인 홍길동은 자신의 자산현황을 보면서 투자를 잘하고 있다고 착각하기 쉽다. 개별 자산으로 봤을 때 1개만 손실 중일 뿐 2개는 수익이 나고 있기 때문이다. 심지어 B코인의 수익률이 +15퍼센트나 되므로 A코인의 −10퍼센트의 숫자는 실제 손실보다 더 낮게 인지되는 경향이 있다. 이것을 '빨강의 착시'라고 표현하고 싶다.

투자할 때 개별 자산의 수익률은 분명 중요하다. 그러나 총 보유자산의 수

▶ 나의 자산 화면 예시

익률이야말로 내 투자 활동의 진짜 스코어이며, 무엇보다 가장 중요한 정보다. 그러므로 개별 자산의 수익률을 보고 만족하지 말고 자산별 매입 비중과 총 수익률과 평가금액을 수시로 체크해야 한다. 그를 통해 전체 포트폴리오 관점에서 자산 상태를 점검하는 습관을 갖는 게 좋다. 자신의 자산현황을 하나의 펀드상품이라고 여기고 총 수익률을 기준으로 자산현황을 바라보는 습관을 갖는 것이 좋다.

신뢰도 높은 투자 정보만을 참고하자

증권 시장에는 산업과 지수를 분석하고 특정한 종목에 대한 투자 의견을 제시하는 전문적인 애널리스트들이 많다. 애널리스트가 발간하는 리포트에는 개별 종목에 대한 투자 의견이 결론으로 담겨 있다. 모든 제안 근거에는 숫자로 증명할 수 있는 다양한 데이터가 존재하며, 증권사와 애널리스트는 해당 내용에 대한 책임을 갖는다.

그런데 과연 코인 시장에서는 증권사에서 발간하는 리포트만큼 신뢰할 만한 투자 정보가 있을까? 코인 시장에는 안타깝게도 기술적 측면, 투자의 측면 어디로 보아도 객관성 있는 데이터를 기반으로 매매에 대한 신뢰도 높은 투자 의견을 제시할 수 있는 공신력 있는 기관이 존재하지 않는다. 재단별 공시 정보, 코인 전문 미디어, 온체인 데이터, 각종 코인 관련 지수 등 투자를 할 때 참고할 만한 다양한 정보들이 있다. 하지만 어디까지나 개별적으로 존재하는 서비스일 뿐이며, 특정 코인의 매매 여부에 대한 객관적인 판단을 뒷받침해 주는 자료라고 볼 수는 없다.

이처럼 질적으로 보증할 만한 투자 정보가 없는 환경에서 코인 시장에 뛰어든 개인 투자자들은 커뮤니티와 SNS에서 생산되는 정보에 대한 의존도가 굉장히 높은 실정이다. 그래서 개인들이 올리는 '의견'을 투자 '정보'로 착오하는 현상이 많이 발생한다. 특히 각종 코인 커뮤니티에는 지금도 투자 정보로 가장한 근거 없는 뉴스와 특정 코인의 가격을 부추기는 '선동 게시물'들이 끝없이 생산되고 있다.

그러므로 코인에 투자하는 사람이라면 출처를 알 수 없는 수많은 정보 대신 객관적인 지표로 증명할 수 있는 자료를 최대한 수집하고, 스스로 매매에 대한 결정을 내리기까지의 과정에 그 무엇보다 많은 시간과 비용을 투자해야 한다.

자산현황에 보유 중인 코인들을 어떤 정보와 과정에 의해 매수하게 됐는지 지금 당장 복기해 보자. 투자의 기본 중의 기본은 철저한 목표와 계획이며, 매매는 정보와 타이밍의 싸움이라고 할 수 있다. 데이터로 증명할 수 있는 투자 정보 제공처가 없는 코인 시장에서 '나는 어떤 투자 정보를 기준으로 코인에 투자하고 있는가?' 진지하게 생각해 볼 필요가 있다. 이 질문에 대한 명확한 답을 내릴 수 없다면, 내가 보유중인 코인 자산에서 기대할 수 있는 수익률 역시 아무런 근거 없는 희망일 뿐이다.

지치는 투자 VS. 오래 가는 투자
투자자의 하루 일과

흑두루미와 성실개미의 투자 라이프

다음은 가상으로 꾸며본 투자자 2명의 일상이다. 둘의 하루를 지켜보면서 당신은 어느 쪽에 해당하는지 한 번 상기해 보기 바란다.

[07:00]

— 흑두루미: 자산현황이 빨갛게 불타는 꿈을 꾸며 열심히 자고 있다.

— 성실개미: 전날 미국 주식 시장 마감 시황을 조회하고 오늘 기준으로 보유중인 코인 자산과 관련한 대응책을 생각한다. 아침까지도 대세 상승장 분위기를 유지하고 있지만, 2021년 글로벌 금융시장은 인플레이션과 금리인상 우려와 코인 산업 전반에 대한 각국의 규제 이슈로 인해 리스크가 커진 상태

다. 그러므로 언제든 큰 하락장이 올 수 있다는 사실을 상기한다. 매일 국내외 증시와 주요 메이저코인들의 가격 추이, 거래소에 입금되는 수량 등을 모니터링하면서 상승장일수록 매매에 더욱 신중하게 접근한다.

[08:00]

– 흑두루미: 출근길에 빗썸에 로그인해 모든 코인의 시세와 자산현황의 수익률을 조회하고 오늘 아침에는 어떤 코인이 오를지 차트를 보며 예측해 본다. 전일대비 가격상승률이 여전히 높게 유지되는 코인들을 보며 '어젯밤에 사놓고 잘 걸.' 하고 후회하면서, 간밤에 가격이 급등한 코인들을 관심종목에 추가한다.

– 성실개미: 빗썸에서 00시를 기준으로 가격의 유의미한 움직임이 있었던 코인을 탐색해, 글로벌 시세 및 거래량을 비교한다. 커뮤니티와 경제지 기사 등을 참고해 어젯밤 코인 시장 전반에 눈에 띄는 호재나 악재가 없었는지 체크하고, 보유하고 있는 코인 자산의 재단 게시물, 공시 정보 등을 재확인한다. 마지막으로 오늘 오전 매매할 코인과 관심종목에 새롭게 추가할 코인을 선별해 투자 전략을 수립한다.

[09:00]

– 흑두루미: 9시 기준 변동률 상위 코인을 내림차순으로 정렬하여 거래량과 상승률이 가장 높은 코인을 빠르게 추격 매수한다. 너무 빨리 올라 체결이 안 되자 지정가 매수를 포기하고 시장가 매수를 실행해 놓고 계속 지켜본다. '10퍼센트 정도만 수익이 나면 팔아야 되나?', '팔았는데 계속 오르면 어쩌지?' 등등의 고민이 꼬리를 물어 머릿속이 복잡해진다.

– **성실개미**: 전체적인 시장 분위기가 어제의 상승 추세가 오전까지도 계속 이어질 것이라고 판단하고, 관심종목에 등록해 둔 코인을 새롭게 매수하기 위해 미체결 상태에 있는 코인의 매수 호가를 상향 조정한다. 새롭게 매수할 코인과 카테고리가 중복된 코인들의 비중을 조절하고, 거래량이 하락하고 있는 종목들은 수익률과 상관없이 매도해서 일정 비율 원화 잔액을 유지한다.

[11:00]

– **흑두루미**: 9시에 시장가로 매수한 코인의 호가창이 계속 요동치다가 마이너스 수익률이 됐지만, 이것은 세력들이 매집을 위해 일시적인 개미 털기 현상이라고 생각한다. 흔들리는 호가창과 레이저빔이 난무하는 1분봉 차트를 멍하니 구경한다.

– **성실개미**: 투자 활동을 하지 않고 본업에 임한다. 9시에 이미 매수·매도할 종목의 목표가를 설정한 다음 지정가 알림을 등록해 두었기 때문에 굳이 수시로 거래소에 방문해 시세를 체크하지 않는다. 오후로 접어들수록 전체적인 시장 분위기가 아침과 달리 횡보 후 조정 국면으로 들어서는 추세라고 판단해, 미체결 매수 건을 취소하고 시장 분위기를 관망한다.

[13:00]

– **흑두루미**: 오후에 시장이 급격히 하락장으로 반전되면서 급등세를 이어가던 알트코인들이 계단식으로 하락하는 모습을 보인다. 9시에 추격 매수한 코인의 수익률이 −10퍼센트 이상 발생했다. '손절을 해야 하나?', '물타기를 해야 하나?' 계속 고민한다. 어제까지만 해도 계속 상승 분위기였고, 분봉 차트상으로 지금이 바닥이라고 판단해 물타기를 하기로 결심한다. 하지만 지금

당장 매수할 자금이 없어서, 보유자산 중 수익률이 가장 좋거나 손실이 가장 적은 코인을 매도해서 손실이 큰 코인을 추가 매수한다.

- **성실개미**: 점심시간에 코인 시장에 영향을 주는 악재가 무엇인지 확인했는데, 주요 선진국 위주로 코인 산업 전반에 대한 규제가 강화될 것이라는 소식이 눈에 띈다. 장기적인 관점에서 가격 상승을 저해하는 요소라고 판단, 보유자산 중 수익률이 높은 코인 수량 일부를 분할 매도해서 현금 비중을 더 많이 확보한다.

[15:00]

- **흑두루미**: 모든 신경이 온통 오늘 매수하고 물타기까지 한 코인에 집중되어 있다. 물타기로 마이너스 수익률이 절반으로 희석됐지만, 현재가격에서 손절하는 것은 전혀 고려하지 않는다. 금방 상승 반전이 일어날 것이라고 아무 근거 없는 희망회로를 돌려본다.

- **성실개미**: 단기적으로 큰 하락이 왔을 때 장기투자 관점에서 매집하려 했던 코인의 지정가 알림을 다시 등록해 놓고 본업에 충실한 시간을 보낸다. 코인 시장에서의 투자 활동은 평생 지속할 일상의 한 부분이라고 생각하므로 시장 분위기가 단기적으로 하락장으로 전환되어도 실시간으로 민감하게 반응하지 않는다.

[18:00]

- **흑두루미**: 오전에 물타기한 종목이 횡보하다가 추가적으로 하락하고 있지만 '내일은 오르겠지.' 생각하며 존버 하기로 결심한다. 대신 오늘 가장 상승률이 높은 새로운 코인들을 선별해 차트를 분석하고 새롭게 매수한다. 코인

커뮤니티에 내가 보유한 코인을 언급한 게 있는지 살펴봤지만 계속되는 하락으로 부정적인 글들만 눈에 띈다.

- **성실개미:** 오후부터 진행된 하락 추세가 모든 코인에서 지속되고 있어서 기존 보유자산의 예상 수익이 큰 폭으로 줄었다. 거래량도 동반해 감소하는 것을 확인하고 하락 추세가 지속될 것이라고 판단한다. 목표로 설정한 익절·손절 가격을 다시 조정한다. 오늘 매도를 통해 현금 보유량이 대폭 늘어났으므로 추세를 보고 장기 보유자산의 비중을 높이는 전략으로 전체 포트폴리오를 재구성해야겠다고 생각한다.

[22:00]

- **흑두루미:** 존버 하기로 결심한 코인의 가격은 지속적으로 하락하고 있고 신규로 매수한 코인 역시 마이너스 수익률을 기록하고 있다. 오늘따라 더욱 '남들은 다 코인으로 돈 복사 잘하고 있는데 나만 못하고 있는 건 아닐까?' 조급함이 든다. 하지만 현재 보유중인 코인들 중 하나만 50퍼센트 이상 급등해 만회해 주기를 기대해 본다.

- **성실개미:** 오늘 밤 나스닥 개장 상황을 확인하니 하락세로 출발하는 분위기이며, 코인 시장에도 특별한 호재가 없으므로 밤새 낙폭이 더욱 커질 것이라고 예측한다. 보유자산의 현금 비중을 계획한 목표의 최대치로 확대한다. 동시에 단기매매 목표로 최근에 매수한 자산의 손절 가격을 조금 더 상향 조정한 후, 빗썸의 자동주문 기능을 활용해 자동으로 매도될 수 있도록 설정한다. 그리고 저점에서 매집 후 장기 보유할 코인을 선별해 매우 낮은 매수 호가에 주문을 걸어둔다.

[24:00]

— **흑두루미:** 점점 더 파랗게 변해가는 자산현황과 차트를 하염없이 바라본다. 마이너스 수익률이 계속 커지고 있어서 불안감에 잠이 오지 않는다.

— **성실개미:** 본업과 내일의 투자 활동을 지속하기 위해 숙면을 취한다.

흑두루미가 잘못한 점

흑두루미가 보낸 하루를 보고 어떤 생각이 들었는가? 분명 무엇이 잘못되었는지 짚어낼 수 있을 것이다. 일반적인 투자자의 패턴과 관련해 몇 가지 핵심적인 문제점을 지적하면 다음과 같다.

첫째, 다양한 채널을 통해서 투자 정보를 탐색하는 데 할애하는 시간이 적다.

흑두루미의 투자 생활 대부분은 거래소에서 차트와 자산현황을 모니터링하는 것으로 이루어진다. 투자는 정보와 타이밍의 싸움이라고 할 수 있으며 거래소의 차트와 호가는 시장에서의 호재와 악재가 이미 반영된 결과일 뿐이다. 전업 투자자로서 초단타 매매를 목적으로 하는 투자자가 아니라면 거래소에서 차트를 모니터링 할 시간에 글로벌 금융시장 전반의 지표와 개별 코인에 대한 정보를 수집해 자신만의 투자 포트폴리오를 수시로 재설정하는 등 계획을 수립하는 데 많은 시간을 할애하는 게 좋다.

둘째, 손절한 금액으로 물타기를 진행했다.

보유종목에 물타기를 하는 것은 수익이 나기를 기대하는 게 아니라 손실 폭을 줄여서 빠르게 탈출하기 위한 목적이 되어야 한다. 만약 물타기에 실패하면 손실 규모는 더 커지기만 할 뿐이다. 특히 흑두루미는 물타기를 위해 수익률이 좋은 다른 자산을 매도했는데, 이는 기대수익이라는 기회비용을 더 큰 손실과 교환한 것으로 최악의 결과를 만들어낸다.

셋째, 목표 설정 없이 수시로 자산을 변경했다.

가격이 급격히 상승하는 코인을 추격해 매수하는 행위가 무조건 실패하는 투자 패턴이라고 볼 수는 없다. 하지만 매도에 대한 명확한 계획 없이 급등하는 코인을 시장가로 추격 매수하면서 보유자산의 포트폴리오를 수시로 변경하는 것은 굉장히 나쁜 투자 습관이다. 급등락이 발생해 매수한 자산이 일시적으로 큰 수익을 낼 수도 있겠지만, 매도 목표가 계획 수립이 안 된 상태로 매수한 자산은 수익이 발생해도 적절한 시점에 매도하기가 불가능하다. 그래서 결과적으로 보면 작은 실현손익만을 보고 정리하게 되거나, 근거 없는 희망회로만 돌리다가 큰 마이너스 금액이 발생하고 나서야 뒤늦게 손절하는 행동을 반복할 확률이 높다.

성실 개미가 잘한 점

성실 개미의 하루를 보고 어떤 생각이 들었는가? 많은 이들이 지향하지만 막상 투자 활동에 들어가면 잘 되지 않는 형태다. 이는 장기적이고 안정적인 투자를 위한 기본 요소들로, 몇 가지 핵심 패턴을 요약하면 다음과 같다.

첫째, 국내·해외 유가증권 시장의 시황을 매일매일 체크했다.

미국 증시 마감 시황이나 국내 증시 개장 상황을 파악해, 당일 코인 시장의 매매 전략에 반영하는 것은 좋은 습관이다. 코인 시장과 증권 시장은 엄연히 다르지만, 금리와 환율, 주요 선진국 거래소의 증시는 코인 시장의 유동성과 가격 방향성에도 영향을 주는 요소들이다. 그러므로 이를 매일매일 모니터링 해서 글로벌 금융시장 전체의 흐름과 분위기를 파악하며 매매 전략을 수립하는 것이 좋다. 특히 코인 시장에서는 일시적으로 강한 매수세가 형성되어 시장의 상승장이 연일 지속되는 시기에는 추세가 언제든지 하락장으로 바뀔 수 있다고 생각하고, 보수적으로 매매를 진행하는 게 안전하다.

둘째, 보유자산에서 현금 비중을 일정하게 유지했다.

상승장일 때 대부분의 개인 투자자들이 간과하는 부분이 보유자산 포트폴리오에서 원화 잔고의 비율을 일정하게 유지하는 것이다. 모든 코인의 가격이 하루가 다르게 오르고 있을 때는 최대치의 수익을 얻고자 하는 욕심으로 투자자금 전액으로 즉시 코인을 매수하고 자산을 수시로 바꿔가면서 거래하는 경우가 많다. 일상생활에서 단기·장기 목적을 달성하기 위해 계획적으로 행동하고 위급한 상황에 대비해 비상금을 비축하는 것과 마찬가지로, 투자 활동에서도 자산 포트폴리오에 대한 명확한 목표와 계획을 수립하고 총자산의 일정 비율은 원화로 보유하는 습관을 들일 필요가 있다. 원화를 일정 수준 보유한 투자자는 시장에 큰 폭의 조정과 충격파가 왔을 때, 이를 기회로 삼아 매우 다양한 매매 전략을 펼칠 수 있다.

셋째, 일상생활을 해치지 않는 선에서 투자 활동을 이어갔다.

대부분의 개인 투자자들은 전업 투자자가 아니며, 코인 시장에서 모든 투자자가 단시간에 고수익을 달성하기는 현실적으로 어렵다. 지속적으로 투자 활동을 지속하려면 일상생활에서 투자 활동이 차지하는 시간 비중을 잘 조절할 필요가 있다. 특히 코인 거래소는 24시간 거래가 지속되지만 밤새 차트를 지켜본다고 해서 내가 원하는 가격이 만들어지는 것이 아님을 명심해야 한다. 야간에 보유자산 가격이 급등락 하는 상황이 불안하다면, 자동주문 등 간단한 주문 옵션을 통해서 큰 손실을 피하거나 이익을 실현할 수 있다. 장기간 코인 시장에서 투자 활동을 지속하고 싶다면, 일상생활과 본업에 지장을 주지 않는 선에서 지치지 않도록 자신만의 투자 생활 패턴을 잘 유지하는 것이 그 무엇보다 중요하다.

　100퍼센트 수익률을 보장하는 완벽히 성공적인 투자법은 존재하지 않는다. 그러나 투자의 기본과 원칙을 지키며 자신만의 투자 방식을 안전하고 지속적으로 유지한다면, 당신의 코인 자산도 언젠가 큰 수익률로 보답하는 날이 올 것이다. 투자 목표 달성은 하루아침에 이루어지지 않으며 그 끝은 없다.

투기가 아닌 투자가 되기 위한 기본 원칙
기본에 충실한 투자

불확실성과 리스크 속에서도 평정을 유지하는 법

수많은 이론과 설명, 정보에도 불구하고 여전히 코인 시장은 불확실하고 위험하다. 길다면 길고 짧다면 짧은 약 10여 년의 코인사에서 벌써 몇 차례의 폭락장을 경험했다. 평범한 개미 투자자만이 아니라 대기업 수장, 유명한 업계 기자도 손실을 피할 수는 없었다. 그렇지만 코인 시장은 여전히 너무 매력적이고 많은 가능성을 가지고 있다. 그렇기에 우리는 앞으로 다가올 시련에도 끄떡 없이 버틸 수 있도록 자신만의 투자 원칙을 세우고 지켜야 할 필요가 있다.

공부, 공부, 공부만이 살 길이다!

코인 시장은 빠르게 변한다. 새로운 트렌드에 익숙해질 즈음 새로운 기술이 등장하고 자금이 빠르게 움직인다. 아는 만큼만 보인다고 했다. 코인에 대해 전혀 알지 못하면 커뮤니티에 떠도는 선동성 글들이나 거짓된 소문에 쉽게 휘둘리게 된다. 많은 시간을 투여하지 못하더라도 적어도 내가 투자하고 싶은 코인에 대해서는 관심을 갖고 공부하는 습관을 가져야 한다.

기본적으로는 백서를 통해 해당 코인의 기술력이나 발행량, 향후 계획 등을 알아 본다. 또한 거래소나 코인 커뮤니티 사이트에서 제공하는 공지사항 혹은 게시판을 통해 신규 상장 코인 소식, 투자유의종목 정보, 각종 이벤트 등 거래에 필요한 정보를 얻을 수 있다. 특히 빗썸에서는 가상자산 검토보고서, 위클리 리포트, 이지코노미 등 다양한 정보 콘텐츠가 무료로 제공된다. 이를 잘 이용하면 코인 시장의 흐름이나 이슈, 진행되는 코인의 프로젝트 등을 확인해 거래에 많은 도움을 받을 수 있다.

여유자금으로 투자하고, 반드시 포트폴리오를 구성한다

24시간 전 세계에서 거래되는 코인은 상한, 하한이 없다. 투자 자산의 한 축으로 자리 잡기는 했지만 여전히 위험자산이다. 그러므로 코인 투자는 여윳돈으로만 하기를 권한다. 대출 받아 투자했다가 큰 낭패를 본 투자자들의 사례를 기사에서 여럿 접했을 것이다. 투자는 본인의 선택이며 그 누구도 대신 책임져 주지 않는다. 그러니 꼭 안정적인 투자를 위해 여유자금만을 투자하도록 하자.

또한 전체 자산에서 코인이 차지하는 비중을 잘 판단해 자신의 포트폴리오를 현명하게 구성하고 관리할 필요가 있다. 코인, 주식, 연금저축 등 자산들의 보유 비율을 계획적으로 일정하게 유지함으로써, 혹시 모를 손실에 대비할 수 있어야 한다. 충분히 공부한 바탕 위에서 가치를 신뢰할 수 있고 블록체인 실체화가 드러난 자산에 장기투자하고, 그렇지 않은 코인은 단기투자 목적으로 분류해 그 둘 간의 적절한 비율을 구성한다.

투자 전략에 따라 분할 매수, 분할 매도 원칙을 지킨다. 누구도 코인의 저점과 고점을 알 수 없다. 코인의 급변하는 시세 상승과 하락에 대응해 전략적으로 매매해야 한다. 저점에서 분할 매수하면 처음 샀던 금액보다 더 낮은 가격으로 추가 매수함으로써 총 매수가를 낮출 수 있다. 시세가 더 떨어져도 매수가를 낮게 만들었으니 어느 정도 손실에 대한 방어를 할 수 있고, 시세가 상승하면 더 많은 수익을 얻을 수 있다. 코인을 팔 때에도 분할 매도를 하면 이미 어느 정도 수익 실현을 했기 때문에 설령 시세가 내려가도 조급함을 덜 수 있다. 버틸 마음의 여유가 생기는 것이다. 반대로 시세가 더 올라가면 더 높은 수익에 대한 욕심을 부려볼 만큼 과감함의 여유도 가질 수 있다.

현금화의 중요성을 인지하고 매도 시점을 지배하라

매도해서 현금화하기 전까지 수익률이 아무리 높아도 수익은 0원이다. 그러므로 현명한 투자자라면 코인 매도 시점을 컨트롤할 수 있어야 한다. 코인 시세의 등락폭은 주식보다 훨씬 크고 빠르다. 내가 투자한 코인이 목표한 수익을 달성하면, 나 스스로 매도 결정을 내릴 수 있어야 한다. 주식 투자의 현인이라 불리는 워런 버핏Warren Buffett도 매도 시점을 엄격히 지킨다. 그는 3가지 기준을 세웠다. 그것은 원하는 목표를 달성할 때, 다른 더 좋은 종목이 나왔을 때, 투자 실수를 스스로 인정할 때다.

익절은 언제나 옳다. 본인이 감당할 수 있는 수준으로 익절률을 정해 놓고 실제로 수익을 실현해야 한다. '덜 먹고 덜 잃자!' 같은 투자 원칙이 실제 도움이 된다. 만약 최대 30퍼센트라는 익절률을 정해 그 범위 안에서 반드시 수익 실현을 한다고 하자. 10퍼센트씩 10번 수익을 내면 복리효과로 투자 원금도 늘기 때문에 결국 100퍼센트 이상의 수익 실현이 된다. 물론 '충분히 더 올라갈 수 있다'는 기대가 있을 때 매도하기란 쉽지 않다. 그러나 시세 급등락이 빠른 코인 시장에서는 현실적인 익절 전략이 매우 효과적이다. 한 번에 크게 먹겠다는 한탕주의가 아니라 차근차근 실제 수익을 실현하는 데 집중해 볼 필요가 있는 것이다.

그와 반대로 10보 전진을 위한 1보 후퇴, 적절한 손절률을 세워 위험률을 관리하는 것도 필요하다. 빠른 손절은 여러모로 필요하다. 아무리 좋은 정보와 노련한 투자 기법을 갖고 있다 해도 투자한 모든 코인에서 수익을 낼 수는 없다. 만약 특정 코인에서 −5퍼센트 손실이 나기 시작해 며칠 동안 −20퍼센트, −50퍼센트 손실로 이어진다면 게다가 중간에 물타기까지 했다면, 다른 코인을 매수할 자금이 부족하게 되어 추가적인 기회도 놓치게 된다. 미련을 갖지 말고 과감하게 잊고 새로운 곳에서 새로운 기회로 더 수익을 내면 된다.

욕심을 내려 놓고 거래하며 배우자

크게 성공한 투자자들을 부러워하며 환상만 꿈꾸다 보면 어느새 돈에 대한 욕심은 커져만 간다. 어제 사 둔 코인이 갑자기 20, 30, 35퍼센트 상승하기 시작하면 가슴이 뛰고 흥분되기도 한다. 남들처럼 두세 배 수익을 내고 싶어 더 욕심을 부린다. 그러다가 어느 시기부터 상승이 멈추고 시세가 다시 떨어지고 두려움에 결국 −5퍼센트로 손절하며 끝을 맺게 된다. 욕심이 강할수록 마음은 조급해지고 손실에 대한 두려움도 커져서 냉정한 거래 결정과 판단이 어려워진다. 한 번에 성공하겠다는 생각을 버리고 자신이 정한 투자 원칙과 거래 방법에만 냉정하게 집중할 필요가 있다.

손실에 지나치게 집착하는 것 역시 투자를 망치는 마음가짐이다. 손절 결정을 하고 매도하고 나면 미련을 갖거나 후회할 필요가 없다. 지난 일에 연연하면 감정만 상하고 더욱 잘못된 거래 판단을 내리게 된다. 실수를 곱씹는 것은 절대 도움이 되지 않는다. 얼마 손해 봤는지 신경 쓰지 말자. 대신 손실이 난 거래에 대해 객관적으로 원인을 돌이켜 보고, 어떤 점을 간과했으며 앞으로 어떤 점을 매매 결정에 참고할지 분석하면 된다. 실패로부터 보완점을 찾고 새로운 노하우를 축적하면 다음 거래가 기다려질 것이다. 손실을 통해 얼마든지 더 성장하는 투자자가 될 수 있다.

코인은 인생의 전부가 아니다

코인 거래로 돈을 벌기 위한 수많은 비법들이 존재한다. 장담컨대 그중 많은 투자자들이 가장 중요시 여기고 가장 어려워하는 것이 바로 멘탈 관리일 것이다. 코인 투자를 하기로 결심하고 시작했다는 것은 스포츠 경기로 치면 가장 치열한 리그 중 하나인 프리미어 리그에 출전한 것과 같다. 그만큼 다른 어떤 자산에 투자한 사람보다 더 이성적인 투자 원칙과 단단한 멘탈을 갖추고 있어야 한다.

그러기 위해서 거래는 주어진 시간에만 하기를 권한다.

일상을 해치지 않는 선에서 자신만의 거래 스케줄을 정하는 것이 좋다. 투자 원칙에 따라 원하는 매수와 매도 거래를 주문해 두고 끈기 있게 참고 기다려 보자. 너무 자주 시세를 확인하다 보면 평정심을 유지할 수 없고, 최초 목표했던 매도 가격에 도달하지 못했는데도 조바심에 매도 버튼을 누르게 된다. 그러고는 결국 또 후회하고 만다. 중간 과정을 지나쳐가게 놔두면 자연스럽게 투자에 여유도 생기고 수익 확률도 높아진다.

취미나 운동 등을 통해서 심리 상태를 환기시키는 것도 좋은 방법이다.

시세를 계속 들여다 본다고 해서 떨어지던 가격이 다시 오르지도 않을뿐더러 괜한 생각만 더해져 정신만 혼미해진다. 운동이나 취미 활동으로 머리를 깨끗하게 비우는 시간을 가져보자. 체력도 강화하고 잡생각도 잊기 위해 등산이나 산책, 조깅 등 가벼운 운동을 꾸준히 하면 좋다. 운동을 하는 동안에는 머리 아픈 코인 생각에서 잠시 벗어날 수 있고 손실의 아픔도 쉽게 잊혀 멘탈을 다시 재정비할 수 있다. 코인 투자의 장기간 레이스에서 성공하려면 강한 정신과 체력은 필수다.

CHAPTER 8

코인으로 이자를 받는다?
디파이 투자법

디파이(DeFi)란 탈중앙이라는 뜻의 Decentralized와 금융이라는 뜻의 Finance의 합성어로 탈중앙화 금융을 말한다. 디파이를 통해 우리는 각종 중앙기관을 거치지 않고 블록체인 기술을 이용해 다양한 금융 서비스를 이용할 수 있다. 예를 들어 기존에는 은행을 거쳐 다양한 신원증명 서류를 제출해야 대출이 가능했다면, 디파이에서는 스마트 컨트랙트에 자신의 담보만 넣는다면 신원증명 서류 제출 없이도 쉽게 대출이 가능하다.

2020년부터 많은 관심을 받게 된 디파이는 코린이들로서는 종착역이라고 할 만큼 중요하면서도 많은 입문자가 어려워하는 영역이다. 디파이는 코인이 단순한 거래 수단으로 활용되는 것을 넘어서 개인이 스스로의 다양한 정보를 주체적으로 관리하고 유통하며 그것을 통해 수익을 창출할 수 있는 수단이다. 더 넓은 세상으로 연결되는 통로의 역할을 하는 것이다. 이번 장에서는 디파이가 무엇이며 어떤 이유로 각광 받게 되었는지 상세히 그 원리에 대해서 알아 보고, 더 나아가 디파이 투자를 통해 수익을 얻는 방법도 익혀 보자.

코인으로 대출도 받고 이자 수입도 얻는다?
디파이란?

중앙화 거래소와 탈중앙화 거래소

빗썸 같은 거래소를 중앙화 거래소CEX, Centralized Exchange라고 한다.

중앙화 거래소는 거래를 중계해 주는 역할을 하며 거래 기록을 서버에 저장한다. 사용자가 중앙화 거래소를 통해 코인을 거래했다면, 코인은 아직 사용자의 지갑이 아닌 거래소 지갑에 있는 상태다.

언뜻 이해가 가지 않을 것이다. 자산현황을 보면 분명 자신의 코인인데 아직 거래소에 있다니? 사용자가 출금 요청을 하지 않는 한, 아무리 많은 코인을 매수했어도 오직 거래 기록만 추가될 뿐이다. 출금 요청을 해야 비로소 내 지갑으로 들어오게 된다.

또한 중앙화 거래소는 입출금을 통제하는 기능도 한다. 사용자 지갑에 코인이 있어도 거래소가 입출금 요청을 받아 주지 않으면 자산 이동을 할 수 없다. 만약 사용자가 B사에서 C사로 비트코인을 옮기려 한다면, B사가 출금 요청을 승인해야 하고 C사도 입금 요청을 승인해야 한다. 그래야 비로소 나의 자산이 이동된다. 이 과정에서 거래소는 사용자의 피해를 방지하고 보이 스피싱 등 금융사고를 예방하기 위한 감시 활동을 벌인다.

그렇다면 탈중앙화 거래소DEX, Decentralized Exchange는 무엇이 다를까? 송금 과정을 진행해 보면서 알아 보자. 탈중앙화 거래소의 모든 거래는 스마트 컨트랙트에 의해 진행된다. 스마트 컨트랙트란 계약 진행에 필요한 조건을 블록체인 상에 입력한 후, 그 조건 값이 모두 충족하게 되면 계약이 자동으로

▶ **중앙화 거래소와 탈중앙화 거래소의 차이**

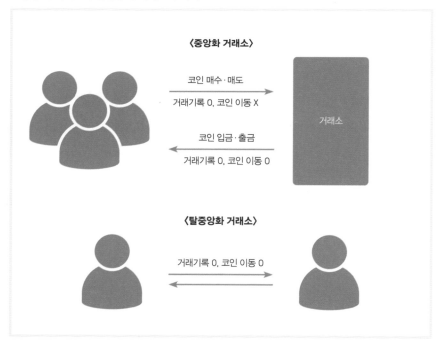

진행되는 시스템이다. 이런 시스템이 있기에 중개자 없이도 거래가 가능한 것이다.

탈중앙화 거래소에서 비트코인을 송금하려면 송금하려는 지갑의 주소와 키, 송금 금액 등이 필요하다.

모든 정보를 입력했다면 입력한 정보가 맞는지 검증하는 절차가 남았다. 스마트 컨트랙트의 검증은 노드들의 컨펌Confirm으로 이루어진다. 그래서 송금 비용 중 일부는 노드들의 수수료로 지급이 된다. 대체로 비트코인과 이더리움의 경우 노드의 합의시간이 필요하여 송금시간이 오래 걸린다. 하지만 합의 알고리즘이 다른 코인들은 즉시 혹은 짧은 시간 안에 트랜잭션 컨펌이 완료되기도 한다.

▶ **스마트 컨트랙트의 과정**

디파이는 언제, 왜 등장하게 되었을까?

코인 시장 초창기에는 가치와 목적이 불분명한 코인들이 대다수였다. 그런데 코인 시장이 점차 성장하면서 블록체인 대량 채택 제공을 목적으로 탄생한 클레이튼KLAY이나 이더리움 합성 자산을 거래하고 발행하는 목적의 신세틱스Synthetix, SNX 등 뚜렷한 목적을 띤 코인들이 나오기 시작했다.

이런 코인들은 거래자들의 강력한 수요를 불러 일으켰으며, 이들의 수요를 충족하기 위해 대출과 담보 같은 디파이 서비스들이 탄생하게 되었다. 또한 다수의 투자자들이 한정적인 자원인 코인을 매수하기만 하고 잘 팔지는 않게 되면서 코인 시장에 유동성 공급 문제가 발생하기 시작했다. 이것을 해결하기 위해 스왑, 스테이킹 등의 디파이 서비스도 속속 도입되었다. 이 서비스들은 특정 풀Pool에 유동성을 제공하면 그 대가로 보상을 받는 방식이며 이때의 보상이 은행에 자금을 넣어 두고 받는 이자보다 훨씬 높기에 디파이 투자에 대한 호응이 높아지게 되었다.

그렇다면 코인 생태계에서 왜 유동성 공급이 중요할까?

탈중앙화 거래소는 중간 거래상 없이 직거래가 이루어진다. 그러려면 파는 사람도 있어야 하고 사는 사람도 있어야 한다. 둘 중 하나라도 없으면 거래가 불가능하다. 예를 들어 보자. 이더리움 1개를 200만 원에 사고 싶어 하는 사람이 5명 있다. 그런데 그 가격에 이더리움을 팔려는 사람은 2명밖에 없다. 그럼 나머지 구매 희망자 3명은 자신이 원하는 가격에 판매하는 사람이 나타날 때까지 막연히 기다릴 수밖에 없다. 그러면 거래가 원활하지 않게 되고 해당 풀은 침체 위기를 겪게 될 것이다. 그래서 유동성 공급이 중요해진다.

디파이를 통한 수익 창출의 원리

코인은 '유동성'에서 그 가치를 지닌다. 풀에 유동성을 공급해 주면 그 보상으로 수익을 창출할 수 있는 이유다. 유동성 공급의 예로는 스왑Swap과 스테이킹Staking이 있다. 스왑은 코인을 다른 코인과 바꿔주는 개념이다. 예를 들어 누군가가 비트코인을 이더리움으로 바꾸고 싶어 할 것이라고 예상하고 해당 풀에 이더리움을 넣어 놓는다. 예상대로 스왑을 원하는 사람이 나타나고 내가 넣어 놓은 이더리움으로 스왑을 한다면 유동성 공급에 대한 수수료를 지급 받게 된다.

　　스테이킹은 보유한 코인을 유동성 풀에 빌려 주어 유동성 공급에 대한 보상을 받는 개념이다. 코인을 장기적으로 가지고 있을 것이라면 스테이킹을 통해 추가 수익을 기대할 수 있다. 스테이킹은 지분증명이라는 합의 알고리즘에 의해 이루어진다. 지분증명PoS, Proof of Stake이란 자신이 갖고 있는 코인의 양에 따라 블록을 생성할 권한을 부여받는 것을 말한다.

> **유동성 풀Liquidity Pool**
> 스마트 계약으로 묶여 있는 코인들의 풀이며, 기본적으로 2개의 코인이 한 쌍을 이루어 각각의 풀을 구성한다.

　　작업증명PoW, Proof of Work에 채굴자Miner가 있다면, 지분증명PoS에는 검증자Validator가 있다. 이들은 일종의 보증금 개념인 스테이킹을 통해 검증자가 될 수 있다. 검증자는 자기가 가진 지분과 비례하는 확률로 블록을 생성할 권한을 얻게 되고 블록을 생성해 자신이 원하는 체인에 연결하고 그에 대한 보상을 받는다. 다시 말해 지분증명 구조에 해당하는 A코인을 산 후, 원하는 풀에 A코인을 보증금처럼 넣어 두며 보상을 받는 것을 스테이킹이라고 하는 것이다. 스테이킹에 대한 보상은 풀마다 다를 수 있지만 대부분 다음과 같은 요건들에 의해 결정된다. 검증자가 스테이킹한 코인의 양, 스테이킹을 활성화한 기간, 네트워크 전체에 스테이킹한 코인의 양, 인플레이션 비율 및 기타 요소 등이 그것이다. 그래서 혹자는 스테이킹을 은행 '예금' 같은 것이라 설명하기도 한다. 완전히 일치하는 개념은 아니지만 일정 금액을 넣어 두면 이자가 나온다는 점, 일정 시점 이전까지는 해지를 못한다는 점이 유사하다고 볼 수 있다.

나의 지분증명PoS을 위임하는 것도 가능한데 이것을 위임지분증명DPoS, Delegated Proof of Stake이라고 한다. 위임지분증명은 지분을 갖고 있는 사람들이 뽑은 대표자들이 합의해 의사결정을 내리는 합의 알고리즘이다. 대표자들이 의사결정을 하기 때문에 지분증명보다 빠른 속도로 블록이 생성된다.

▶ **작업증명(PoW, 왼쪽)과 지분증명(PoS, 오른쪽) 비교**

 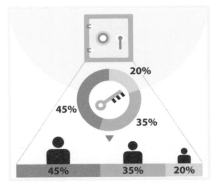

크게 보아 지분증명과 위임지분증명이라는 합의 알고리즘을 통해 스테이킹한 코인에 이자를 지급한다고 이해하면 된다. 그런데 스테이킹은 대부분 정해진 기간 동안 묶여 있어야 하고 원할 때 해지하기 어렵다는 단점이 있다. 그래서 스테이킹해 둔 코인 가격의 변동이 심하게 일어나게 되면 즉시 대응하지 못해 큰 손해를 볼 수 있으니 주의해야 한다.

▶ 위임지분증명(DPos) 예시

마냥 달콤하기만 한 건 아니다
디파이 투자 체크리스트

거래소의 개념, 거래 용어를 완벽히 파악하고 시작하라

디파이 투자를 하려면 탈중앙화 거래소와 중앙화 거래소의 개념을 완벽히 알아야 한다. 탈중앙화 거래소는 개인 간의 거래가 가능한 반면 유동성 공급의 성격을 띠는 수요와 공급이 반드시 연결되어야 거래가 이루어질 수 있다. 반면 중앙화 거래소는 제3자의 중개에 의해 거래가 이루어진다. 구매(매수)와 판매(매도) 주문을 통해 거래가 체결되고 그렇게 거래가 체결된 자산을 입금과 출금 방식을 통해 이동시킬 수 있다.

또한 트랜잭션(거래내역), 체크섬, 메타마스크, 입

체크섬Checksum
데이터의 정확성을 확인하기 위해 사용되는 오류 방지 중복 검사 방식. 데이터를 입력하거나 전송할 때 올바른 것인지 확인하기 위해 입력 데이터 혹은 전송 데이터 맨 뒤에 모든 데이터의 합산을 따로 보내는 것을 말한다. 전송하는 자료에 결함이 없도록 하는 이중 점검 장치라고 보면 된다.

금계좌, 스왑, 스테이킹 등 정확한 거래 용어도 막연한 이해를 넘어 정확히 숙지해야 한다.

어디선가 들어봤다는 이유로 정확한 뜻을 모르고 디파이 투자를 진행하면 실제 큰 낭패를 볼 수도 있다. 실수를 줄이려면 용어에 대한 정확한 뜻을 알아야 하고 해당 서비스의 사용법을 충분히 인지하고 학습한 다음 사용해야 한다.

> **메타마스크Meta Mask**
> 탈중앙화 거래소를 이용하기 위해 사용하는 이더리움 기반의 지갑을 말한다. PC브라우저 기반으로 사용되는데, 자산을 안전하게 전송하고 거래할 수 있다.

오송금을 막기 위한 자료를 기록하라

디파이 투자를 시작하면 중앙화 거래소뿐만 아니라 필수적으로 메타마스크, 토큰포켓, 바이낸스 월렛 등 개인 지갑을 이용하게 된다. 이 개인 지갑을 생성할 때 필수적으로 만들어지는 것이 시드 구문이다. 그런데 이 시드 구문은 정말 중요한 정보다. 이것을 잃어버리면 모든 것을 잃는다고 해도 과언이 아니다. 시드 구문은 말하자면 하나밖에 없는 금고 열쇠라고 할 수 있다. 그런데 초기 투자자들의 경우 처음 가입할 때 뜨는 이 시드 구문의 중요성을 알지 못하고 대수롭지 않게

> **시드 구문Seed Words**
> 지갑이 은행의 계좌와 같은 개념이라면 시드 구문은 계좌 비밀번호와 다른 제2의 암호를 뜻한다. 백업 구문 혹은 니모닉mnemonic 구문이라고도 한다.

그냥 넘기고 마는 경우가 많다. 시드 구문은 한 번 잃어버리면 절대 찾을 수 없다. 또한 네트워크에 연결된 PC 등에 보관하게 되면 해킹 등의 위험에 언제든 노출될 수 있다. 그러므로 반드시 인터넷이 연결되지 않고 유실이나 손상의 위험이 없는 곳에 자신만 아는 방식으로 적어서 보관해 두어야 한다.

송금을 할 때 역시 초기 투자자들이 실수하는 경우가 많다. 코인은 대부분 고유의 주소가 있다. 그런데 코린이들은 그 개념을 잘 알지 못할뿐더러 길고 복잡하고 익숙지 않은 주소 때문에 송금에 혼동을 겪게 마련이다. 그러므로 첫 송금을 할 때에는 큰 금액을 무작정 송금하지 말고 반드시 소액으로 테스트를 진행해야 한다. 수수료 따위를 아까워 할 일이 아니다. 작은 돈을 아끼려다가 더 큰 돈을 잃어버릴 수도 있다. '나는 그럴 일이 없어!' 하고 생각할지 모르지만 누구도 예외가 될 수 없다. 숫자 하나, 문자 하나만 잘못 써도 내 소중한 자산이 네트워크상에서 사라지고 만다. 특히 초기 투자자들에게 송금 실수는 매우 자주 일어나므로 꼭 명심할 필요가 있다.

적절한 순간에 가스비를 사용해 효율을 높이자

디파이는 검증에 참여하는 노드들에게 보상을 지급함으로써 거래를 컨펌 받는 방식이다. 따라서 가스비를 넉넉히 책정할수록 거래가 빠르게 체결된다. 반대로 가스비가 너무 적으면 거래가 지연되고 심지어 체결의 기회조차 날려버리는 경우도 있다. 턱없이 낮은 가스비를 제시해 거래가 불발되는 불상사를 만들지 말고 좋은 기회가 오면 적당히 가스비를 지급해 빠른 거래가 이루어지도록 하는 것이 현명하다. 월렛 앱 등을 이용할 때 가스비의 수준을 선택(최소, 중간, 최대)할 수 있는데, 일단 '중간'을 선택해 시작해 보고 거래 여하에 따라 최대로 높인다. 메타마스크의 경우도 가스비가 낮아 체결이나 전송에 실패할 경우 '가속' 기능으로 좀 더 높게 수정할 수 있으니 참고하기 바란다.

돌다리도 두드려라, 2~3차례 확인하는 습관을 들이자

항상 들어가던 사이트라 하더라도 해당 주소가 확실한지 한 번 더 확인하자. 거래소에서 보낸 것처럼 보이는 안내 메일 등도 발송자의 주소가 맞는지 스팸이나 피싱 메일은 아닌지 확인 또 확인하는 습관을 들일 필요가 있다.

▶ 안전한 도메인 화면

정상적인 빗썸 사이트에 접속하면 주소창에 '안전함'이라고 표기됨

또한 디파이에 참여할 때 해당 풀을 운영하는 코인의 프로젝트 현황은 어떠하며 스캠은 아닌지 꼭 크로스체크 하는 습관을 들여야 한다. 대부분 코인들은 트위터나 텔레그램을 통해 이슈를 활발히 공유한다. 그런 채널을 통해 프로젝트 현황 등을 꼼꼼히 확인하자. 스캠 여부는 다음 방법으로도 확인할 수 있다.

- 깃허브 프로젝트 확인
- 해당 프로젝트에서 구현한 앱과 웹서비스 업데이트 여부를 수시로 확인

만약 이 둘을 통해 확인했다고 해도 해당 서비스들이 계속 활성화된 상태인지 지속적으로 체크해야 한다.

한 걸음 한 걸음
따라 해 보는 디파이
디파이 투자 시작하기

디파이 투자 과정에서 선택해야 할 것들

디파이 투자 과정에서 몇 가지 선택해야 할 사항들이 있다. 이해를 돕기 위해 기존에 우리가 많이 이용하는 금융 서비스를 빗대어 설명해 보도록 하겠다.

첫째, 어떤 블록체인 기반의 디파이에 투자할 것인지 선택해야 한다.

이더리움ETH 기반, 바이낸스 스마트체인BSC 기반, 클레이튼KLAY 기반 외에도 매우 다양한 블록체인 기반의 디파이 서비스가 제공되고 있다. 쉽게 얘기하면 어느 은행을 이용할 것인가를 선택하는 것과 같다.

둘째, 선택한 체인 중 어느 디파이 서비스를 이용할지 선택해야 한다.

여기서는 클레이스왑Klayswap과 팬케이크스왑Pancakeswap을 다룰 것이다. 거래할 은행이나 증권사 등 금융 회사를 결정했다면 어떤 펀드, 예금, 적금 등의 상품을 이용할지 정하는 것과 같다.

셋째, 최종적으로 투자 상품을 선택해야 한다.

펀드나 예금을 선택할 때 투자 위험도, 이자율, 수익률, 손실 가능성 등을 종합해 상품을 선택한다. 마찬가지 원리로 디파이 상품을 선택하면 된다.

넷째, 투자를 위한 지갑을 선택해야 한다.

이는 자금을 입출금하는 은행 통장 같은 개념이라 할 수 있다. 여러 은행과 연계해 사용할 수 있는 토스나 카카오페이 같은 지갑이라고 이해하면 좋을 것이다.

▶ **디파이 투자를 위한 준비물**

	블록체인 디파이	기존 금융
블록체인 기반 선택	이더리움(ETH), 바이낸스 스마트 체인(BSC), 클레이튼(KLAY)	키움증권, 삼성증권, 신한은행, 국민은행
디파이 서비스 선택	클레이스왑, 팬케이크스왑, 스시스왑, 유니스왑	펀드, 예금, 적금
투자 상품 선택	CAKE/BNB, KLAY/USDT, ETH/USDT, KLAY/DAI	차이나 펀드, 중소형 가치주 펀드, 적립식 예금
지갑	메타마스크, 토큰포켓	토스, 카카오페이, 통장

디파이 플랫폼인 탈중앙화 거래소 이해하기

2020년 하반기 디파이 서비스가 폭발적으로 성장함에 따라 많은 플랫폼이 서비스를 오픈했다.

대표적인 것이 이더리움 기반의 유니스왑Uniswap, 스시스왑Sushiswap, 1인치1 Inch, 바이낸스 BSC 기반의 팬케이크스왑Pancakeswap, 국내에는 클레이튼 기반의 클레이스왑Klayswap 등이 있다.

이외에도 후오비 거래소 기반의 Heco 라인, 오케이엑스OKex 거래소 기반의 OKTest, FTX 거래소 기반의 플랫폼 등 그 종류와 서비스가 수십여 개에 이를 정도로 다양하게 선보이고 있다.

▶ **최상위 가상자산 탈중앙화 거래소 순위(2021년 5월 24일 기준)**

#	이름	거래량 (24시간)	% 시장 점유율	시장 앱수	유형	게시	거래량 그래프 (7일)
1	Uniswap (V3)	₩1,391,538,800,880 ▼ 20.72%	16.1926%	80	Swap	May 2021	
2	MDEX(BSC)	₩1,333,352,054,501 ▼ 17.88%	15.5155%	61	Swap	Apr 2021	
3	Uniswap (V2)	₩1,202,312,429,115 ▼ 18.97%	13.9907%	1859	Swap	Nov 2018	
4	PancakeSwap (V2)	₩1,024,440,846,949 ▼ 27.87%	11.9209%	359	Swap	--	
5	Sushiswap	₩825,579,612,360 ▼ 13.85%	9.6068%	251	Swap	Sep 2020	
6	BurgerSwap	₩570,950,631,552 ▼ 17.54%	6.6439%	41	Swap	--	
7	QuickSwap	₩389,358,523,315 ▼ 24.35%	4.5308%	77	Swap	Oct 2020	
8	1inch Exchange	₩192,082,759,723 ▼ 30.48%	2.2352%	1028	Aggregator	Mar 2019	
9	BEPSwap	₩190,290,266,394 ▼ 28.6%	2.2143%	12	Swap	Aug 2020	
10	Curve Finance	₩172,296,293,611 ▼ 9.79%	2.0049%	22	Swap	Jan 2020	
11	Bancer Network	₩147,626,534,418 ▼ 42.52%	1.7179%	149	Swap	Jan 2017	
12	JustSwap	₩144,520,963,361 ▼ 25.18%	1.6817%	24	Swap	Aug 2020	
13	KLAYswap	₩98,528,118,043 ▼ 34.84%	1.1465%	22	Swap	Oct 2019	

출처: 코인마켓캡 https://coinmarketcap.com/ko/rankings/exchanges/dex/

리스크가 큰 시장에 투자하는 것인 만큼 규모가 크고 안정적인 플랫폼을 선택하는 것이 좋다.

국내 대표
디파이 서비스
클레이스왑

초기 투자자들도 따라 하기 쉬운 투자

클레이스왑은 카카오의 자회사인 그라운드X가 개발·운영하는 블록체인 프로젝트 클레이튼Klaytn을 기반으로 한 디파이 서비스(현재 베타 버전)로 AMMAutomated Market Maker 거래소와 일드 파밍(이자 농사) 기능을 제공한다. 초기 투자자들도 비교적 쉽게 따라 할 수 있는 디파이 서비스이기에 이를 통한 투자법을 살펴보도록 한다.

일드 파밍Yield Farming
마치 농사를 짓듯이 디파이 상품 내에 유동성을 공급해 주고 보상을 받는 것을 의미한다. 이자 농사, 수익 파밍, 유동성 채굴 등으로 표현되기도 한다.

▶ **클레이스왑 서비스**(klayswap.com)

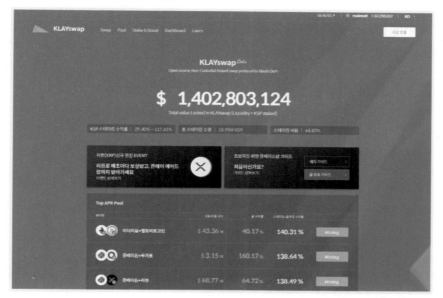

Step 1. 클레이튼 기반의 지갑 만들기

클레이스왑을 이용하려면 클레이튼 계열의 코인들을 입출금할 수 있는 클레이튼 기반의 지갑이 필요하다. 쉽게 말하면 네이버 스토어에서 물건을 살 때 네이버 페이를 쓰듯이 전용 지갑을 만든다고 생각하면 된다. 클레이튼을 지원하는 대표적인 지갑으로는 통상 웹 기반으로 작동되는 카이카스Kaikas와 카카오톡에 내장된 클립Klip이 있는데, 둘 중 하나의 지갑을 설치해야 한다. 지갑 설치 절차는 앱 설치, 인터넷 계좌 개설, 공인인증서 발급 같은 것과 유사하다고 보면 된다.

　카이카스 지갑은 PC 기반의 지갑이기 때문에 크롬 브라우저(네이버 웨일,

MS 엣지도 가능)의 확장 프로그램으로 설치할 수 있다(크롬 브라우저 검색창에서 'Chrome 웹스토어'를 검색→검색 결과 상단의 'Chrome 웹스토어'에 접속→사이트 내 '스토어 검색' 란에 'Kaikas'를 입력→'Kaikas지갑 어플리케이션'을 클릭해 설치).

▶ 카이카스(Kaikas) 확장 앱 설치 화면

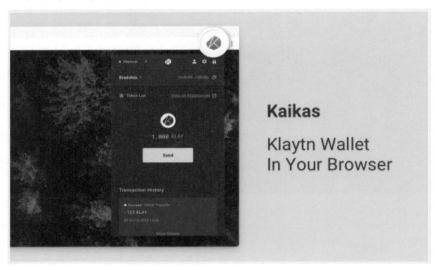

카이카스 지갑 설치가 완료되면 브라우저 우측 상단에 클레이튼 로고 아이콘이 생성되며, 해당 아이콘을 클릭하면 카이카스 지갑을 확인할 수 있다. 지갑이 확인되면 오른쪽 그림처럼 비밀번호를 입력하고 시드 구문을 백업함으로써 새 지갑 계정을 생성할 수 있다.

계정을 생성할 때 제공되는 시드 구문의 경우, 노출되거나 잃어버리면 지갑에 보관된 귀중한 자산을 탈취당하거나 잃어버릴 수 있다. 그러므로 해당 구문은 안전한 곳에 백업해 두어야 한다. 사진 캡처나 휴대전화 메모장 등에 보관해도 해킹의 위험성이 있으므로 종이에 기록해서 안전한 곳에 보관하는 것을 추천한다.

계정 생성이 완료되면 그림에 나오듯이 우측에 내 고유 지갑 주소가 생성
되었음을 확인할 수 있다. 해당 주소는 빗썸 거래소 입출금 주소와 같은 것
이라고 생각하면 된다.

▶ 카이카스 패스워드 입력, 시드 구문 백업, 지갑 주소 화면

계정을 생성한 다음, 우측 복사 아이콘을 클릭하면 내 지갑의 주소가 클립보드에 복사된다

클립 지갑의 경우는 카카오톡에 내장되어 있기 때문에 설치가 더 쉽다(카
카오톡 화면 우측 하단 ⋯표시(더보기)를 눌러 카카오톡 제공 서비스 내역 확인→'전체
서비스' 선택→'클립' 선택→가입 후 비밀번호 설정하면 카카오톡 클립 가입 완료).

▶ 카카오톡 내 클립(Klip) 확인 경로

카카오톡→더 보기→전체 서비스→클립

    가입 완료 후 메뉴 버튼을 클릭하면 '내 주소 보기'를 통해 지갑 주소를 확인할 수 있으며, '전체보기〉토큰 추가' 버튼을 눌러보면 클립에서 사용 가능한 토큰 종류를 확인할 수 있다.

▶ 클립(Klip) 지갑 주소 확인 및 토큰 추가

Step 2. 투자 상품을 선택하고 토큰 보내기

지갑 설치가 완료되었다면 거래소 지갑이나 다른 지갑의 출금 메뉴를 통해 카이카스나 클립 지갑에 유동성 풀LP, Liquidity Pool 상품이나 스테이킹을 할 코인을 전송하면 된다.

초보자도 참여가 비교적 수월하고 수익률 또한 높은 LP 상품인 KLAY-KUSDT 상품(이자율 175퍼센트, 매일 복리 적용 시 476퍼센트: 2021년 6월 25일 기준)으로 예치해 보자. 앞에서 말했듯이 스테이킹은 보유한 코인을 유동성 풀에 빌려 주는 행위이며, 유동성 풀 각각은 대부분 2개의 코인이 쌍을 이뤄 구성된다. KLAY-KUSDT보다 더 높은 이율을 제공하는 다양한 LP 상품들이 있지만 KLAY-KUSDT는 둘 중 하나가 미국 달러와 연동되는 스테이블 코인이란 점에서 비교적 안정성이 높다는 이점이 있다(KUSDT는 클레이튼 네트워크에서 사용가능한 스테이블 코인 USDT를 의미한다).

유동성 풀이나 스테이킹이라는 용어가 자칫 어렵게 느껴질 수도 있다. 이해하기 쉽도록 비유로 설명해 보겠다. 은행에 달러와 유로를 동시에 맡기면 이자를 206퍼센트 주는 상품이 있다. 은행은 내가 맡긴 돈으로 투자도 하고 대출도 해 주고 운용도 하고 하면서 수익을 얻는다. 그렇게 얻은 수익을 투자자에게 연 206퍼센트로 되돌려 주는 상품인 것이다.

투자할 상품을 정했다면 투자자금 규모를 정해 해당 금액만큼의 코인을 전송하면 된다. 예를 들어 빗썸에서 클레이튼KLAY을 구매한 다음 출금 메뉴를 통해 카이카스나 클립 지갑으로 전송한다. 정상적으로 전송이 완료되면 카이카스나 클립 지갑에서 해당 수량만큼의 클레이튼을 확인할 수 있다.

이때 유의할 점이 있다. 카이카스와 클립 지갑은 클레이튼 기반이다. 클레이튼 지갑이 지원되지 않는 비트코인이나 이더리움 등을 입금하면 코인을 분실할 수 있다.

▶ 클레이스왑 내의 다양한 예치 상품

Step 3. 자신의 지갑과 클레이스왑 연결

지갑 설치가 완료되었고 토큰도 구매해 전송했다면, 이제 카이카스 또는 클립 지갑을 클레이스왑에 연동시키면 된다(클레이스왑 화면 우측 상단 '지갑 연결' 버튼 클릭→연결할 지갑을 선택하는 팝업 화면이 열리면 자신이 가진 지갑을 선택).

카이카스 지갑의 경우 지갑 선택 후 패스워드를 입력하면 연결이 된다. 클립 지갑의 경우 카카오톡 내 QR 코드 스캔 기능을 통해 스캔한 이후에 정보 제공 동의를 하면 지갑이 연결된다.

▶ 클레이스왑 지갑 연결 및 클립 지갑 정보제공 동의 화면 예시

'지갑 연결' 메뉴가 있던 자리에 지갑 주소가 노출되면 연결이 완료된 것이다.

Step 4. 스왑을 통한 코인 교환 및 풀 투자

이제 지갑 연결까지 완료했으니 본격적인 유동성 풀 투자를 위한 단계로 돌입해 보자. 앞서 'KLAY-KUSDT' LP 상품에 투자하기로 했다. 그러려면 클레이튼 코인의 절반을 KUSDT 코인으로 교환해야 한다. 나는 원화만 갖고 있는데 현재 가입하려는 금융상품이 원화+달러 복합 상품이어 가지고 있는 원화 중 일부를 달러로 환전하는 것과 같다고 보면 된다. 여기서 스왑 기능이 등장한다.

스왑은 디파이의 기본 기능인 AMM 중 하나다. 내가 보유한 코인(From)을 바꾸고 싶은 코인(To)와 교환하겠다는 것을 의사를 밝히는 것으로 시작된다 (클레이스왑 웹페이지 최상단에 있는 '스왑'Swap 메뉴 선택→From에 자신이 가지고 있

▶ 클레이스왑에서 스왑을 진행하는 화면

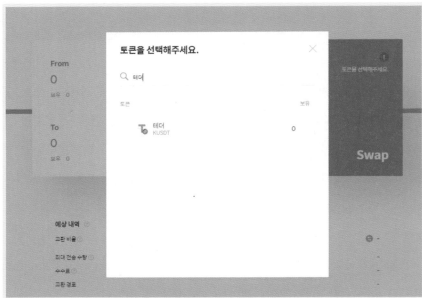

교환하고 싶은 코인 이름을 검색해 선택한다

는 코인을 선택(클레이튼이 기본값)해 잔고수량을 확인하고 To 오른쪽 'Token' 아이콘을 클릭하여 교환할 코인을 선택→자신이 가지고 있는 클레이튼 수량의 절반을 입력한 후 우측 'Swap' 버튼 클릭→자산 절반이 테더로 교환).

스왑 때에도 트랜잭션이 발생하기 때문에 소량의 클레이튼 가스비가 발생한다. 전체 투자자금 중 가스비를 감안해 교환해야 한다.

최근 사용자의 편의성 개선을 위해 하나의 코인만으로도 별도의 스왑 없이 자동으로 전환되어 예치되는 기능이 업데이트되기도 했다.

이제 모든 준비가 끝났다.

클레이스왑 웹페이지 최상단에 있는 '풀'Pool 메뉴를 선택하고 본격적인 투자를 시작하면 된다(미리 결정한 KLAY-KUSDT 풀을 검색해 '예치' 버튼 클릭→예치 화면에 보유한 클레이튼과 테더 수량을 입력한 다음 우측 '예치'Deposit 버튼 클릭). 이렇게 투자 상품 가입이 완료되었다.

투자에 따른 이자는 클레이스왑KSP이라는 토큰으로 지급받게 되며, 풀 화면에서 실시간으로 발생하는 이자수익을 확인할 수 있다. 클레이스왑토큰은 클레이스왑 서비스에 예치 시 이자로 지급되는 토큰으로 현재 코인원, 지닥 등에서 거래할 수 있으며, 클레이튼KLAY과는 다르다.

추후에 해당 상품을 해지하고 출금을 희망할 경우에는 예치했을 때와 반대로 하면 된다(해당 풀에서 '출금'Withdraw 클릭→클레이튼과 테더로 출금 처리). 단 출금에는 1주일 정도가 소요된다.

▶ 클레이스왑 풀 중에서 '클레이튼+테더' 화면 예시

Step 5. 이자 수익을 통한 복리효과 얻기

풀에 예치하고 나면 실시간으로 이자가 쌓이는 것을 확인할 수 있다. 그런데 이렇게 쌓인 이자를 다시 투자해 복리효과를 얻는 방법도 있다.

먼저 클레이스왑 웹페이지 최상단에 있는 '스테이크 앤드 부스트'Stake & Boost 메뉴를 선택한다. 여기서는 자신이 얻은 이자를 스테이킹할 수도 있고 다시 투자해 추가적인 이득을 얻을 수도 있다.

▶ 클레이스왑의 스테이크 앤드 부스트 화면

▶ 클레이스왑의 스테이킹 화면

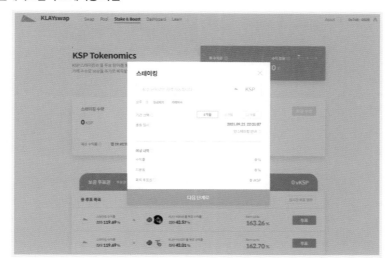

이자를 스테이킹하는 방법은 다음과 같다. '보상 수령' 화면 왼쪽의 '스테이 킹' 버튼을 클릭한다. 이자로 받은 클레이스왑KSP을 장기(4개월, 8개월, 12개월) 예치하면 추가적인 수익이 발생한다. 적금과 같은 형태라고 보면 된다. 설정한 기간 내에는 해지가 불가능하니 주의하기 바란다.

이자를 스테이킹하고 그에 상응하는 투표권을 얻을 수도 있다. 내가 예치한 풀에서 투표를 진행하면 이자율이 올라간다. 정기예금에 가입한 다음 공공요금 등을 이체하면 추가 이율이 붙는 것과 비슷한 이치다.

▶ **클레이스왑의 'KLAY-KUSDT 풀' 투표 화면**

빠른 속도, 저렴한 수수료, 높은 이자율
팬케이크스왑

앞으로의 성장이 더 기대되는 디파이 서비스

팬케이크스왑은 바이낸스 스마트체인Binance Smart Chain, BSC을 지원하는 토큰들을 대표하는 디파이 서비스다. 바이낸스 스마트체인BSC를 이용하는 대다수 디파이 서비스들이 팬케이크스왑을 벤치마킹해 성장하고 있을 정도로 선봉에 서 있는 프로젝트다. 이더리움 계열 디파이보다 빠른 속도, 낮은 수수료, 상대적으로 높은 기대수익률APY, Average Percentage Yield을 제공한다는 강점이 있어 최근 들어 매우 인기가 높다. 또한 직관적인 사용자 편의성으로 초급자도 쉽게 사용할 수 있다. 새로운 실험적 서비스를 지속적으로 출시하고 있어 앞으로의 성장도 기대된다. 바이낸스 스마트체인이 지원하는 거의 모든 토큰을 지원하기에 확장성 면에서도 압도적이다.

▶ 팬케이크스왑 서비스 화면

Step 1. 팬케이크스왑 지갑 만들기

팬케이크스왑을 통한 이자 농사를 위해서도 지갑이 필요하다. 클레이스왑에서 사용한 카이카스나 클립을 사용하면 안 될까? 아쉽지만 계열이 다르기에 그럴 수 없다. 팬케이크스왑을 위해서는 바이낸스 스마트체인BSC 지원이 되는 범용성 높은 지갑이 필요하다.

여기서는 다양한 블록체인을 지원하고 여러 디앱과 호환성이 있는 '토큰포켓'Token Pocket을 이용해 보겠다. 많은 이들이 메타마스크 지갑을 사용하지만 이는 PC에 특화되어 있고 다양한 대중적인 체인들을 지원하는 데에는 한계가 있다.

토큰포켓은 바이낸스 스마트체인뿐만 아니라 이더리움, 이오스, 폴카닷 계열도 지원한다. 또한 디파이 관련 다양한 디앱들을 앱 안에서 쉽게 찾아 접근할 수 있기에 사용자 편의성이 높다. 또한 디파이 관련 디앱의 랭킹을 제공하고 신규 디앱 소개, 디앱과의 연결 기능 같은 편의 기능도 지원한다. 팬

▶ 토큰포켓 서비스 화면

▶ 팬케이크스왑에 접속 가능한 지갑들: 메타마스크, 트러스트 월렛, 마스 월렛, 토큰포켓 등

케이크스왑 이외에도 다양한 디파이 서비스를 접할 수 있다.

토큰포켓은 PC와 모바일 버전이 모두 있으며 모바일 버전은 스마트폰 스토어에서 쉽게 다운로드할 수 있다. 토큰포켓을 설치했다면 '앱 실행→계정 없음 선택→바이낸스 스마트체인BSC 선택→비밀번호 설정 및 시드(니모닉) 구문 백업' 순으로 지갑을 생성할 수 있다.

▶ **토큰포켓 설치 과정**

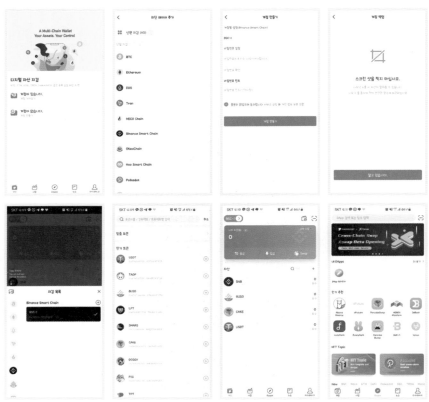

토큰포켓의 입출금 방식은 기존 지갑들과 비슷하다(자산 메뉴 내 '+' 버튼 클릭→추가하고 싶은 코인 선택 후 입출금). 입출금 방식은 거래소에 비해 단순하니 더 쉽게 사용할 수 있을 것이다.

그런데 거래소인 바이낸스에서 토큰포켓으로 코인을 입금할 경우 주의해야 할 사항이 하나 있다. 출금을 진행할 때 '네트워크 선택' 화면에서 꼭 'BEP20'를 선택해 보내야 한다는 점이다. 토큰포켓 지갑 생성 과정에서 '바이낸스 스마트체인' 선택했다는 의미는 바이낸스의 'BEP20' 네트워크를 이용한다는 의미다. 다른 방식으로 전송할 경우 코인을 분실할 수 있으니 꼭 주의해야 한다.

▶ 바이낸스 출금 시 네트워크 'BEP20'(BSC) 선택 화면

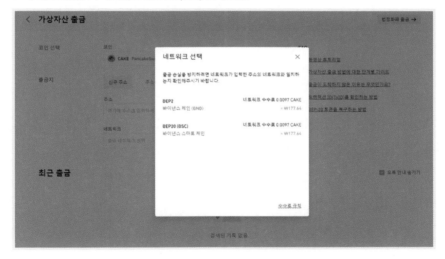

Step 2. 팬케이크스왑에 접속해서 유동성 풀에 투자하기

토큰포켓 내 지갑 생성이 완료됐다면 이제 팬케이크스왑에 접속하면 된다. 이 역시 매우 간단하다. 토큰포켓 앱을 실행하면 인기 추천 항목에서 팬케이크스왑을 확인할 수 있다. 이것을 클릭하면 '타사 디앱으로 이동할 예정입니다'라는 팝업이 뜨는데 여기서 '알고 있습니다'라는 버튼을 클릭하면 접속된다.

팬케이크스왑 접속이 완료되면 메뉴 중에서 '농사'Farm를 눌러서 예치하고 싶은 상품(유동성 풀)을 선택해 투자하면 된다.

클레이스왑 때 함께 해 본 것처럼 2가지 코인을 합성해 투자하는 방식이다. 최근 바이낸스 스마트체인 네트워크로 많은 코인들이 합류하고 있어 클레이스왑보다 월등히 많은 상품을 확인할 수 있다. 그러나 높은 이자율만 보고 투자를 했다가 큰 손해를 볼 수도 있으니 주의가 필요하다.

여기서는 팬케이크스왑의 대표 상품인 'CAKE-BNB' 상품 투자 방법을 설명하겠다. 이 상품은 수익률이 다소 낮다. 하지만 바이낸스 스마트체인의 근간이 되는 BNB 코인과 바이낸스 스마트체인BSC 디파이의 핵심이라 할 수 있는 CAKE 토큰으로 조합된 상품으로 다른 상품에 비해 안정성이 높다는 장점이 있다.

먼저 거래소에서 CAKE와 BNB를 매수해 토큰포켓에 입금한다. 이후 'CAKE-BNB LP 토큰'을 만든다. 쉽게 설명해 CAKE와 BNB를 합성해 만들어진 CAKE-BNB LP 토큰을 상품에 투자하는 것이다. 해지한 뒤에는 돌려받은 CAKE-BNB LP 토큰을 다시 분리해 CAKE와 BNB로 바꿀 수 있다.

이제 코인을 합성해 보자. 먼저 팬케이크스왑 왼쪽 메뉴에서 '교환'Trade 〉'유동성'Liquidity 메뉴를 선택한다. 이후 코인을 선택하는 화면에서 CAKE,

▶ 토큰포켓 앱에서 팬케이크스왑과 연결하는 화면

  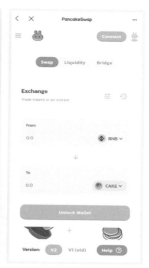

▶ 팬케이크스왑 'Farm' 화면

BNB 수량을 입력하고 '공급'Supply을 누른다(둘 중 하나의 수량을 입력하면 나머지는 현재가 기준으로 자동으로 계산).

▶ 팬케이크스왑 'Liquidity' 화면

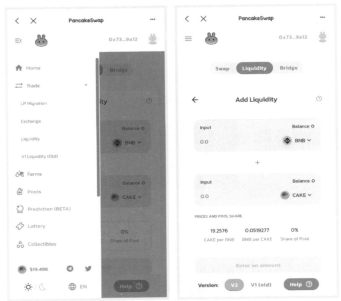

수수료와 합산된 총액이 지갑 화면이 나타나면 '승인'을 누르면 원하는 LP 토큰이 생성된다. 이때 수수료는 BNB로 차감되며 승인까지 조금 시간이 걸리므로 대기해야 한다. 바로 변경되지 않는다고 계속해서 '승인'을 누를 경우 불필요한 수수료가 계속 나가게 되므로 주의해야 한다.

CAKE-BNB LP 토큰이 생성되면, 다시 '농사'Farm 메뉴로 가서 애초에 투자하기로 한 CAKE-BNB 항목을 찾는다. '+' 버튼을 누른 다음 스테이킹할 CAKE-BNB LP 토큰 수량을 입력한다. '승인'Confirm을 누르면 수수료 지불과 함께 투자가 완료된다.

▶ 팬케이크스왑 농사(Farm) 메뉴에서 LP 투자하기

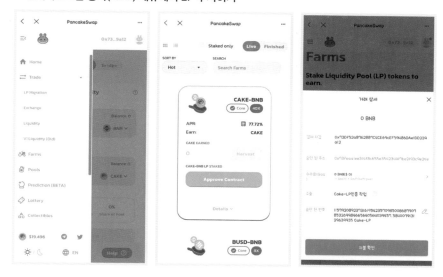

클레이스왑에 투자하면 클레이스왑KSP 토큰을 이자로 받은 것처럼, 팬케이크스왑에 투자하면 팬케이크스왑CAKE 토큰이 제공된다. 이자로 발생한 CAKE는 클레이스왑의 경우와 달리 단일 풀을 통해 다양한 코인을 채굴하는 데 사용할 수 있다.

Step 3. 팬케이크스왑 이자로 단일 풀 투자하기

팬케이크스왑 메뉴 내 '풀'Pools 메뉴를 클릭하면, CAKE 토큰으로 다양한 코인을 채굴할 수 있는 상품이 제공된다. 대표적으로 CAKE 토큰을 받는 풀뿐 아니라 비트토렌트Bit Torrent, BTT, 알파체인Alpha Chain, ARPA 등 50여 개의 다양한 코인을 채굴할 수 있도록 지원한다. 이제 자신이 채굴하고 싶은 코인 풀을 선택해 '활성화'Enable를 선택한 후 '지불 확인' 버튼을 누르면 해당 풀에 투

▶ 팬케이크스왑 이자를 단일 풀에 투자하는 법

자할 수 있는 상태가 된다. 투자 가능한 상태가 되면 기존 '활성화' 버튼이 '예 치'Deposit 버튼으로 바뀐 것을 확인할 수 있다. '예치' 버튼을 클릭해 스테이킹 하고 싶은 만큼 CAKE 토큰 수량을 입력하고 승인 버튼을 누르면 예치가 완 료된다.

　채굴하고 싶은 코인을 선택하기 어렵다면 CAKE 풀에 예치하는 것을 추천 한다. CAKE 풀은 자동 재예치 기능을 지원한다. 예치를 통해 발생된 이자 를 자동으로 다시 재투자해 주는 기능을 말한다. 특별히 신경 쓰지 않아도 복리(재투자)효과를 얻을 수 있는 것이다.

팬케이크스왑을 통해 무상 코인을 받는 IFO

팬케이크스왑 내 CAKE-BNB LP에 예치를 했다면 이자 채굴 외의 메리트가 있는 이벤트에 참여할 수 있다. 팬케이크스왑 내에서 진행되는 IFO(Initial Free Offering)에 참여할 수 있다. 바이낸스 스마트체인(BSC)에 합류하는 특정 토큰들을 기존 시세보다 매우 저렴한 가격으로 구매할 수 있는 기회다.

팬케이크스왑 내 IFO 메뉴에 접속해 청약을 신청하면, 참여 금액에 비례해 토큰을 저렴하게 분배 받을 수 있다. 통상 지급 시점이 되면 가격이 급등하는 경향이 있다. 그러므로 IFO를 통해 토큰을 구매했다면 바로 판매하는 것이 비교적 효과적이다.

동전에는 언제나
양면이 존재한다
디파이의 위험성

모든 투자의 책임은 오로지 자신에게 있다

모든 투자는 위험성이 있기 마련이다. 디파이의 경우 중앙 기관 없이 금융 서비스를 이용할 수 있다는 장점이 있다. 그러나 중앙 기관을 대체하는 시스템인 스마트 컨트랙트 자체의 코딩 오류 혹은 해킹이 일어나면 그로 인한 손실은 누구도 책임지기 힘들다.

실제로 최근 워프 파이낸스Warp Finance, WARP, 팬케이크 버니Pancake Bunny, BUNNY 등의 디파이 서비스들이 해킹 공격을 받아 피해를 입은 바 있다. 해킹 공격을 당하면 해당 서비스와 코인은 큰 타격을 받는다. 해킹 공격으로 인해 원금 손실을 입지 않더라도, 해당 서비스 플랫폼이 발행하는 토큰을 이자로 주는 경우가 대부분이기에 막대한 이자 손실을 입을 수 있다. 그러므로 안정적인 플랫폼을 선택해 투자하고 항상 주의를 기울일 필요가 있다.

디파이 풀 투자는 기본적으로 2개의 코인을 혼합해 이루어진다. 결과적으로 원금과 이자 가치를 포함해 상승장에서는 2배 이상의 수익을 기대할 수 있지만, 하락장에서는 2배 이상의 손실을 입을 수도 있다는 얘기다.

게다가 디파이 상품은 비교적 중장기 투자 상품이다. 코인 시장의 가격 변화에 민감하게 반응해 대처하기에 어려움이 따른다. 그러므로 플랫폼의 이자율 등 수익성만 보지 말고 서비스의 안정성, 전체적인 시장 가격 흐름 등 정밀한 예측이 필요하다. 2021년 2분기 경부터 시작된 가격 급락장의 원인 중 하나가 디파이라는 주장이 나올 정도다. 달콤한 수익만큼이나 리스크도 큰 투자 상품이니 신중한 판단이 필요하다.

지속적으로 금리가 하락하면서 기존 금융권 예금이나 적금 상품의 매력이 떨어졌다. 누구나 쉽게 접할 수 있지만 수익이 너무 적기 때문이다. 그에 비하면 디파이 상품은 비교할 수 없을 정도로 높은 수익을 안겨 주는 꿈의 상품처럼 보인다.

그런 까닭에 금융상품을 대체할 대안으로 부상하는 '디파이'는 코인 상승 기세와 더불어 매우 폭발적인 성장세를 보여 왔다. 시장 참여자가 지속적으로 늘어나고 다양한 플랫폼과 서비스들이 지속적으로 증가함에 따라 앞으로의 성장이 더욱 기대되는 시장임에는 분명하다. 향후 더 나은 기술력과 비즈니스 아이디어로 무장한 디파이 상품들이 속속 등장하기를 기대해 본다.

자신에게 맞는 디파이 상품을 신중히 선택해 보자

디파이 투자가 무엇이며 어떻게 하는 것인지 간략히 살펴봤다. 클레이스왑이나 팬케이크스왑 외에도 다양한 디파이 서비스가 있다. 빗썸에 상장되어 있는 에이브(Aave, AAVE), 루나(LUNA), 컴파운드(Compound, COMP), 연파이낸스(Yearn.finance, YFI), 스시스왑(SUSHI) 등도 디파이 서비스를 제공하니 참고하면 좋다.

코인마켓캡(https://coinmarketcap.com/ko/view/디파이/)을 통해서도 다양한 디파이 코인에 대한 정보를 얻을 수 있다.

하지만 자금을 단기로 운영할 계획이고 디파이 참여가 어렵게 느껴진다면 무리해서 디파이 투자에 뛰어들 필요는 없다. 디파이 투자 대신 디파이 코인을 매수함으로써 단기 수익을 얻는 것도 현명한 방법이다.

CHAPTER 9

가상자산의 새로운 세계, 메타버스와 NFT

가상자산을 만들어낸 기술력의 뿌리는 월드와이드웹으로까지 거슬러 올라간다. 인터넷과 네트워크 기술을 통한 '연결'이 출발이다. 그로 인해 가상공간의 커뮤니티와 소셜 미디어가 등장해 일상을 온라인으로 연장했다. 사람들 간의 연결이 늘고 새로움을 창조해 교환하고자 하는 욕구가 늘면서 그것을 중계할 디지털 '통화'의 필요성도 대두됐다.

메타버스는 디지털 가상세계가 단순한 현실세계 연장의 의미를 넘어 독자적인 세계관을 형성하는 새로운 공간으로 생명력을 얻는 것을 말한다. 실로 다양한 시도와 도전이 이 분야에서 시작되고 있다. 이는 향후 가상자산의 확장범위가 더욱 방대해질 수 있음을 의미한다. 지금 새롭게 부상하는 이 새로운 영역에서의 변화를 살펴보자. 그에 따라 가상자산 투자의 범주도 넓어진다. 이미 유형·무형의 다양한 자산들이 블록체인에 기록되며 판매되고 있는데 이들은 앞서 언급한 코인들과는 성격이 조금 다르다. 이번 장에서는 현실과 가상세계가 융합된 메타버스와 그 안에서 탄생한 NFT가 무엇이며, 앞으로의 전망과 과제는 무엇인지 알아 본다.

시장을 떠들썩하게 만드는
새로운 조류
메타버스와 NFT

메타버스는 무엇이며 어떤 요소로 구성되는가?

초월을 의미하는 '메타'Meta와 우주를 뜻하는 '유니버스'Universe의 합성어인 메타버스Metaverse는 온라인상에 구현된 가상세계를 뜻한다. 메타버스는 1992년 《스노우 크래쉬》Snow Crash의 저자인 SF 소설가 닐 스티븐슨Neal Stephenson이 착안했다. 책 속에서 메타버스는 컴퓨터 기술로 구현한 3차원 상상의 가상세계를 지칭하는 용어로 쓰였다.

최근 들어 메타버스는 현실세계와 가상세계가 융합된 영역으로까지 확장되어 폭넓은 의미로 사용되고 있다. 메타버스에 관해 아직 명확한 정의가 확립된 것은 아니다. 하지만 비영리 기술연구단체인 ASFAcceleration Studies Foundation는 메타버스를 이루는 구성요소를 4가지 범주 즉 라이프 로깅, 거울세계, 증강현실, 가상세계로 규정했다.

라이프 로깅Life-logging이란 현실세계의 정보를 직접적으로 혹은 기기를 통해서 기록함으로써 가상공간에 재현하는 것을 말한다. 2009년 나이키Nike 는 달리기, 웨이트, 요가 같은 개인별 맞춤 운동 프로그램을 제공하는 나이키 트레이닝 클럽NTC 앱을 출시했다. 사용자는 자신의 기록을 저장하고 계획을 짜고 진척 정도를 소셜 미디어에 공유할 수 있다. 신체 움직임 등 경험을 장소와 시간에 구애받지 않고 가상공간에 재현하는 것은 라이프 로깅의 대

▶ **라이프 로깅 사례 '나이키 트레이닝 클럽'**

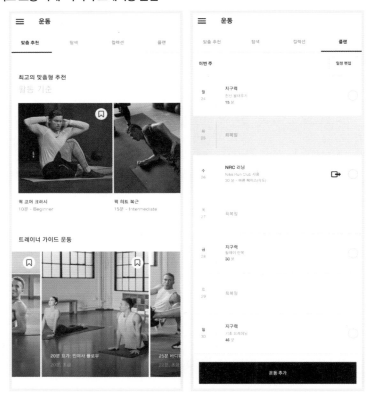

출처: Nike Training Club(NTC) 앱

표 사례라고 볼 수 있다.

거울세계Mirror World란 현실의 정보를 가상공간에 대입해 재현한 세계를 의미한다. 말 그대로 거울처럼 실제 세계의 지도, 정보, 공간 등을 가상공간으로 옮겨 놓은 것이다. '배달의 민족' 서비스가 대표적인 예라 하겠다. 배달 앱에는 음식점 위치, 별점, 후기 등 다양한 현실의 정보가 나와 있다. 현실세계를 가상공간에 매우 사실적으로 재현함으로써 직접 일일이 방문해서 얻기 힘든 리뷰 등의 정보를 효율적으로 제공하는 가상세계인 셈이다.

▶ **거울세계의 사례 '배달의 민족'**

출처: 배달의 민족 앱

증강현실Augmented Reality, AR이란 현실세계에 가상의 사물이나 인터페이스 등을 겹쳐 보이게 하는 혼합현실을 의미한다. 2016년 전 세계적인 열풍을 일으켰던 포켓몬고Pokemon Go가 바로 증강현실의 대표적인 사례다. 사용자는 현실 위에 겹쳐진 가상의 인터페이스를 3차원적으로 경험할 수 있다.

▶ AR의 사례 '포켓몬고' 게임

출처: Pokemon GO 앱

마지막으로 가상세계Virtual World란 디지털 기술을 이용해 현실세계를 가상공간에 확장해 구축한 것이다. 에픽 게임즈Epic Games가 만든 '포트나이트'Fortnite가 대표적인 사례다. 코로나 팬데믹으로 공연을 열기 힘들어지자 유명 래퍼 트래비스 스캇Travis Scott은 포트나이트 메타버스 안에서 콘서트를 열었다. 방탄소년단BTS은 빌보드 1위곡 '다이너마이트'Dynamite의 안무 버전을 포트나이트 파티 로열 모드에 있는 메인 스테이지에서 공개하기도 했다.

나이키와 협업한 실물 제품을 포트나이트 상점에서 판매하기도 하고 마블 영화 속 히어로 슈트나 무기를 사용할 수 있는 이벤트도 진행됐다. 가상세계 게임인 닌텐도의 '모여봐요 동물의 숲'은 유명 패션 브랜드 착장을 구매해 입어볼 수 있는 서비스를 제공한다. 미국 대통령에 당선된 조 바이든Joe Biden이 '동물의 숲 마이 디자인'을 통해 선거운동을 펼치기도 했다.

▶ **가상세계 사례 '포트나이트'와 '모여봐요 동물의 숲' 게임**

출처: 포트나이트 공식 홈페이지(위),
https://secure.joebiden.com/cg0CA084H060ygJx4qVCJg2(BIDEN VICTORY FUND)(아래)

이처럼 더 이상 현실세계에만 한정되지 않고 메타버스를 통해 다양한 유형·무형 자산을 만들고 거래할 수 있다는 사실은 많은 가능성을 열어 준다. 대중들은 이미 가상세계 관련 서비스, 게임, 자산 등의 개념에 폭발적인 관심을 보이며 빠르게 적응하고 있다.

NFT는 무엇이고 가상자산과는 어떻게 다른가?

2021년 5월 프로 바둑기사 이세돌은 알파고와 대결해 승리를 거둔 화제의 대국을 NFT로 만들어 경매에 붙였다. 이 상품은 60이더리움(약 2억 5천만 원)에 낙찰되었다.

▶ 이세돌-알파고 4국, '세기의 대결'

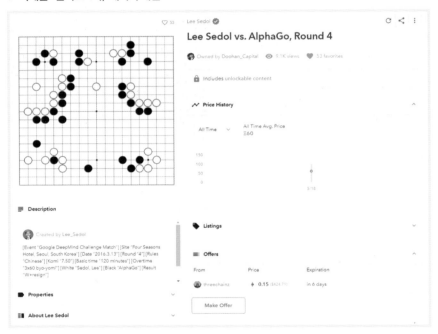

메타버스가 각광받고 있는 가운데 가상세계에서 만들어진 상품이 토큰으로 만들어져 거래되고 있다. 메타버스가 구현하는 세상과 그것을 통한 변화의 흐름이 블록체인 기술과 만나서 대체 불가능한 토큰이라는 형태로 발전한

것이다.

NFTNon-Fungible Token(대체 불가능한 토큰)는 블록체인 기술을 활용해 각각 고유한 값을 가지게 되며 서로 호환이 불가능하다. 게임, 예술품, 부동산 등 모든 종류의 자산을 토큰화 할 수 있다. NFT는 블록체인 기술의 특성상 진위와 희소성을 보장하고 소유권을 명확히 해 준다. 마치 탑승자 성명, 목적지, 좌석번호가 표기된 비행기 티켓처럼 토큰 안에 다른 것과 바꿀 수 없는 고유의 정보가 들어 있는 것이다.

이런 특징 덕에 NFT는 현실세계와 연관된 영역부터 가상세계에만 존재하는 영역에 이르기까지 광범위하게 적용될 수 있다. 게임, 스포츠, 예술, 엔터테인먼트, 저작권, 부동산 분야에서 특히 빠르게 성장하고 있는 것은 분명해 보인다. 빠르게 증가하는 거래 규모가 NFT 시장의 성장을 증명한다.

▶ NFT 시장에서의 상품 거래 규모 성장 추이

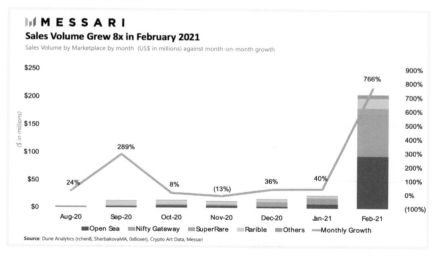

출처: Dune Analytics(Crypto Art Data), 디지털 자산 전문 데이터 분석업체 메사리(Messari)

그렇다면 기존에 현실이나 온라인에서 이루어진 거래와 메타버스에서 이루어지는 거래는 어떻게 다를까? 또한 비트코인, 이더리움, 리플 등 다른 코인과 NFT는 무엇이 다를까? 블록체인 기술을 활용한 대체 불가능한 토큰은 어떤 쓸모가 있으며 어떤 원리로 가치를 부여받게 되는 것일까?

NFT는 ERC-721 표준을 사용해 ID, 값, 유틸리티에 따라 다른 자산과 직접적으로 호환되지 않는다는 점에서 기존 코인과 다르다. 물론 최근에는 ERC-721 외에도 클레이튼KLAY, 트론TRX 등 많은 메인넷 프로젝트들이 자신

▶ **대체 가능한 가상자산(FT)과 대체 불가능한 토큰(NFT)의 차이점**

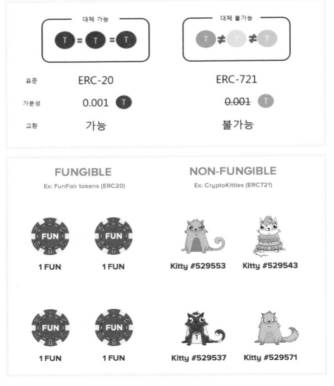

출처: 해시넷 http://www.hash.kr

의 체인 내에서 NFT를 만들어 사용하기도 한다.

모든 NFT는 토큰에 개별성을 부여하는 메타데이터로 구성되어 있으며, 메타데이터에는 사이즈, 명칭, 희소값 등이 포함된다. 대체할 수 없기 때문에 비트코인, 이더리움 등 대체 가능한 자산에 비해 유동성이 적다. 다시 말해 NFT는 각각 다른 고유의 값을 블록체인에 기록하면서 소유권을 확실하게 주장할 수 있도록 도와 준다. 데이터의 위변조가 어려운 블록체인에 거래 이력, 소유자 등 자산의 세부 정보가 안전하게 저장된다. 따라서 자산의 진위와 희소성을 보장할 수 있고 소유권도 증명해 줄 수 있는 것이다.

▶ **다양한 영역에서의 NFT**

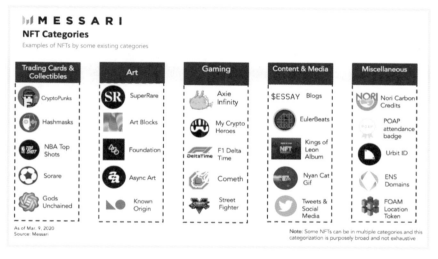

출처: 메사리(Messari)

기하급수적으로 성장하는 NFT 시장

NFT가 만들 변화들

NFT가 주목을 받는 몇 가지 이유

NFT는 유형·무형의 자산을 블록체인 상 유일무이한 디지털 자산으로 구현함으로써 거래를 가능하게 만들었다. 희소성을 가진 자산은 많은 이들의 수요를 발생시킨다. 이로 인해 거래 시장이 형성되고 자산의 가치가 상승하며 NFT 시장은 더욱 활성화된다. 희소 자산은 시간이 지날수록 가치가 높아질 수 있기 때문에 최근 들어 NFT 투자에 대한 관심이 커지는 이유가 되기도 한다.

'디지털 소유권을 통해 수익 창출 기회가 생긴다'는 점에서 NFT는 아티스트들의 주목을 받고 있다. NFT는 자체적으로 가치와 소유권에 대한 메타 정보를 담고 있다. 따라서 발행 플랫폼에 구애 받지 않고 NFT 보유자가 자산에 대한 진정한 소유권을 갖게 된다. 발행 플랫폼이 아닌 다른 플랫폼에서도 호환이 가능해 유통 시장을 통해 자유롭게 거래가 가능하다. 현실에서는 그림을 조각으로 판매하는 것은 불가능하겠지만, NFT는 토큰을 n분의 1로 나누어 소유권을 부분적으로 유통할 수 있다. 이는 디지털 자산의 거래를 촉진하며 아티스트들에게 더 많은 수익 창출 기회를 제공하게 된다.

NFT로 인해 '예술가(저작자) 전성시대' 개막하나?

얼굴 없는 천재, 예술 테러리스트, 거리의 미술가라 불리는 아티스트가 있다. 영국을 기반으로 신원을 밝히지 않고 활동하는 뱅크시Banksy라는 인물이다. 그는 전 세계 도시를 돌아다니며 거리, 지하도, 벽, 다리 위 등 공개적인 장소를 캔버스 삼아 정치·사회적 논평이 담긴 작품을 스텐실 기법으로 남긴다. 그는 자신의 작품을 절대 판매하지 않는 것으로도 유명하다. '풍선을 든 소녀'Girl with Balloon라는 작품은 2018년 10월 소더비 경매에서 15억여 원에 낙찰됐다. 그런데 낙찰을 알리는 방망이를 내리침과 동시에 액자 틀에 숨겨진 분쇄 장치에 의해 작품 절반이 여러 가닥으로 잘려 나갔다. 뱅크시는 혹여 자신의 작품이 팔릴 것에 대비했다면서, 파쇄기 설치 화면과 경매 직후 그림이 잘리는 영상에 '간다, 간다, 갔다Going, going, gone···'라는 코멘트를 붙여 SNS에 게시했다. 아이러니하게도 파쇄된 그의 작품은 더 비싼 가격에 낙찰되었다.

2021년 3월 디파이 프로젝트 인젝티브 프로토콜Injective Protocol은 작품 '멍청이'Morons를 NFT로 변환해 경매에 붙였다. 미술 경매장에 모인 구매자

▶ 뱅크시가 자신의 작품 '풍선을 든 소녀'를 파쇄한 직후 게시한 포스팅

출처: 뱅크시 인스타그램 http://www.instagram.com/banksy/

를 조롱·풍자하는 작품으로 '이걸 진짜로 사는 멍청이가 있다는 게 믿기지 않아!'라는 글귀가 적혀 있다. NFT로 변환된 후 원작은 불태워졌다. 관계자로 추정되는 이들은 유튜브 라이브를 통해 원작을 불태운 이유를 다음과 같이 설명했다. "가상과 실물이 공존할 경우 작품의 가치가 실물에 종속되지만, 실물이 없어지면 NFT 그림이 대체 불가의 진품이 된다." 이 NFT는 약 4억 3천 만 원에 낙찰되었다.

과연 작품에 적힌 글귀처럼 실물이 존재하지 않는 '멍청이' NFT를 산 사람은 진짜 멍청이일까? NFT의 미래에 대한 전문가들의 의견은 분분하다. NFT 시장에 거품이 심하며 곧 꺼질 것이라는 의견이 있는 반면, 세상 모든 아티스트에게 새로운 기회를 제공할 것이라는 의견도 있다. 아직 오지 않은 미래를 예측할 순 없지만 최소한 다양한 업계의 시도가 늘어나고 있음은 주지의 사실이다.

▶ 뱅크시의 '멍청이' 원작을 태우는 유튜브 라이브와 NFT 변환된 '멍청이'

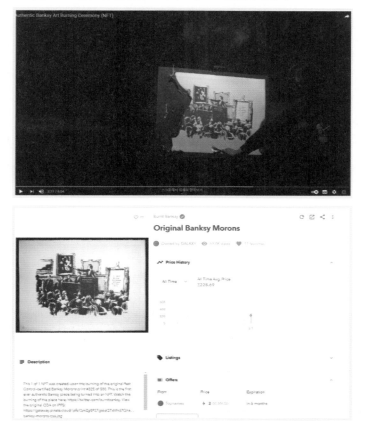

출처: Burnt Banksy 유튜브 라이브(위), opensea.io(아래)

다양한 산업 분야에 접목되는 NFT

NFT는 다양한 실물 작품이 디지털 세계에서 쉽게 거래될 수 있도록 도와 주기 때문에, 예술뿐 아니라 게임, 스포츠, 엔터테인먼트, 패션 등 다양한 분야에 빠르게 적용되고 있다. 영국 BBC는 인기 드라마 '닥터 후'Doctor Who 캐릭터가 담긴 NFT 디지털 카드를 출시했고, 일본 아이돌 그룹 'SKE48'과 국내 아이돌 그룹 '에이스A.C.E'가 한정판 포토카드나 멤버 사진, 뮤직비디오 등이 담긴 NFT 상품을 내놓았다. 국내 유명 엔터테인먼트 기업들은 K팝 스타의 포토카드를 NFT로 선보이는 시도를 계속 하고 있다. 코로나 팬데믹으로 팬들과의 대면 소통이 힘들어진 시기에 NFT는 온라인으로 전 세계 팬들과 소통할 수 있는 좋은 채널이기 때문이다. 한국 순수문학에서도 자신의 시집 초판을 NFT로 발행해 경매에 붙인 사례가 등장하기도 했다. 배수연 시인의 시집 《쥐와 굴》이 2021년 5월 약 900만 원에 낙찰되었는데, 이는 시집 1천 권을 판매한 금액과 맞먹는 액수다. 이렇듯 다양한 산업 분야에서 NFT가 접목되어 신선한 바람을 일으키고 있다.

▶ 영국 드라마 닥터후에서 판매한 NFT 디지털 카드

출처: http://doctorwho-worldsaprt.com

스포츠 분야에서는 미국 NBA, MLB, F1 등이 보유한 지적재산권을 사용한 NFT 상품이 속속 나오고 있다. NFT 플랫폼 중 하나인 'NBA 탑샷'NBA

Top Shot은 NBA 주요 장면을 라이브카드 형태의 NFT로 만들어 판매한다. 이를 통해 NBA 팬들은 자신이 좋아하는 선수의 주요 장면을 수집품처럼 소장하고 교환할 수 있다.

축구 카드 게임 플랫폼인 소레어Sorare에서는 프랑스 생제르맹이나 이탈리아 유벤투스 선수들의 카드를 NFT로 구매해 게임에 참여할 수 있다. 블록체인 기술을 활용한 NFT로 특정 시즌에 출전한 특정 선수를 한정판 카드로 발행했다. 팬들은 이 디지털 카드를 모아 축구팀을 만들 수 있다. 또한 소레어의 마켓플레이스에서 다른 사용자들과 카드를 교환함으로써 선수를 스카우트할 수도 있다.

▶ **NBA 탑샷에서 판매되는 라이브카드**

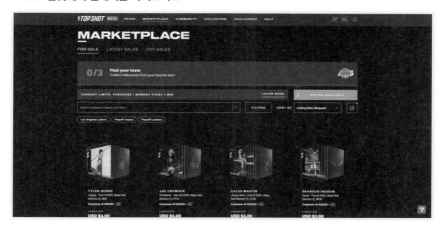

출처: http://nbatopshop.com

나이키는 최근 미국 특허청으로부터 운동화의 디지털 상품 거래내역을 블록체인으로 관리하는 특허를 확보했다. 구매자가 블록체인에 등록된 '크립토킥스'CryptoKicks 운동화를 구매하면 식별부호가 생성되는 원리다. 즉 해당 신발을 구매할 경우 실물 상품과 함께 가상의 토큰을 받게 되고, 해당 토큰으로 상품의 진위 여부를 확인할 수 있다. NFT를 활용해 디지털 자산을 생성하고 실제 운동화 구매로 연결되도록 한 것이다. 운동화를 다른 사람에게 판매하면 실제 신발과 함께 디지털 자산의 소유권을 양도하게 된다. 한정판 운동화를 되파는 리셀러Reseller들에게도, 진품 여부를 늘 불안해하는 구매자들로서도 희소식이 아닐 수 없다. 크립토킥스에는 진품 식별 기능에 더불어 가상 신발을 '육성'Breed하는 기능도 추가되어 있다. 특허 설명서에 따르면 디지털 신발을 키우거나 다른 디지털 신발과 섞어 새로운 신발을 만들 수 있다. 이렇게 새로 만들어진 디지털 신발을 제조규격에 맞춰 주문 생산할 수도 있다. 머지않아 내가 육성하거나 섞어 만든 커스터마이징 디지털 신발을 실제로 제작해 신고 다닐 수 있는 날이 올 수도 있다는 말이다.

▶ **나이키가 특허 출원한 NFT 컨셉**

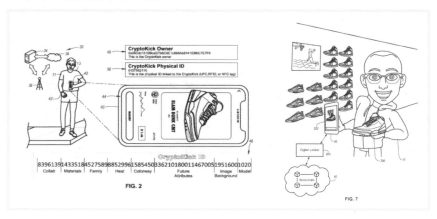

출처: 미국 특허청(USPTO), 특허번호 US10505726B1

특정 브랜드나 기업 차원의 NFT 외에도 개인 크리에이터 영역의 참여도 늘어나고 있다. 트위터 창업자인 잭 도시Jack Dorsey는 2006년에 자신이 쓴 첫 트윗인 "방금 내 트위터를 설정함(Just setting up my twttr)"이라는 트윗을 캡처해 NFT로 판매했다. 이것은 무려 1,630이더리움(약 27억)에 낙찰되었다.

▶ NFT 변환된 잭 도시의 첫 트윗, 그리고 해당 NFT 수익금을 기부했다는 내용의 트윗

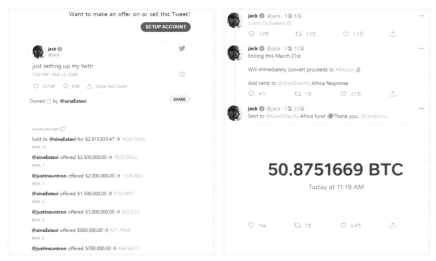

출처: https://v.cent.co/tweet/20

이러한 흐름을 비웃는 행보도 있다. 과열된 시장 그리고 비싼 값에 팔려나가는 NFT 예술품들을 조롱하며, 친구들과 모은 1년 치 방귀소리를 NFT로 가공해 경매에 붙인 사례가 그것이다. 뉴욕에 사는 한 영화감독은 1년 치 방귀소리를 모은 52분짜리 오디오 파일 '마스터 컬렉션'Master Collection을 편집했다. 그는 NFT 광기의 배후에는 디지털 예술작품 애호가가 아닌 투기꾼들이 있을 뿐이라며 이를 비판하고자 방귀소리 작품을 만들었다고 밝혔다. 실제 한 명의 방귀소리가 팔리기까지 했다.

트위터 게시물 한 줄, 심지어 방귀소리조차 NFT로 만들어져 거래된다는 사실은 다소 놀랍다. 하지만 무시할 수 없는 것은 일부 극단적인 사례를 포함한 다양한 시도가 새로운 변화와 가능성을 보여 준다는 점이다. 지금은 상상할 수 없지만 앞으로 각종 온·오프라인에서 사람들이 만든 유행어, 움짤, 장면 등 무엇이든 NFT로 만들어져 거래되는 것이 당연시되는 날이 올 수도 있다. 인터넷 시대가 처음 시작됐을 때 인터넷 도메인을 비싼 값을 주고 구매할 것이라고 상상하기 어려웠지 않은가. 변화의 귀결이 무엇이 될지는 아직 섣불리 예측하기 힘들다.

가장 비싸게 팔린 NFT 상품들

NFT가 본격적인 주목을 받기 시작한 것은 2017년 '크립토키티'Crypto Kitties 게임이 등장하면서부터다. 크립토키티는 가상의 고양이를 육성하고 교배시켜 희귀한 생김새를 가진 고양이가 나오면 높은 값에 판매할 수 있는 블록체인 게임이다. 모든 크립토키티는 블록체인을 기반으로 고유한 특성과 정체성을 지닌다. 즉 내가 가진 고양이는 전 세계에 단 하나뿐인 것이다.

이런 이유로 매력적인 크립토키티는 1억 원 이상에 거래되기도 했다. 크립토키티의 인기 요인은 귀여운 캐릭터와 수집의 재미, 그리고 희소성이라는 가치를 제공하는 NFT의 특성이 결합했기 때문이라 분석된다.

수익 창출을 성공시킨 대표적인 사례로는 비플Beeple의 작품들이 있다. 'Everydays: The First 5,000 Days'라는 작품은 작가가 지난 13년 동안 제작한 디지털 그림 5,000개를 하나의 이미지로 만든 것으로, 경매를 진행해 약 785억 원에 낙찰되었다. 이외에도 비플의 'CROSS ROAD', 'OCEAN

▶ 가상의 고양이 육성 게임 크립토키티

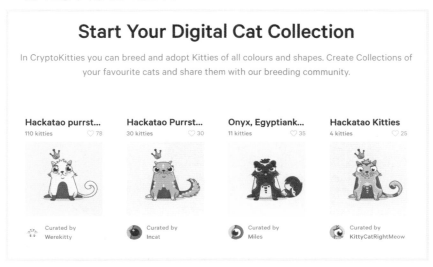

Start Your Digital Cat Collection

In CryptoKitties you can breed and adopt Kitties of all colours and shapes. Create Collections of your favourite cats and share them with our breeding community.

Hackatao purrst...
110 kitties   ♡ 78

Hackatao Purrst...
30 kitties   ♡ 30

Onyx, Egyptiank...
11 kitties   ♡ 35

Hackatao Kitties
4 kitties   ♡ 25

Curated by
Werekitty

Curated by
Incat

Curated by
Miles

Curated by
KittyCatRightMeow

출처: cryptokitties.co

FRONT' 등은 수십억 원에 거래되고 있다.

가장 비싸게 팔린 NFT 상품 Top 6(2021년 5월 27일 기준)

1위: 비플(Beeple)의 'The First 5000 Days', 약 450억 원

2위: 비플(Beeple)의 'CROSS ROAD', 약 75억 원

3위: 스노우덴(Snowden)의 'Stay Free', 약 69억 원

4위: 비플(Beeple)의 'OCEAN FRONT', 약 57억 원

5위: 엑스카피(Xcopy)의 'Death Dip', 약 25억 원

6위: 팩(Pak)의 'The Switch', 약 16억 원

이렇듯 무형의 자산을 제작하고 거래하는 일이 NFT를 통해 실현 가능해

▶ 가장 비싸게 팔린 NFT 상품 TOP 6

출처: https://cryptoart.io/MOST EXPENSIVE ARTWORKS

졌다. 또한 이런 상품에 대한 수요와 공급이 가파르게 증가하는 것을 알 수
있다. 창작을 좋아한다면 실물 캔버스 대신, 디지털 캔버스에 작품을 만들고
NFT를 활용해 인정 받아보는 것은 어떨까?

NFT는 어떻게 판매하고 구매하는가?
NFT 거래해보기

NFT 마켓플레이스의 종류

누구라도 NFT 상품을 제작해 판매하거나 마음에 드는 상품을 구매할 수 있을까? NFT를 구매하려면 NFT 장터라고 할 수 있는 마켓플레이스를 이용하면 된다. 그런데 NFT 마켓플레이스는 특징이나 지원하는 결제 수단, 지갑 등에 따라 다양하다.

대표적인 NFT 마켓플레이스들을 다음 표와 같이 비교해 선택할 수 있다. 가장 많은 상품을 오픈마켓 형식으로 거래할 수 있는 곳으로 오픈씨OpenSea 가 있다. 이외에도 나름의 기준으로 엄선된 상품을 큐레이션 하는 니프티게이트웨이Nifty Gateway, 노운오리진KnownOrigin, 슈퍼레어SuperRare 등 다양한 마켓플레이스가 있다. 파운데이션Foundation과 래리블Rarible은 다양한 파일

형식의 NFT 제작을 지원한다는 점에서 주목할 만하다.

▶ **NFT 마켓플레이스의 종류와 특징**

NFT 마켓플레이스	특징	URL	상품	지원하는 지갑	결제 수단
오픈씨 (OpenSea)	최대 규모	opensea.io	오픈마켓	메타마스크, 월렛커넥트 등 8종	이더리움, USDC, DAI, 신용·체크카드
니프티 게이트웨이 (Nifty Gateway)	한정판 드롭 (Drops) 제공	niftygateway.com	큐레이션 마켓	메타마스크	이더리움, 신용카드
파운데이션 (Foundation)	민트(NFT 제작) 기능과 큐레이션 특화	foundation.app	큐레이션 마켓	메타마스크	이더리움
아트블록스 (Art Blocks)	자체 생성 프로젝트	artblocks.io	큐레이션 마켓	메타마스크	이더리움
슈퍼레어 (SuperRare)	엄선된 아티스트와 함께 작업하며 아티스트 프로필 검색 가능	superrare.co	큐레이션 마켓	메타마스크, 포타매틱	이더리움
노운오리진 (Known Origin)	고도화된 큐레이션 제공, 콜라보레이션 다수	knownorigin.io	큐레이션 마켓	메타마스크, 포티스, 포타매틱, 월렛커넥트	이더리움
래리블 (Rarible)	오픈 마켓플레이스	app.rarible.com	오픈마켓	메타마스크, 포타매틱, 월렛커넥트, 코인베이스 월렛, 마이이더 월렛 등	이더리움

쉽고 빠르게 NFT를 사고파는 법

다양한 NFT 마켓플레이스 중 마음에 드는 곳과 상품을 발견했다면 이제 사보는 연습을 해보자. 다양한 마켓플레이스 중 가장 대표적이고 거래가 활발한 오픈씨OpenSea에서 구매하는 법을 살펴보겠다. 다른 마켓플레이스도 작동 원리는 비슷하다.

오픈씨에 접속하면 예술, 스포츠, 거래 가능한 카드, 도메인 이름 등 여러 카테고리에 걸쳐 다양한 NFT 상품을 볼 수 있다. 대표적인 블록체인 메타버스 게임으로 불리는 샌드박스The Sandbox, SAND와 디센트럴랜드Decentraland, MANA 내 아이템인 토지LAND, 블록체인 축구 카드 게임 플랫폼인 소레어 Sorare의 유명 축구선수 디지털 카드 등을 오픈마켓 형태로 사고팔 수 있다.

▶ NFT 마켓플레이스 중 하나인 오픈씨 화면

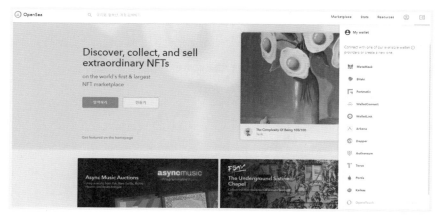

출처: https://opensea.io/

STEP 1. NFT 마켓플레이스에서 지원하는 지갑 만들기

NFT 상품을 구매하려면 가장 먼저 해당 마켓에서 지원하는 '지갑'을 만들어야 한다. 몇몇 마켓에서는 거래소 지갑을 지원하기도 하지만 마켓플레이스에서 통용되는 지갑은 거래소 지갑과 다르다. 오픈씨는 메타마스크를 지원하는데 크롬 브라우저에도 설치할 수 있고 앱이나 플러그인 프로그램으로도 설치할 수 있다. 기존에 사용하는 지갑이 있다면 그것을 연결하면 된다.

▶ **오픈씨에서 지원하는 다양한 지갑**

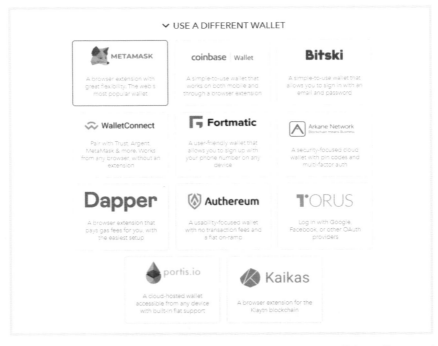

출처: https://opensea.io/

▶ 코인·가상자산 지갑 플랫폼 메타마스크

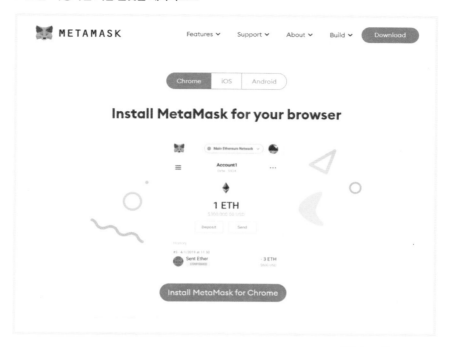

출처: https://metamask.io

설치 후에는 새 지갑의 암호를 설정한 뒤 시드 구문을 반드시 확인해야 한다. 은행과 비유하면 지갑은 계좌이고 시드 구문은 계좌 암호와 다른 OTP 암호를 의미한다. 잃어버린 암호를 되찾으려면 시드 구문이 필요하다. 이 구문이 유출되면 누구나 내 지갑을 털 수 있으니 조심해야 한다.

받은 시드 구문 12개를 순서대로 재입력하면 확인 버튼이 활성화된다. 확인 버튼을 누르면 계좌 만들기가 완성된다.

▶ 암호와 비밀 시드 구문 설정하기

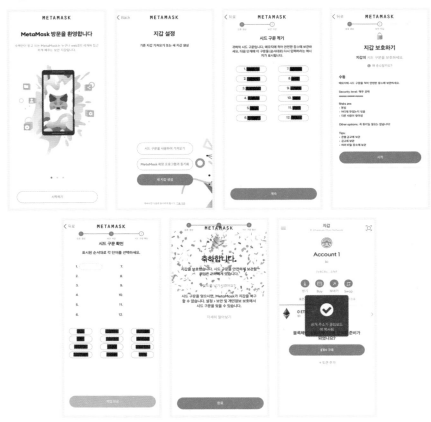

　'Account1'이라 적혀 있는 영역을 누르면 내 계좌가 복사되므로 필요한 곳에 붙여 넣어 사용할 수 있다. 계좌번호와 암호를 잃어버리지 않도록 별도로 메모장이나 노트에 적어 두는 것도 잊지 말자.

　이제 다시 오픈씨로 돌아와 마이 월렛My Wallet에서 메타마스크를 선택한다. 로그인 상태로 선택하면 방금 만든 메타마스크 계좌가 자동으로 연결된 것을 확인할 수 있다. 자동으로 연결되지 않는다면 메타마스크에 연결을 선택한 후 해당 계좌를 복사해 붙여 넣으면 된다.

▶ 메타마스크 지갑을 오픈씨에 연결하기

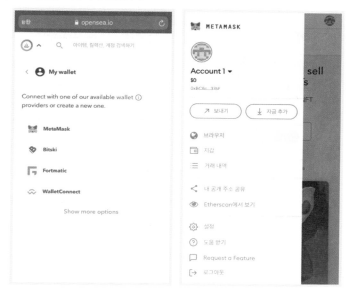

STEP 2. NFT 마켓플레이스에 가상자산 입금하기

계좌를 만들었으니 NFT 살 준비가 반은 끝난 셈이다. 이제 비어 있는 계좌
에 돈을 넣어 보자. 빗썸과 같은 가상자산 거래소에서 이더리움을 구매해 내
계좌에 전송하거나, 메타마스크 내 '와이어'Wyre로 바로 구매해 계좌에 입금
하면 된다. 단, 와이어를 사용한다면 100달러 기준 9.7달러라는 상대적으로
높은 가스비가 부과된다는 것은 염두에 두어야 한다.

▶ 자산 입금하기 ①: 거래소에서 입금하기

▶ 자산 입금하기 ②: 은행 송금, 카드, 페이로 결제

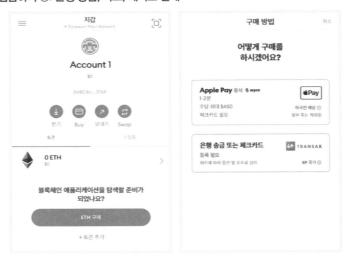

STEP 3. NFT 상품 구매하기

이더리움을 입금했다면 이제 원하는 NFT를 구매할 차례다. 다시 오픈씨 홈페이지에 접속해 원하는 작품을 고른다. '탐색하기'나 '검색'을 통해 원하는 항목을 찾아볼 수도 있다. '상태'Status 필터로 '지금 구매하기'Buy Now를 누르면 지금 당장 살 수 있는 자산이, '경매 중'On Auction을 누르면 경매로 올라온 자산이 나온다. 원하는 상품을 클릭하고 '지금 구매하기' 버튼을 눌러 보자. 상품의 가격과 수수료를 함께 지불하면 거래가 완료된다.

▶ **NFT 상품 구매하기**

출처: https://opensea.io/

NFT 상품 등록하기

크리에이터가 되어 상품을 NFT로 등록해 팔고 싶다면 다음 절차를 따라해 보자. 우선 오픈씨 프로필에서 '마이 콜렉션'My Collections 메뉴를 선택해 '만들기'Create 버튼을 누른다. 미가입 상태라면 회원가입 후 로그인 하면 된다.

만들기 버튼을 눌러 NFT 상품의 로고(350×350), 이름, 설명을 입력한 다음 다시 '만들기'Create 버튼을 눌러 상품을 설정한다. 이 설정을 완료해야 NFT가 만들어진다. 이제 팔기Sell 버튼을 누르고 판매 형태(지정가, 경매, 동일 상품을 번들로 판매)를 지정한다. 마지막으로 판매 등록 수수료를 지갑이나 카드 등으로 결제하면 등록이 완료된다.

▶ NFT 상품 등록하기

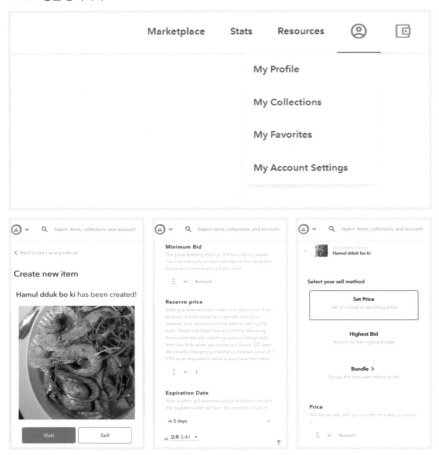

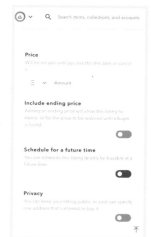
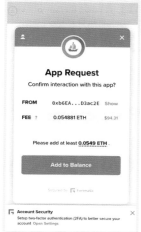

출처: https://opensea.io/

거품이나 유행인가, 변화의 시작인가? NFT의 전망과 과제

희소성과 수요가 높은 상품은 각광 받는다

NFT와 관련한 앞으로의 전망은 어떨까? 희소성이 높고 공급보다 수요가 높은 NFT 상품만이 그 가치를 인정받을 것이라는 일반론적인 답을 할 수밖에 없다. 세상 모든 상품이 그렇듯 NFT 역시 수요와 공급의 영향을 받는다. 가격과 가치는 다르기 때문이다.

혹자는 수십억 원대에 거래되는 일부 NFT 상품에 대해 '거품이다', '유행이 지나면 큰 손실을 불러올 것이다'라며 비판한다. 고가에 판매된 NFT 상품의 원작자 비플 역시 위험성을 꼬집은 바 있다. 그는 "NFT 분야는 진입하려는 사람이 많기에 지금은 아니더라도 언젠가는 거품이 될 수 있다"고 말했다.

NFT가 단순한 유행에 그칠지, 거품인지 아닌지에 대해서는 아직 판단하기 이르다. NFT 자체적으로 해결해야 할 과제도 많다. 그중 대표적인 것이 타인의 작품을 NFT로 만드는 도용 문제다. 누구나 손쉽게 NFT를 발행할 수 있기 때문에 생겨날 수 있는 이러한 부작용은 디지털 자산의 도용 방지, 작품의 진위 검증, 지식재산권 침해 예방 등 NFT 분야가 꾸준히 해결해야 할 도전 과제로 지적된다.

만약 특정 작품이 블록체인 밖에서 무분별하게 복제된다면 원작의 희소성은 떨어지고 오히려 무분별한 복제를 방치한 채로 가치가 매겨지게 되는 '합의된 거짓 가치'의 딜레마도 있다. 예를 들어 오프라인에서 만들어진 원작을 NFT로 판매하면 블록체인 상의 소유권이 인정된다. 그러나 디지털 소유권을 가졌다 해도 실물 그림을 가진 것은 아니니, 이런 거래는 어디까지나 '합의된 거짓 가치'라는 것이다. 온·오프라인의 소유권 불일치는 NFT 시장 전체에도 악영향을 줄 수 있기에 앞으로 어떻게 해결이 될지 유심히 지켜봐야 할 필요가 있다.

NFT 관련 산업은 초기 단계에 있는 상태이기 때문에 보안이나 인프라 측면에서 취약하다. 실제로 해킹으로 계정이 탈취되어 NFT를 도난당하거나 신용카드 정보가 유출되는 사례도 있었다. 시장이 빠르게 성장하고 있는 만큼 아직까지 해결해야 할 과제도 산적해 있다.

예능 프로그램 속 부캐처럼 NFT가 보편화되는 세상

여러 잡음에도 불구하고 NFT는 매우 많은 기업과 개인들의 관심을 받고 있다. 그림뿐 아니라 영상, 디지털 예술품, 트윗, 음원 등 다양한 NFT 작품들이 큰 호응을 얻고 있다는 점, 향후 몇 년 내로 관련 인프라가 더욱 고도화될 것으로 예상된다는 점에서 시장 전망은 긍정적이다.

기술 발전으로 온라인에서 보내는 시간이 급격하게 증가했다. 어느덧 우리는 자신도 모르는 사이 메타버스 세상에 발을 디뎠다. 온라인과 오프라인, 가상과 현실의 경계가 무너지며 우리가 그 안에서 벌어지는 변화를 채 인지하지 못하는 사이 진척 속도는 가속될 것이다.

가상세계 속 부캐(부가 캐릭터, 제2의 자아)로 소통하고 소득도 창출하는 것이 너무도 당연한 것이 되는 시대에 NFT는 어쩌면 피할 수 없는 숙명일지도 모른다. 어차피 맞이해야 하는 시대의 변화라면 시장을 인지하고 어떻게 이용할 수 있을지 능동적으로 고민하면서 과감히 새로운 시도를 해 보는 것이 더 현명한 것 아닐까? 혹시 모른다. 현실의 모든 것이 NFT 토큰으로 거래되는 날이 올지도.

부록

특금법과 가상자산 소득에 대한 세금

가상자산 법제화로 인해 일어나는 변화들

가상자산 법제화가 초읽기에 들어갔다. 주요 거래소들은 가상자산 사업자 Virtual Asset Service Provider, VASP 범주에 속하게 되면서, 자금세탁 방지 등의 의무가 부여되었다. 이제 가상자산 사업자 신고수리가 된 거래소만 영업을 할 수 있다. 이렇게 되면서 투자자에게도 큰 변화가 생길 전망이다. 바로 세금이다. 특금법이 무엇이며 절세 방법은 있는지, 같이 확인해 보자!

자금세탁 방지 Anti-Money Laundering System, AML
국내외를 통해 벌어지는 불법적인 자금 세탁을 찾아내고 방지하기 위해 도입한 법적·제도적 장치로, 국가의 사법, 금융 등의 자원뿐 아니라 국제적인 협력을 통해 서로 연계하여 구축되는 종합적인 관리 시스템

특금법이란 무엇이며 어떻게 적용되는가?

특정 금융 거래정보의 보고 및 이용 등에 관한 법률(이하 특금법)은 금융 거래를 이용한 자금세탁 행위, 공중협박자금 조달 행위를 규제하는 데 필요한 특정 금융 거래정보의 보고 및 이용 등에 관한 사항을 규정함으로써 범죄 행위를 예방하고 나아가 건전하고 투명한 금융 거래 질서를 확립하는 데 이바지함을 목적으로 하는 법률이다. 금융 회사들이 자금세탁 행위 등을 방지하기 위해 꼭 지켜야 하는 법률이라고 이해하면 된다.

특금법은 거래소의 투명성과 건전성을 높여 불법적인 자금의 유통을 막고 거래소의 자산과 고객 자산을 분리하는 등 투자자 보호를 위해 제정되었다. 거래소에 대한 규제가 법제화됨으로써 투자자는 신고·등록된 거래소를 통해 신뢰하고 안전하게 투자할 수 있다.

가상자산 투자자 보호를 위한 내용을 담은 특금법에는 다음의 내용이 포함된다.

> – 가상자산 사업자는 금융정보분석원장에게 상호 및 대표자의 성명, 사업장의 소재지 등을 신고해야 한다.
> – 가상자산 사업자는 불법재산 등으로 의심되는 거래가 있을 때 지체 없이 금융정보분석원장에게 보고해야 한다.
> – 가상자산 사업자는 고객별 거래내역을 분리해 관리해야 한다.
> – 고객 예치금은 가상자산 사업자 고유재산과 분리해 보관해야 한다.

이렇듯 특금법이 도입되면 가상자산 산업이 제도권으로 편입되는 시발점이 될 것으로 보인다. 초기 사업자 자격요건을 갖추지 못한 사업자가 퇴출되면서 시장이 일시적으로 혼란을 겪을 수 있다. 하지만 법적 규제를 통해 건전하고 믿을 수 있는 시장으로 성장하고 투자자 보호가 한층 강화될 것으로 전망된다.

코인 수익에도 세금이 부과된다

2021년까지 코인을 통해 얻은 소득은 과세 대상이 아니다. 그러나 2021년 개정 세법에 따라 2022년부터 가상자산 양도소득 및 대여소득 중 250만 원을 초과한 금액에 대해 기타소득세 20퍼센트(주민세 2퍼센트를 포함하면 22퍼센트가 되므로 아래 설명에는 주민세를 포함한다)를 단일세율로 세금이 부과된다.

세금 납부는 국내 거주자의 경우 이듬해(2022년 소득 2023년 신고) 5월에 신고·납부해야 하고, 비거주자 및 해외 법인은 매매 및 인출 시에 소득에 대해 22퍼센트(혹은 지급금액의 11퍼센트 중 적은 금액)를 원천징수한다.

아래 예시는 이해를 돕기 위해 간략히 서술한 것이므로 실제 세금 신고와 납부는 전문가와 상담 등을 거쳐 불성실 신고 및 납부에 따른 불이익을 받지 않도록 주의하기 바란다.

코인 거래 수익=코인 매도 금액−코인 매수 금액−수수료(거래비용)

모든 세금은 매도 시점, 즉 거래소득이 발생한 시점에 부과된다. 그러므로 2022년에 매도해 수익이 났더라도 2021년보다 훨씬 이전에 취득한 가상자산의 경우 실거래가를 증빙하기 어려운 경우가 있을 것이다. 이 경우는 자신이 실제 매수한 금액(취득원가) 혹은 2022년 1월 1일 0시 기준시가 중 금액이 큰 쪽을 선택할 수 있다. 매수 금액이 커질수록 납세자에게 유리하므로 본인에게 유리한 가격을 택할 수 있게 해 주는 것이다.

취득원가를 산정할 때에는 유상 취득과 무상 취득의 경우가 달라진다. 유상 취득, 즉 거래 상대방에게 대가를 지불하고 취득한 코인이라면 취득 시 지불한 금액이 취득원가다. 그러나 무상 취득, 즉 에어드랍이나 스테이킹 보상 등으로 지불금 없이 취득했다면 취득원가는 0원이 된다.

이 대목에서 꼭 기억할 점이 있다. 코인을 평균 매수가보다 낮게 팔아도 세금을 낼 수 있다는 점이다. 코인을 분할 매수해서 여러 개 가지고 있다가 그중 일부만 매도했을 때 어떤 것을 팔았는지 알 수 없다. 이런 경우 세법은 선입선출 가정 하에 처분되는 코인의 취득원가를 산정하게 된다.

> **선입선출先入先出**
> 먼저 취득한 자산을 먼저 매도한 것으로 간주하고, 매도를 통한 소득을 산정하는 계산 방식. 동일한 자산을 여러 수량 취득했다면 매수 금액과 관계없이 먼저 산 자산을 먼저 팔았다고 가정한다.

예를 들어 설명해 보자. 1,000만 원을 주고 코인 1개, 그 다음 5,000만 원을 주고 코인 1개를 샀다. 평균 단가는 3,000만 원이고 보유 수량은 2개다. 그런데 이중 1개를 3,000만 원에 팔았다. 그러면 세법에서 선입선출 원칙에 의해 먼저 산 1,000만 원짜리 코인이 3,000만 원에 팔린 것으로 간주한다. 따라서 소득금액은 2,000만 원이 된다(계산 편의상 수수료 등 제외). 그러면 여기서 250만 원을 공제한 1,750만 원 소득의 22퍼센트인 385만 원을 기타소득 과세금액으로 납부해야 한다.

선입선출 기준을 모르고 평균 단가에 매도했으니 수익이 없어 세금을 안 내도 된다고 생각해선 안 된다는 것이다. 신고·납부를 하지 않을 경우 가산

세 등을 추가로 부담해야 할 수 있으니 주의해야 한다.

또한 다음과 같은 경우가 모두 코인 소득으로 반영되므로 기억해 둘 필요가 있다.

- 코인 거래 수익: 100만 원에 사서 1,000만 원에 매도했다면, 900만 원이 소득금액이다.
- 에어드랍 등으로 무상 취득한 코인 수익: 에어드랍 등으로 받은 코인은 취득원가가 0원이므로, 매도 시 매도 금액 전액이 소득금액이 된다. 즉 에어드랍 받은 코인을 1,000만 원에 매도했다면 1,000만 원이 소득금액이다.
- 스테이킹해서 받은 코인 수익: 스테이킹으로 받은 이자 코인 역시 취득원가가 0원이므로 매도 시 매도 금액 전액이 소득금액이 된다. 즉 스테이킹 보상으로 받은 코인을 1,000만 원에 매도했다면 1,000만 원이 소득금액이다.
- 채굴한 코인 수익: 채굴한 코인의 경우도 취득원가가 0원이지만 전기세 등 채굴에 소모된 금액을 증명한다면 취득원가로 인정 가능하다. 단, 채굴에 필요한 전기세 등을 공제받으려면 사업자 등록·허가가 필요하다. 채굴한 코인을 1,000만 원에 매도했고 전기세 등이 200만 원 발생했다면 800만 원이 소득금액이다.

코인 소득에 대한 세금을 아끼는 절세 팁

'죽음과 세금은 피할 수 없다'는 말처럼 소득이 있는 곳에 세금 납세 의무가 존재하므로 세금을 피할 수 있는 방법은 없다. 하지만 실현소득에만 과세되는 점을 활용하고 소득공제 250만 원을 이용하며, 손익통산을 활용하는 등 법에서 허용된 범위 내에서 절세의 방법은 존재한다.

코인 소득세는 실현소득에만 과세한다. 즉 거래를 통해 실현이 확정된 이익에만 과세되므로 매도하지 않고 보유한 코인에 대해서는 아무리 평가이익이 나고 있다고 해도 과세되지 않는다. 그러므로 연중 실현소득을 계산하면서 한 해에 과도한 금액이 나오지 않도록 조절하는 방법이 있다.

또한 기본공제 250만 원 조항을 적절히 이용하는 것이 좋다. 연간 소득에 대해 250만 원까지 기본 공제 후 초과 이익의 22퍼센트가 소득세로 과세된다. 그러므로 연말에 평가이익이 많이 생긴 코인이 있다면 250만 원을 한도로 매도한 다음 재매수함으로써 취득가액을 높인다. 이렇게 하면 공제금액만큼 다음 해의 소득금액을 줄일 수 있다.

소득세는 수익에 과세하므로 수익인 코인과 손실인 코인을 함께 매매해 상쇄시키는 것도 하나의 절세 방법이다. 수익을 내고 있는 코인과 손실이 나고 있는 코인을 동시에 보유하고 있다고 하자. 수익을 내는 코인을 팔아 차익 실현을 하고 손실 중인 코인은 가격이 오를 때까지 기다리고 싶을 것이다. 그런데 수익 나는 코인만 매도하면 오롯이 수익에 대한 세금을 내야 한다. 이때 손실이 나고 있는 코인도 함께 매도해서 손실을 확정한 다음 재매수해서 보유한다 그러면 일부 수수료가 발생할 수 있지만 연간 수익 금액이 감소해서 당해 연도에 납부해야 할 세금을 줄일 수 있다.

빗썸과 함께 코인 투자 시작하기

코인 투자를 위한 믿을 만한 파트너, 거래소 선택하기

천리 길도 한 걸음부터라는 말이 있다. 무슨 일이든지 시작이 중요하다. 코인 투자도 마찬가지다. 코인 투자를 결심했다면 먼저 거래소에 회원 가입을 하고 본격적인 거래를 위한 원화 입출금 계좌번호를 발급하는 것부터 시작해 보자.

비트코인, 이더리움 같은 코인은 어디서 살 수 있을까? 코인을 구매하려 면 우선 거래소에 가입해야 한다. 슈퍼나 대형마트에서 물건을 살 수 있듯이 거래소는 코인을 쉽게 사고팔 수 있는 곳이다. 21년 5월 기준 전 세계에 수백 개의 거래소가 있으며 국내에도 100여 개의 코인 거래소가 있다.

그렇다면 어떤 거래소를 이용해야 할까? 코인 투자가 처음이라면 4대 거래 소를 통해 투자할 것을 권장한다. 국내 4대 거래소는 빗썸, 업비트, 코인원,

코빗이다. 대형마트는 매우 많은 상품이 구비되어 있고 서비스가 체계적이고 믿을 만하며, 편의점은 필요한 상품만 모아 친근하고 편리하게 이용할 수 있다. 그처럼 거래소만의 특징이 있으므로 잘 살펴보고 선택할 필요가 있다.

가입축하금으로 빗썸 시작하기

빗썸에서는 처음 투자를 시작하는 이용자들을 위해 회원 가입축하금 3천원과 수수료 무료쿠폰을 제공한다. 가입축하금으로는 빗썸에서 원하는 코인을 구매할 수 있고 수수료 무료쿠폰이 있다면 일정 한도까지 거래 수수료가 발생하지 않는다. 아직 공부가 덜 된 상태에서 코인 투자를 알아 보고 싶다면 먼저 빗썸 가입축하금으로 시작해도 된다. 빗썸 앱을 다운로드 받아서 사용하는 방법을 간략히 그림과 함께 설명해 보려 한다.

먼저 빗썸 앱을 다운 받아 보자. 휴대전화 OS에 따라 해당 마켓에서 빗썸을 검색해 설치하면 된다.

다운받은 빗썸 앱을 실행한 다음 우측 하단에 있는 더보기 버튼을 눌러 회원가입을 해 보자. 회원 가입 시에는 본인 명의 휴대전화 번호로 본인확인을 진행한다.

본인확인이 완료되면 이용약관이 나온다. 빗썸 이벤트 정보나 시세 급등락 알림을 받아보고 싶다면 '약관에 모두 동의' 버튼을 누르면 된다. 그런 후 '다음' 버튼을 누르고 빗썸 로그인에 사용할 본인의 이메일 주소를 적으면 된다. 이메일 주소가 빗썸 아이디가 된다고 생각하면 된다. 인증요청 버튼을 누르면 인증번호가 담긴 이메일이 발송된다. 자신의 메일함을 열어 인증번호를 확인하고 빗썸 앱에 입력한다.

이메일 인증을 마쳤으면 이제 로그인에 사용할 비밀번호를 설정하는 단계
다. 비밀번호는 영문 대문자·소문자, 숫자와 특수문자를 포함해 8자 이상으

▶ **빗썸 앱 다운로드 및 회원가입 화면**

휴대폰 본인확인–이용약관 동의–이메일 입력–비밀번호 설정

로 설정해야 한다.

마지막으로 2차 비밀번호인 4자리 보안비밀번호를 설정한다. 중복되거나 연속되는 숫자, 자신의 휴대폰 번호나 이메일 혹은 비밀번호에 포함된 숫자는 사용이 불가하다.

이렇게 보안비밀번호 설정까지 끝나면 빗썸 회원가입 완료 메시지가 나온다. 빗썸 최초 가입자에게 제공되는 가입축하금 3천원과 수수료 무료쿠폰이 자동 지급된다. 로그인하면 그 내역을 확인할 수 있다.

본격적인 투자를 위한 은행 계좌 연결

빗썸 가입축하금과 수수료 무료쿠폰으로 어느 정도 거래 경험을 쌓았다면 이제 투자하고자 하는 금액을 넣고 본격적으로 실전 투자를 시작해 보자. 거래소에 투자자금을 입금하는 방법은 크게 2가지다. 첫째, 은행 계좌와 연결해 원화를 입금하는 방법, 둘째, 입금 주소를 발급해 코인을 입금하는 방법이다.

빗썸은 NH농협은행과 제휴를 맺고 있다. 이미 NH농협은행 입출금 계좌가 있다면 새로이 개설할 필요 없이 기존 계좌와 연결해 신속하게 빗썸에서 원화를 입출금할 수 있다. 계좌가 없어도 NH농협은행 올원뱅크 앱을 통해서 비대면으로 손쉽게 입출금 계좌를 개설할 수 있다. 흔히 NH농협은행과 지역농축협은 통틀어 농협이라 불리지만, NH농협은행에서 개설한 계좌만 빗썸에 연결 가능하다는 점도 참고하자.

코인 투자를 시작하는 이들이 가장 먼저 부딪히는 난관 중 하나인 원화 입출금 계좌번호 발급 방법을 쉽게 정리해 봤다. 천천히 따라 해 보자.

먼저 계좌 연결을 위해서는 빗썸 로그인이 필요하다. 빗썸 앱을 실행한 다음 우측 하단 '더보기'를 누르고 로그인을 클릭한다. 이메일과 비밀번호를 입력하고 로그인 버튼을 누른 뒤 보안비밀번호까지 입력하면 빗썸에 로그인할 수 있다.

로그인했다면 하단의 입출금 메뉴를 눌러 보자. '원화', '입금하기'를 차례대로 누르면 신청 페이지가 나온다. 여기서 '예'를 누르고 '빗썸 원화 입출금 계좌번호 신청'을 클릭한다.

'1단계' NH농협은행 입출금 계좌번호 확인 페이지에 주민등록번호 앞 6자리와 뒷자리 1번째 숫자를 입력하고 거주지를 입력한다. 그런 다음 본인 명의의 NH농협은행 계좌번호를 숫자만 입력한다. 계좌조회 버튼을 누르면 예금주명이 자동으로 나온다. 예금주명을 확인하고 '다음 단계로 이동' 버튼을 누른다.

'2단계' 빗썸 원화 입출금 계좌번호 신청 페이지에서 발급을 신청한 계정을 확인하고 개인정보 수집 및 이용 동의를 한 다음 '빗썸 원화 입출금 계좌번호 신청' 버튼만 누르면 된다.

'발급 진행 중입니다'라는 문구가 보인다면 몇 분만 기다리면 빗썸 원화 입금 계좌번호를 확인할 수 있다. 이제부터 빗썸에 등록한 NH농협은행 계좌로 원화를 입출금할 수 있다. 은행 계좌에서 빗썸으로의 입금 수수료는 없지만 출금 시에는 건당 1,000원의 수수료가 부과되므로 참고하기 바란다.

▶ 빗썸 원화 입출금 계좌번호 신청 화면

원화 입출금 계좌번호 신청-계좌번호 확인 및 발급

코인 투자 관련 유용한 사이트

▶ **종합적인 코인 종목 검색 및 차트 확인**

사이트	QR	설명
코인마켓캡 (coinmarketcap.com)		코인 검색, 코인 차트, 시가총액 순위, 거래량, 유통량 관련 정보, 비트코인 도미넌스 지수, 이더리움 가스비 등 제공
코인게코 (coingecko.com)		코인 검색, 코인 차트, 시가총액 순위, 거래량, 유통량, 디파이 상품, NFT 코인 소개, 다양한 정보 및 커뮤니티 소개
코인힐스 (coinhill.com/ko/)		코인 검색, 차트, 시가총액 순위, 코인과 국가별 통화 간의 환율, 주요 인기 거래소 소개
인베스팅닷컴 (kr.investing.com)		종합 투자 정보 사이트로 코인 관련 정보도 제공. 코인 검색, 코인 차트, 시가총액 순위, 거래량, 유통량 정보, 비트코인 선물 가격
크립토워치 (cryptowat.ch)		코인 검색, 차트, 시가총액 순위, 거래량, 유통량 정보, 상위 거래소 모니터링, 데스크탑 전용 애플리케이션 설치로 사용자별 맞춤 대시보드 설정 가능

▶ 거시적 시장 흐름 정보

에셋대쉬 (assetdash.com)		코인 및 기업을 망라한 전 세계 시가총액 순위, 유명 투자자들의 포트폴리오 검색
코인360 (coin360.com)		코인의 가격 변동과 시가총액 추이를 한눈에 볼 수 있는 도식 형태의 시장 분석 이미지를 제공
피앗리크 (fiatleak.com)		전 세계 코인 거래의 흐름을 한눈에 볼 수 있도록 안내. 사용자 간 채팅 기능 및 실시간 주요 뉴스 등도 제공

▶ 차트 및 기술적 지표 정보

트레이딩뷰 (tradingview.com)		비트코인 도미넌스 지수, 차트 분석 데이터, 차트 관련 인사이트
크립토퀀트 (cryptoquant.com)		모든 거래소들의 지갑 현황, 고래 지갑 이동 현황 등 조회 가능
인투더블록 (intotheblock.com)		가상자산 데이터 분석 정보 제공

▶ 공포-탐욕 지수

스캘펙스인덱스 (scalpexindex.com)		공포-탐욕 지수, 소셜 지수, 거래소별 신규 매수·매도 정보
얼터너티브닷미 (alternative.me)		공포-탐욕 지수, 전체 투자자 심리 파악

▶ 김치 프리미엄

크라이프라이스 (cryprice.com)		해외 거래소와 국내 거래소 간의 실시간 시세 차이(김치 프리미엄) 정보 제공. 사용자들 간의 채팅 서비스 제공
김프가 (kimpga.com)		해외 거래소와 국내 거래소 간의 실시간 시세 차이(김치 프리미엄) 정보 제공. 커뮤니티 기능, 선물 현황, 뉴스 제공

▶ 공시

쟁글 (xangle.io)		코인 프로젝트 혹은 재단의 공시 정보 제공. 코인 시장 현황을 파악할 수 있는 쟁글 인덱스, 코인 신용도 평가 정보 제공

▶ 기관투자 정보

비와이비티 (bybt.com)		대표적인 코인 기관투자자인 그레이스케일 펀드가 보유한 코인 관련 정보, 선물 현황, ETF, 펀딩 순위 제공
그레이스케일 투자 리포트 (grayscale.com)		그레이스케일 펀드와 수익률 정보

▶ 코인 기타 정보

이즈디스코인어스캠 (isthiscoinascam.com)		코인 가치평가 정보 제공. 코인을 검색하면 공식 홈페이지, 백서 주소 등 기초 정보와 함께 적색(위험)에서 녹색까지의 평가 결과 및 점수, 사용자 리뷰 제공
ICO레이팅 (icorating.com)		코인공개(ICO) 관련 평가 정보 제공. 공개될 가상화폐 순위를 제공하고 공개를 앞두고 주목 받는 코인 관련 정보 제공
메사리 (messari.io)		가상자산 데이터 분석
해시넷(국내) (hash.kr)		코인, 채굴 등 관련 용어 학습에 강점을 가진 종합 코인 포털. 용어 사전인 위키, 뉴스, 칼럼, 관련 동영상, 커뮤니티 기능 제공

▶ 뉴스

코인텔레그래프 (kr.cointelegraph.com)		실시간 시장 업데이트, 시황·종목 뉴스 제공. 한국어 지원
코인데스크 (coindesk.com)		실시간 시장 업데이트, 시황·종목 뉴스 제공
코인피디아 (coinpedia.org)		실시간 시장 업데이트, 시황·종목 뉴스 제공
디스트리트(국내) (dstreet.io)		실시간 시장 업데이트, 시황·종목 뉴스 제공. 매일경제신문사가 운영
디센터(국내) (decenter.kr)		실시간 시장 업데이트, 시황·종목 뉴스 제공. 서울경제신문사가 운영
코인데스크코리아 (국내) (coindeskkorea.com)		실시간 시장 업데이트, 시황·종목 뉴스 제공. 한겨레신문사가 운영

코인니스(국내) (kr.coinness.com)		실시간 시장 업데이트, 시황·종목 뉴스 제공. 모바일 애플리케이션 제공
블루밍비트(국내) (bloomingbit.io)		실시간 시장 업데이트, 시황·종목 뉴스 제공. 한경닷컴이 운영하며 모바일 애플리케이션 제공
블록미디어(국내) (blockmedia.co.kr)		실시간 시장 업데이트, 시황·종목 뉴스 제공

▶ 커뮤니티(국내)

코인판 (coinpan.com)		블록체인 기술 및 가상자산 관련 정보, 채굴 정보, 장터, 갤러리, 커뮤니티 제공
땡글닷컴 (ddengle.com)		블록체인 커뮤니티
코박 (cobak.co.kr)		가상자산 커뮤니티로 전 세계 150개 거래소 및 1,500여 개 코인 시세와 차트 제공
머니넷 (moneynet.co.kr)		주요 메이저코인 및 알트코인 시세 전망, 갤러리 제공
비트맨 (cafe.naver.com/ nexontv)		블록체인 관련 정보를 광범위하게 제공하는 네이버 카페